D1270768

HISTORIA GENERAL
DE
CENTROAMÉRICA

HISTORIA GENERAL
DE
CENTROAMÉRICA

COMUNIDADES EUROPEAS
EUROPEAN COMMUNITIES

1492-1992
QUINTO CENTENARIO
ESPAÑA

FLACSO

MADRID 1993

Comisión Coordinadora:

Edelberto Torres-Rivas (coordinador general)

Robert M. Carmack (tomo I)
Julio César Pinto Soria (tomo II)
Héctor Pérez Brignoli (tomos III y V)
Víctor Hugo Acuña Ortega (tomo IV)
Edelberto Torres-Rivas (tomo VI)

Asistente de edición:

Luis Pedro Taracena Arriola

Comisión en España:

Luis Martínez Ros
Andrés Virumbrales López
Luis Izquierdo Loyola

Diseño:

Mariella Briceño Machado

Producción: Ediciones Siruela, S. A.
ISBN obra completa: 84-86956-28-5
ISBN tomo III: 84-86956-31-5
Depósito legal: M. 2.408-1993
Impreso en España - *Printed in Spain*
Rigorma Grafic S.L.

DE LA ILUSTRACIÓN
AL LIBERALISMO
(1750-1870)

edición a cargo

de

HÉCTOR PÉREZ BRIGNOLI

Tomo III

NOTA PRELIMINAR

Si hubiera que resumir en una frase los cambios fundamentales que se produjeron en Centroamérica, al igual que en toda América Latina, en el siglo que transcurre entre 1750 y 1850, no vacilaría en decir que se trató de un esfuerzo por incorporar estas regiones, atrasadas y periféricas, en la modernidad de los nuevos tiempos. Antes se solía reducir este hecho a su dimensión económica más notoria, esto es, la integración de las economías agroexportadoras en el mercado mundial; o, enfatizando los aspectos psicosociales y de actitudes personales, se pensaba que todo podía resumirse en la noción (excesivamente simplificada) de «modernización». Hoy, conviene adoptar una perspectiva más amplia, que englobe tanto los cambios económicos básicos ligados a la integración en el mercado mundial como las transformaciones internas en las instituciones, la estructura de clases y las relaciones socioculturales.

Un aspecto particularmente notorio de todo este proceso es el hecho de que su impulso fundamental vino desde el exterior. En efecto, fue la revolución industrial lo que provocó una transformación decisiva en el mercado mundial, abriendo un horizonte completamente nuevo para la exportación de productos agrícolas y minerales. Y fueron también los cambios en la política imperial española los que condujeron al diseño y aplicación de las «Reformas Borbónicas». No es necesario tampoco recordar que la ideología de la Independencia y el programa liberal de los primeros años de vida republicana fueron más que todo adaptaciones locales del pensamiento ilustrado, de las ideas económicas de la escuela fisiocrática francesa y de la economía política clásica inglesa. Y ni qué decir del impacto político de las llamadas revoluciones «atlánticas»: la Independencia de los Estados Unidos (1776) y la Revolución Francesa (1789).

La época que vamos a estudiar fue, más que ninguna otra, un período de búsquedas y de tanteos. Porque si bien es cierto que el impulso para los grandes cambios vino desde afuera, es no menos notorio el hecho de que las *respuestas* internas a dichos cambios obedecieron a circunstancias estructurales y de acción muy complejas y variadas. Dicho en otros términos, durante esos cien años que van de las «Reformas Borbónicas» a las «Reformas Liberales», los países centroamericanos buscaron su constitución como naciones y estados independientes; ello implicaba forjarse, por así decirlo, un camino en la modernidad. Una modernidad que era la del capitalismo industrial, triunfante en Europa y los Estados Unidos, la del nacionalismo virulento y agresivo, y la de un Estado centralizador que dividía sus devociones entre la democracia representativa y estilos de gobierno francamente autoritarios.

Las utopías que subyacen en los grandes proyectos de transformación política y social de la época ilustran bien el sentido de esa búsqueda. El contraste de esos deseos y ambiciones con la realidad histórica sirve para entender y valorar los alcances y las limitaciones del cambio social.

Los Constituyentes de 1823 soñaron con una República Federal, capaz de sobrevivir fuera de los marcos imperiales, y en un contexto de paz, progreso y prosperidad. Los liberales más prominentes y decididos, como Mariano Gálvez y Francisco Morazán, lucharon denodadamente en las décadas de 1820 y 1830, impulsando la secularización de las instituciones y la modernización de la economía con el pensamiento de que, en un futuro cercano, se produciría una verdadera integración nacional. Creyeron firmemente que los indios embrutecidos por el coloniaje y la plebe viciosa y volátil serían reemplazados por una legión de ciudadanos conscientes y educados, base y sustento de la república y de una nueva civilización.

Nada hay quizás más distante de estos deseos que la realidad histórica de Centroamérica entre 1820 y 1840: la República Federal fue un fracaso, y en lugar de paz y prosperidad hubo guerras civiles casi continuas. La revuelta de Rafael Carrera y la restauración conservadora revelaron, por su lado, cuán distantes estaban las clases subalternas del «pueblo» que imaginaban los liberales. Y finalmente, las exportaciones al mercado mundial comenzaban a delinear un nuevo, e inevitable, marco de dependencia. El liberalismo regresará para imponerse, dos o tres décadas más tarde. El contexto será, sin embargo, bastante diferente. No habrá ya las utopías casi románticas de los tiempos de la Independencia y la Federación, y se impondrán soluciones pragmáticas, de mucha continuidad y poca ruptura con el pasado. Para decirlo en una palabra, la adaptación acabó reemplazando a la revolución.

En las décadas de 1840 y 1850, Costa Rica anticipó lo que sería la pauta futura del desarrollo centroamericano: separatismo político y plena integración en el mercado mundial gracias a las exportaciones de café. Sobre estas bases se replantea el proyecto liberal en las décadas de 1860 y 1870, cerrándose así un ciclo histórico de búsquedas y tanteos. Para entonces, el espacio centroamericano en la modernidad del capitalismo industrial estaba casi definido.

Los capítulos que siguen exploran, desde diversos ángulos y perspectivas, este proceso histórico fundamental. Ninguno de los textos se propone una narrativa lineal y todos tratan de combinar aspectos políticos, sociales y económicos. Hay así ciertos traslapes en los temas tratados, pero ello se justifica debido a que siempre ilustran puntos de vista o perspectivas diferentes. En este sentido, debe quedar claro que los autores de esta obra comparten un cierto consenso sobre ciertos aspectos del pasado centroamericano, pero no suscriben, necesariamente, la misma concepción de la historia y la dinámica del cambio social.

Las dimensiones de la obra, la complejidad del período que se estudia, y las limitaciones de los autores, impusieron también ciertas opciones y sacrificios. No tenemos la pretensión enciclopédica de abarcarlo todo, y en consecuencia hay muchos temas y aspectos ausentes. La intención básica de este tomo es ofrecer a los lectores un marco interpretativo y de referencia sobre un período histórico particularmente complejo, y a menudo enigmático. No necesito reafirmar que éstas, como todas las visiones del pasado, están fuertemente ancladas en las preocupaciones del presente.

HÉCTOR PÉREZ BRIGNOLI

Capítulo 1

LOS AÑOS FINALES DE LA DOMINACIÓN ESPAÑOLA
(1750-1821)

Juan Carlos Solórzano Fonseca

LAS REGIONES Y LA DIVISIÓN POLÍTICO-ADMINISTRATIVA

Dos siglos después de iniciada la colonización española, el istmo centroamericano mostraba una gran diversidad regional.

La Centroamérica colonial, para sus contemporáneos, era el Reyno de Guatemala, término impropio pero que expresaba la clara noción de separación que tenían los habitantes de Centroamérica, respecto del Virreinato de la Nueva España, al que formalmente pertenecían. La Audiencia de Guatemala era parte del virreinato mexicano, pero como Audiencia Mayor, con un presidente-gobernador a la cabeza del gobierno, por lo que gozaba de virtual independencia respecto del virrey mexicano. Las audiencias mayores, dada su mayor jerarquía, se encontraban directamente supeditadas al Consejo de Indias, órgano superior de la administración colonial de la Corona.

Desde 1549, la cabecera de la audiencia fue establecida en la ciudad de Santiago de Guatemala. Constituía el órgano máximo de poder administrativo colonial en Centroamérica. Tenía funciones administrativas, ejecutivas y de justicia y era presidida por el presidente-gobernador, quien se asesoraba y gobernaba con los oidores, integrantes del Consejo de la Audiencia. Todos eran de origen peninsular. La ciudad capital era la más importante de toda Centroamérica. Su elección como sede administrativa colonial fue principalmente motivada por su estratégica posición en medio de un valle poblado por numerosas comunidades indígenas: alrededor de 76 pueblos y «Parcialidades» al promediar el siglo XVIII. Esta población servía de apoyo al núcleo urbano español, centro administrativo, religioso y mercantil, de la elite criolla y colonial.

El territorio sujeto a la jurisdicción de la audiencia de Guatemala se extendía, en el norte, desde la actual frontera que separa el estado mexicano de Chiapas del de Oaxaca hasta una zona cercana a la actual frontera de Costa Rica y Panamá en el sur; incluía por lo tanto las ciudades de San Cristóbal de las Casas y de Tuxtla, así como la región de Soconusco, antiguo centro de producción cacaotera.

La Audiencia de Guatemala se encontraba internamente subdividida en gobernaciones, alcaldías mayores y corregimientos. Ya en el siglo XVIII, las funciones de un gobernador o de un alcalde mayor eran prácticamente las mismas. Como consecuencia de los cambios administrativos, en esta centuria predominaban los funcionarios de origen peninsular, burócratas que hacían carrera en la administración colonial. Eran nombrados por cinco años.

A mediados del siglo XVIII, la provincia de Guatemala se encontraba políticamente dividida en varias alcaldías mayores: Atitlán, Tecpán-Atitlán, Totonicapán, Verapaz, Escuintla, Guazacapán, Suchitepéquez, Quezaltenango, Chiquimula, Acasaguastlán. En 1753 el antiguo corregimiento del Valle, con jurisdicción sobre 76 pueblos y parcialidades indígenas fue a su vez dividido en dos alcaldías mayores: Amatitlán y Chimaltenango, en una medida típicamente borbónica de reforzamiento del poder real frente al poder local, pues que el Corregimiento del Valle, con su cercana y numerosa población indígena, estaba bajo control del cabildo de esta ciudad.

En Guatemala la población de origen español predominó en el área del Pacífico y en la ciudad de Santiago de Guatemala. La región del occidente se mantuvo mayoritariamente indígena, aunque no por ello escapó al control hispano. El pueblo de Quezaltenango era el de mayor importancia en esta región; era sede de un alcalde mayor, quien controlaba buena parte de la producción textil de los indígenas. En el este de Guatemala era también importante Verapaz, alcaldía mayor bajo virtual control de la orden de los dominicos, pues los frailes monopolizaban la principal producción y el comercio de hilaturas y tejidos indígenas de este territorio. Verapaz en el este colindaba con la selva virgen del Petén, área aislada de los centros del control hispánicos. La isla del lago del Petén-Itzá (donde se ubica la actual ciudad de Flores) había sido conquistada en la década de 1690, y durante el resto del siglo XVIII los españoles no lograron implantarse en esta boscosa región, como tampoco lo hicieron en el norte de Guatemala, en el territorio del Lacandón.

En términos generales, en el área del Caribe los españoles sólo medio controlaron la desembocadura del lago de Izabal, el denominado Golfo Dulce, base portuaria de Guatemala en el Caribe. Aquí se edificó el castillo de San Felipe con el fin de impedir la penetración inglesa.

El actual territorio de El Salvador comprendía dos alcaldías mayores, la de San Salvador y la de Sonsonate. La primera era importante no sólo por su extensión territorial y su concentración poblacional, sino también por sus tres centros urbanos. La ciudad de San Salvador era la de mayor importancia; en ella residía el alcalde mayor, así como la elite criolla local que controlaba la producción añilera, en pleno crecimiento al promediar el siglo XVIII. Cerca se encontraba también la villa de San Vicente, cuya fundación —en 1635— había tenido su origen en la actividad del cultivo del añil. Más al sur se encontraba la ciudad de San Miguel. Su origen estuvo ligado al establecimiento de encomenderos y otros españoles en el siglo XVI. A mediados del siglo XVIII predominaban las actividades ganaderas (vacuna, caballar, mular) y la producción de añil.

Al norte de la alcaldía de San Salvador se encontraba ubicada Sonsonate, zona que había tenido particular importancia durante los primeros años de implantación colonial en el siglo XVI. Enormes ganancias se obtuvieron con la explotación de las poblaciones indígenas en la producción de cacao, artículo que tuvo gran demanda en México, pero que se encontraba en total decadencia en el siglo XVIII. El puerto de Acajutla, en las cercanías de la población de Sonsonate, era el principal de la provincia de El Salvador, así como el más importante para Guatemala en el Pacífico, durante esa centuria.

Al este de la alcaldía mayor de San Salvador se encontraba el extenso territorio de Honduras, la mayor provincia de Centroamérica. Sus principales ciudades eran Comayagua y Tegucigalpa. Ambas se disputaban la sede de la administración colonial, poniendo en evidencia los conflictos entre los diversos intereses locales, así como la virtual fragmentación socioeconómica de esta gobernación. En la costa del Caribe el control hispánico se limitaba al puerto de Omoa (donde se había erigido una fortificación durante la primera mitad del siglo XVIII) y al pequeño puerto de Trujillo, que en estos años se convirtió en centro de intercambio ilegal con ingleses y holandeses. Al este del puerto de Trujillo, los españoles, incapaces de ejercer su soberanía, tuvieron que tolerar la expansión de la etnia afroaborigen de los miskitos, apoyada militarmente por los ingleses de Jamaica. Como analizaremos posteriormente, la presencia inglesa y miskita en la costa caribeña se extendió desde el este de Trujillo hasta la desembocadura del río San Juan, pero sus actividades (contrabando, ataques de saqueo y captura de indígenas y esclavos negros de las colonias hispanas) se extendieron hasta las islas de San Blas, frente a Panamá.

En el área del Pacífico de Honduras, se encontraba Choluteca, territorio que en cierta forma era una prolongación de las tierras planas del norte de Nicaragua. En esta región predominaba la producción ganadera mular, orientada al abastecimiento de acémilas para los centros mineros del interior de Honduras, como hacia el lejano istmo panameño.

Al sur de Honduras se encontraba el territorio de la gobernación de

Nicaragua, con una jurisdicción territorial de gran extensión, aunque en realidad, ya desde los inicios de la colonización española, el dominio hispánico efectivo quedó circunscrito a las planicies costeras del Pacífico, cuyo control se ejercía a partir de los centros urbanos de León y Granada. El centro del país (este de los lagos) quedó en manos de indios insumisos, en tanto el Caribe fue objeto de la creciente presencia británica (aliada de los miskitos) desde finales del siglo XVII. Al sur de Granada empezaba a tener importancia la villa de Rivas, cuya influencia marcó los valles aledaños al río Tempisque (actual provincia de Guanacaste, Costa Rica). Los comerciantes de esta villa controlaban la producción de ganado del sur nicaragüense y de la alcaldía mayor de Nicoya.

Nicoya era una alcaldía independiente, entre las gobernaciones de Nicaragua y de Costa Rica, en el Pacífico. Al principio, su importancia radicó en su protegida bahía del Golfo de Nicoya y en los poblados indígenas de la zona. Fue una ruta de acceso hacia las tierras de Nicaragua, Granada y Masaya, especialmente. Al promediar el siglo XVIII, con la inmigración procedente de Nicaragua y el desarrollo de la ganadería en los alrededores del río Tempisque y del río Cañas, una nueva población empezó a surgir en lo que luego sería la Villa del Guanacaste (hoy día Liberia), con fuerte influencia cultural del sur nicaragüense.

Al otro lado del río Salto (afluente del Tempisque) se iniciaba la gobernación de Costa Rica. Era la más apartada de los circuitos de comercio y comunicación centroamericanos. En la costa del Pacífico, en el inicio del Golfo de Nicoya, se ubicaba el puerto de Caldera y su cercana población de Esparza. A finales del siglo XVI y principios del XVII esta región tuvo importancia debido a su vinculación marítima con Panamá, hacia donde se exportaban provisiones obtenidas aquí y en el interior del territorio (el Valle Central). No obstante, desde fines del siglo XVII, tanto el puerto de Caldera como su vecina Esparza habían decaído. Inclusive esta última fue dos veces saqueada por piratas en la década de 1680. Su población se había dispersado en el territorio cercano al ya desaparecido pueblo indígena de Bagasis (Bagaces hoy día).

En el interior de Costa Rica, sólo parte del Valle Central intermontano se encontraba bajo control español: en la sección central, los pueblos indígenas de Barva, Pacaca, Aserrí y Curridabat y en la sección oriental, la ciudad de Cartago y Puebla de los Ángeles de mulatos así como los pueblos indígenas de Cot, Quircot, Tobosi y Laboríos. Al promediar el siglo XVIII se había iniciado igualmente, un proceso de colonización campesina (criolla, mestiza y mulata) en torno a los incipientes asentamientos urbanos de Cubujuquí (luego Heredia) y Villita (luego San José). Al término de esta centuria, tres asentamientos se habían consolidado, los dos anteriores y la floreciente Villa Hermosa (Alajuela). Finalmente Escazú recibió el título de Villa en 1799.

El Caribe de Costa Rica se asemejaba al del resto de Centroamérica. En 1610, un levantamiento indígena acabó con la ciudad de Santiago de Talamanca (fundada en 1605), por lo que en adelante la presencia española se limitó a los puertos de Suerre y Matina.

A lo largo de las tres últimas décadas del siglo XVII y de todo el siglo XVIII, hubo un incremento de las actividades españolas en el Caribe de Costa Rica, aunque circunscrito al área aledaña a los ríos Matina y Barbilla, donde floreció la producción de cacao.

En el Pacífico Sur, el control hispánico se limitaba a los pueblos indígenas de Quepo y Boruca, aunque el primero se extinguió en 1747. Además, hacia estos años perdió importancia el «camino de mulas», ruta terrestre por la cual el interior de Costa Rica se comunicaba con Panamá y por la que, durante todo el siglo XVII, se enviaron importantes contingentes de acémilas, empleadas en el transporte de mercancías entre Portobelo y Panamá.

En síntesis, en Costa Rica tanto el Caribe Sur como el Pacífico Sur quedaron al margen de la colonización española. La zona montañosa entre ambas costas, conocida como Talamanca, se convirtió en zona de refugio para las poblaciones indígenas que huían de la dominación española.

Más al sur del poblado indígena de Boruca, vía terrestre hacia Panamá, se encontraba el área fronteriza con la audiencia de Panamá, supeditada ésta al virreinato de la Nueva Granada desde 1739. El Pacífico Sur de Costa Rica constituía entonces el límite meridional de la Audiencia de Guatemala.

La población y la producción

El desarrollo de la población y de la producción son procesos íntimamente relacionados. En Centroamérica durante la segunda mitad del siglo XVIII tuvo lugar un incremento poblacional estrechamente asociado a un aumento de las actividades productivas y comerciales. Cabe recordar que tanto el crecimiento económico como el demográfico constituyeron un fenómeno generalizado en diversas regiones de Hispanoamérica durante esta centuria.

La población

En general, en el transcurso del siglo XVIII se produjo un notable incremento de la población hispanoamericana. En algunas regiones el aumento poblacional superó el 50%. Gracias a ello, finalmente, se logró revertir el constante descenso demográfico, característico de Hispanoamérica desde los inicios de la presencia española en el continente americano. Pero los cambios en la población no sólo fueron de carácter numérico, sino también de tipo étnico-social.

Los habitantes en Hispanoamérica se encontraban divididos en tres grandes segmentos: los indígenas, los blancos y los mestizos. En los orígenes de la colonización española, la sociedad fue claramente separada en dos grupos: los indios y los españoles.

Los autóctonos, sobrevivientes del período de la Conquista, fueron concentrados en «reducciones» o «pueblos de indios». En diversas regiones de Hispanoamérica se alteró profundamente el hábitat prehispánico, ya que muchas poblaciones fueron desarraigadas de sus antiguas tierras por los españoles. En otros casos las modificaciones no fueron tan profundas, aunque los autóctonos tuvieron finalmente que adaptarse al modelo hispánico de poblamiento.

En principio, se trató de agrupar los ranchos indígenas en torno a una plaza central en cuyos costados se ubicaban la iglesia o capilla y las «casas del cabildo». En los «pueblos de indios» de mayor importancia, «pueblos cabecera», residían tanto el corregidor o alcalde mayor, como el fraile doctrinero. El conjunto de indígenas reducidos en pueblos integraban lo que los españoles denominaron la «república de los indios». Su función, como afirmaba un obispo de la época, era la de que «vivieran en orden y policía y sirvieran a los españoles» [1]. Es decir, el fin principal, para los españoles, era que la población indígena suministrara mano de obra y productos a los españoles. Toda una serie de cargas fueron impuestas sobre los autóctonos, comenzando por el tributo, fuerte pago que todo indígena —desde la adolescencia— debía pagar a la Corona en su calidad de «vasallo». Además de esta exacción, estaban sujetos a toda otra serie de expoliaciones. Por ello, los indios constituían el sector de población más explotado y en consecuencia más propenso a sufrir hambrunas y epidemias. Éstas diezmaron periódicamente a los autóctonos aún a finales del siglo XVIII.

Durante esta centuria la población indígena de Centroamérica mantuvo un desarrollo variable regionalmente, aunque decayó en términos generales frente al crecimiento demográfico de los mestizos.

Como señalamos atrás, la «república de los indios» estaba al servicio de la «república de los españoles». Ésta originalmente se concentró en las ciudades, núcleos político-administrativos y mercantiles desde los que se ejercía la dominación colonial sobre los territorios y pobla-

1.1. ORGANIZACIÓN POLÍTICO-ADMINISTRATIVA DE CENTROAMÉRICA, 1785-1821.

ciones conquistadas. Al principio, la Corona se preocupó por la separación de ambas «repúblicas», pero fue imposible detener la constante
intromisión de los españoles en los pueblos de indios. De hecho, las
ciudades españolas no dieron cabida a todos aquellos que quedaron al
margen del reparto de encomiendas. Por ello, muchos españoles se ubi-
caron en las cercanías de los pueblos de indios. Allí, la evolución de las
relaciones entre los individuos de ambas «repúblicas» fue distinta en
cada región particular de Centroamérica. En pocos casos, como en el
occidente de Guatemala, el predominio de la población indígena fue

absoluto. En otras regiones, como en la alcaldía mayor de San Salvador, en Nicaragua, Honduras y en el oriente de Guatemala, la presencia de españoles repercutió en la conformación del otro sector importante de los habitantes de Centroamérica: los mestizos. Fue generalmente a raíz del establecimiento de «haciendas» (o de minas en el caso de Honduras) lo que aceleró este proceso, al convertirse estos sitios en centros de captación de mano de obra de diversa procedencia étnica y cultural. La hacienda actuó en este contexto como aglutinadora de razas y culturas, dando lugar al segmento poblacional de los mestizos. Esta situación predominó en El Salvador y Nicaragua. En el caso de Costa Rica, el empobrecimiento de los encomenderos a finales del siglo XVII dio lugar al lento desarrollo de un peculiar campesinado de origen criollo.

De manera que indios, blancos y mestizos integraban las sociedades coloniales de Centroamérica, pero la importancia de cada uno de estos sectores era diferente en cada provincia.

Los indígenas

Chiapas, Guatemala y El Salvador contaban al promediar la segunda mitad del siglo XVIII con la mayor cantidad de población indígena agrupada en pueblos de indios. En 1770, el 86% del total de la población indígena tributaria de Centroamérica se concentraba en regiones administrativas (Cuadro 1.1).

Como se aprecia en el cuadro, Guatemala concentraba más del 50% del total de la población indígena tributaria hacia 1770. En Chiapas y Salvador los indígenas constituían al menos la mitad del total de los habitantes, con relación a mestizos y blancos. En Nicaragua, la población mestiza superaba ligeramente a la indígena, en tanto que en Costa Rica y Honduras, blancos, mulatos y mestizos constituían ya la mayor parte de la totalidad de sus habitantes.

La permanencia de un mayoritario porcentaje de indígenas como componentes de la sociedad era el rasgo característico de Guatemala. Especialmente en el occidente, donde el porcentaje de indígenas era del orden superior al 90% (Cuadro 1.2).

Como puede apreciarse en este cuadro 1.2, en las alcaldías mayores de Chimaltenango, Amatitlán, Sololá, Totonicapán y Verapaz la población indígena conformaba la casi totalidad de los habitantes. Por lo tanto, había muy pocos mestizos y españoles. No obstante, estos últimos desempeñaban un papel socioeconómico determinante. Así, por ejemplo, en Sololá, en estos años, había cinco haciendas. De éstas, tres pertenecían a la familia Barrutia. De las dos restantes, una era de la orden de los dominicos y la otra, llamada «hacienda de Argueta», pertenecía al capitán Juan de Carrascosa y era una de las principales abastecedoras de trigo de la ciudad de Guatemala.

Cuadro 1.1

Distribución de la población tributaria de Centroamérica hacia 1770

Región Administrativa	Población Tributaria	Porcentaje
Chiapas y Soconusco	17.611	16%
Guatemala	61.526	56%
Salvador y Sonsonate	15.531	14%
Honduras	4.692	4%
Nicaragua	9.617	9%
Costa Rica y Nicoya	332	0,25%
Total	109.309	100,0%

Fuente: Archivo General de Indias: Sección Audiencia de Guatemala Legajo n.º 560.

Cuadro 1.2

Población de Guatemala hacia 1770

Subdivisiones Administrativas de Guatemala	Pueblos de Indios	Población Indígena	%	Población española y mestiza	%
Chimaltenango y Amatitlán	71	68.737	89%	8.502	11%
Sololá	31	20.295	98%	467	2%
Totonicapán	48	31.936	96%	1.238	4%
Quezaltenango	25	14.019	79%	3.787	21%
Verapaz	14	30.231	90%	3.399	10%
Suchitepéquez	19	14.311	88%	1.893	12%
Escuintla y Guazacapán	26	12.678	61%	8.204	39%
Chiquimula y Acasaguastlán	30	29.843	69%	13.224	31%
Totales	264	222.050	83,75%	40.714	16,25%

Fuente: Pedro Cortés y Larraz, Descripción geográfica de la Diócesis de Guatemala. Biblioteca de Guatemala, vol. 20, tomos I y II, 1958. Con modificaciones.

En la costa del Pacífico de Guatemala, la población indígena seguía siendo mayoritaria, pero la de origen mestizo y española se había incrementado notablemente, en particular en las jurisdicciones de Escuintla, Guazacapán, Chiquimula y Acasaguastlán. Al iniciarse el último tercio del siglo XVIII, mestizos y españoles constituían un tercio del total de habitantes de esta región.

En relación con los habitantes autóctonos, a pesar de su relativa disminución respecto de mestizos y españoles, los indígenas mantuvieron una preponderancia absoluta como generadores de recursos y mano de obra para el orden colonial. En el siglo XVIII, la Corona trató de proteger los pueblos de indios entregándoles títulos de propiedad. Su objetivo era lograr una mayor participación de los indígenas en los circuitos del comercio hispano. Como explicaremos posteriormente, los Borbones modificaron la política de obtención de recursos fiscales característica del período de administración colonial de los Habsburgo. Con este fin, desde 1747, los indígenas fueron obligados a pagar sus tributos en dinero y no en productos. (Como se hacía desde la imposición de la «tasa tributaria», en la segunda mitad del siglo XVI.) Los habitantes de los pueblos de indios tuvieron que integrarse en la circulación comercial con el fin de obtener el dinero necesario para el pago de sus tributos. Pero esta mayor participación en el comercio no trajo un mejoramiento de sus condiciones de vida. Por el contrario, al tener que recurrir a los españoles para adquirir el dinero que debían pagar por sus tributos, el indígena fue objeto de nuevas exacciones.

Los tributos fueron, entonces, una pesada carga que las comunidades indígenas tuvieron que aceptar, en su calidad de vasallos de la Corona. Todo indígena, en tanto que descendiente de los vencidos en la Conquista, tenía que tributar desde que se casaba y teóricamente hasta los cincuenta y cinco años. Por lo general, era obligado a casarse desde los doce años y si sobrevivía, a continuar tributando después de la edad máxima, hasta encontrarse enfermo o morir. El tributo forzaba a los indios a entregar durante toda su vida su producción y trabajo en beneficio de los españoles.

Al iniciarse el siglo XVIII, el total de los ingresos provenientes de la tributación indígena, recaudados por la Real Tesorería de la audiencia de Guatemala, sumaban la elevada cifra de 286.923 pesos constituyendo el 78,5% de los ingresos de la Real Hacienda.

Antes de la conmutación del tributo, aproximadamente la mitad del total de los tributos recaudados en Centroamérica era en especie. De ellos el más importante era el cacao, que representaba más del 50% del total. Esto cambió a partir de 1747, cuando se implantó la conmutación. El objetivo buscado, como señalamos atrás era el de integrar indígenas en el intercambio mercantil. No obstante, tal intercambio adquirió un carácter compulsivo. Las autoridades coloniales, especialmente los alcaldes mayores, llegaron a controlar estos productores, sometiéndolos a un alto grado de explotación. Los alcaldes mayores se hacían cargo del pago de los tributos en dinero, pero en contrapartida obligaban a los indígenas a producir gran diversidad de artículos al

1.2. MAPA DE LOS CURATOS DE SAN PEDRO.

tiempo que los compelían a trabajar en las haciendas, con el fin de que, como decían los españoles, «descontasen sus tributos con el trabajo personal».

El sistema tributario funcionaba siguiendo un esquema piramidal. En la cúspide se situaba la Real Tesorería, hacia ella fluían los tributos enviados desde cada región administrativa por los alcaldes mayores. Éstos, ubicados en los pueblos cabecera de su jurisdicción, recolectaban los productos de cada uno de los pueblos del territorio de su alcaldía. Dentro de los pueblos de indios, las autoridades indígenas se encargaban de cobrar a cada indio el tributo impuesto.

Los alcaldes mayores, en el momento de asumir sus funciones, debían depositar una fianza en la Real Contaduría, equivalente al valor de los tributos de su jurisdicción durante cinco años, (correspondientes a los mismos años que duraba su nombramiento). Lo usual era que un comerciante de la capital se hiciese cargo de pagar la fianza. Se establecía así una asociación entre el alcalde mayor y el comerciante. El primero tomaba mercaderías para distribuirlas forzosamente entre los indígenas de su alcaldía mayor.

Los repartos de mercancía garantizaban la distribución de los lotes de mercadería sobrantes de los comerciantes urbanos, pero también

—lo que era de mayor importancia— garantizaban la apropiación de las producciones de los pueblos de indios. Al recibir las mercancías de manos del alcalde mayor, los indígenas hipotecaban las cosechas de sus producciones agrícolas como sus futuras producciones artesanales. Alcaldes mayores y comerciantes lograban así enormes ganancias monopolizando los productos de origen indígena, pues podían venderlos a altos precios en relación a lo invertido originalmente.

Tributos y repartos mercantiles constituían el peso mayor de la explotación que afrontaban las comunidades indígenas. Pero también se le adicionaban otras cargas. Así por ejemplo, la «contribución de cofradías», por medio de la cual los religiosos a cargo de los curatos indígenas obligaban a los indios a entregarles productos, dinero o mano de obra para sus haciendas.

Durante el siglo XVIII, la administración colonial trató de disminuir el número de cofradías de los pueblos indígenas, pues consideraba que estas cargas disminuían la capacidad de pago del tributo de los indios. A finales de esta centuria se calculaba que el valor del conjunto de los bienes de cofradías en la Archidiócesis de Guatemala sumaba 581.833 pesos. Gran parte del dinero recaudado por la Iglesia se otorgaba en préstamos a comerciantes y propietarios de tierra, especialmente los de Ciudad de Guatemala.

Aparte de las anteriores exacciones, las comunidades indígenas estaban también sujetas al envío de mano de obra para el trabajo temporal en haciendas y minas, así como de carga y transporte de mercancías. Aunque estos «repartimientos» de mano de obra teóricamente fueron suprimidos en 1633, de hecho, se mantuvieron incólumes en Centroamérica durante todo el siglo XVIII.

Los repartos de mano de obra indígena para el trabajo en haciendas de españoles tuvieron particular importancia en la región de los valles aledaños a la ciudad de Santiago de Guatemala. A comienzos del siglo XVIII, de 76 comunidades y barrios indígenas existentes en el corregimiento del Valle de Guatemala, 27 estaban sujetas al envío rotativo de sus habitantes masculinos adultos —durante una semana— como mano de obra para las «tierras de labor», especialmente de producción triguera pertenecientes a la elite criolla de Guatemala.

En Honduras, la Corona había autorizado el empleo de indígenas de repartimiento en las actividades mineras desde el siglo XVII. En 1777, las minas de Tegucigalpa empleaban 161 trabajadores indígenas de repartimiento y en 1785, alrededor de 214.

Por otro lado, desde la década de 1760, debido a la creciente amenaza del expansionismo inglés en el Caribe, la Corona ordena que los indígenas de Honduras trabajen en la construcción de fortificaciones en la costa caribeña de Honduras, así como en el transporte de provisiones, armas y municiones para los soldados. En 1770, el obispo Cortés y Larraz mencionaba el repartimiento de indios en las tareas de carga y descarga de embarcaciones; decía:

> ...siempre que llega navío al Golfo o sale de él, se reparten indios para que traigan o lleven parte de su carga; y aún cuando no sale o llega más de un navío cada año, no deja de emplearse mucho tiempo en cargarlo y descargarlo [2].

El repartimiento de mano de obra indígena alcanzó su mayor difusión en la alcaldía mayor de San Salvador. Aunque desde el siglo XVI se había prohibido el trabajo de indígenas en actividades añileras, esta disposición nunca fue respetada y, en consecuencia, los indígenas fueron obligados a trabajar en las haciendas de añil, muy numerosas en esta provincia. En 1737, la Corona eliminó la prohibición del empleo de indígenas en los obrajes de añil y en 1784 se instauró el repartimiento obligatorio en la alcaldía de San Salvador. Para ello se recurrió a la vieja reglamentación que un siglo atrás estaba en vigencia en el corregimiento del valle de la ciudad de Santiago de Guatemala. Al término del siglo XVIII, se calculaba que 78 propietarios de haciendas añileras recurrían al empleo de 3.284 indios de repartimiento en sus explotaciones agrícolas.

Tributos, contribuciones para cofradías y repartimiento de mano de obra constituyeron los principales medios por los cuales la elite de origen hispánico se apropió del trabajo y las producciones de los indígenas. Pero la dicotómica sociedad característica del siglo XVI —una numerosa población autóctona al servicio de una reducida elite de origen— se había modificado sustancialmente en el siglo XVIII. Sólo en Guatemala se mantenía este tipo de sociedad aun a finales de la centuria.

Los mestizos

En Centroamérica, los mestizos eran conocidos como ladinos y constituyeron en los inicios de la sociedad colonial un sector marginal y poco importante demográficamente. De hecho, era un segmento integrado en la «república de los españoles». En el siglo XVI los mestizos reforzaron las escasas filas de los colonizadores europeos en un continente mayoritariamente poblado de autóctonos. Pero esta situación se había transformado radicalmente en el siglo XVIII. Ya en la segunda mitad de esta centuria se habían convertido en muchas regiones de Hispanoamérica en el grupo de habitantes más numeroso. En Centroamérica esta situación era predominante en gran parte de Nicaragua, en la alcaldía mayor de San Salvador, en Costa Rica y en Honduras.

En Nicaragua, durante la segunda mitad del siglo XVIII se produjo un incremento extraordinario de los poblados ladinos. Estudios recientes dan cuenta de este proceso [3]. Así, por ejemplo, en Rivas, al sur de Nicaragua, la evolución ocurrió de la manera siguiente: en 1717 se contabilizaban 784 españoles, 935 indios, 238 mestizos, 874 mulatos y 127 esclavos. Ya en 1776 la composición étnica de sus habitantes había cambiado notablemente: 1.538 españoles, 2.664 indios, 554 mestizos y 7.152 mulatos. De manera que, si en 1717, mestizos y mulatos sumaban el 37,3%, en 1776 constituían el 63,8% del total. Informaciones relativas a Realejo, Chinandega, El Viejo y Chichigalpa señalan claramente que allí ocurrió un proceso similar al de la anterior población: de 1740 a 1776, los ladinos pasaron de un 46% a un 66,7%. El año de 1776, la provincia de Nicaragua tenía una población total de 104.413 habitantes, de los cuales 51.414 eran ladinos, 4.903 españoles y 48.096 indios. Estos últimos se habían incrementado a raíz del traslado de indígenas de las tierras insumisas del área occidental de los lagos de Nicaragua y Managua.

En la alcaldía mayor de San Salvador había ocurrido una situación semejante. En 1798, de acuerdo con datos de la *Gaceta de Guatemala* los españoles y ladinos sumaban 69.836 individuos, en tanto los indios ascendían a 66.515. De manera que estos dos grupos constituían según estas cifras el 51,21%, respecto de un 48,78% de indígenas. Nueve años más tarde, el intendente de San Salvador, Antonio Gutiérrez y Ulloa, calculaba que españoles y ladinos sumaban 94.103 personas, mientras que los indígenas 71.175. Es decir, 56,93% de ladinos y españoles y 43,06% de indios [4].

En Costa Rica, el aumento de la población mestiza también se dio con gran fuerza en el siglo XVIII. Desde los inicios de esta centuria los mestizos y españoles superaban ligeramente a los habitantes indígenas sujetos al control hispánico en esta provincia. Pero en la gobernación de Costa Rica la colonización española se limitaba a un pequeño territorio en el Valle Central del interior del país; por ello, un importante número de indígenas se mantuvo al margen de la dominación española. De acuerdo con la investigación de Thiel, hacia 1700 la población total de Costa Rica se encontraba distribuida de la forma siguiente: españoles y mestizos sumaban 2.961 individuos; los indios pacificados 2.252 personas, en tanto que los indios «sin pacificar», que se hallaban concentrados particularmente en la región de Talamanca y en las llanuras del Caribe norte del país, sumaban alrededor de 12.590 personas [5].

Durante la segunda mitad del siglo XVIII, mestizos y mulatos se incrementaron notablemente, dando lugar al surgimiento de tres villas en el área occidental del valle intermontano central: Heredia, San José y Alajuela. Simultáneamente, el campesino libre de origen mestizo, mulato y español se convirtió en el principal sector económico y social de esta provincia.

En Honduras, el incremento demográfico de los no indígenas fue también notable. Así, por ejemplo, en la alcaldía mayor de Tegucigalpa, al promediar el siglo XVIII, los habitantes indígenas sumaban 2.337 personas, en tanto que los mulatos 5.107, los mestizos 662 y los españoles 408. Es decir, los indígenas representaban apenas el 27,5% del total. No obstante, Honduras mostraba fuertes diferencias regionales. La población autóctona se concentraba particularmente en el occidente y en el área central. En 1777 la jurisdicción de Gracias a Dios contenía el 53,8% del total de indígenas de Honduras y a su vez, en el interior de esta región administrativa, la población indígena representaba el 70% del total.

Pero era una situación excepcional: en el resto de las jurisdicciones administrativas de Honduras, los indios no superaban el 40% (con la sola excepción de Tencoa); en Tegucigalpa constituían tan solo el 20%. De manera que, en el último tercio del siglo XVIII, la población de mulatos, negros, mestizos y españoles en Honduras llegó a representar del 60% al 80% del total de habitantes en Honduras. Al finalizar la centuria el total de la población superaba las 100.000 personas, concentradas en las regiones central y occidental.

Un detallado informe preparado por el intendente Anguiano, en 1804, suministraba las cifras siguientes. Población total: 127.620 individuos, de los cuales, 35.392 eran indígenas, es decir, el 28%. De éstos, el 16,1% habitaba en pueblos de indios, en tanto el 12% restante vivía en poblaciones españolas y en haciendas, es decir en rápido proceso de ladinización. Por otro lado, un alto número de indígenas se encontraba al margen de la dominación española. Según este mismo informe, entre 24.000 y 28.000 indios jicaques y payas habitaban en el oriente de Honduras fuera del control hispánico [6].

A lo largo del siglo XVIII se llevó a cabo una transformación de importancia en la población de Centroamérica. No sólo ocurrió un crecimiento significativo, sino igualmente un reacomodo de los distintos segmentos que integraban la sociedad colonial. Aun en Guatemala, donde la población indígena era mayoritaria, se llevó a cabo un incremento notable de la población ladina en las zonas de la costa del Pacífico y en el oriente del país. Así, Escuintla y Guazacapán, hacia 1770, sumaban 8.204 españoles y ladinos, quienes suponían el 39% del total. Lo mismo ocurría en Chiquimula y Acasaguastlán, donde los 13.224 españoles y ladinos constituían el 30,7% del total. Aun en la predominantemente indígena región del occidente de Guatemala, se había producido un incremento de los ladinos. Particularmente en torno al pueblo de Quezaltenango, centro urbano de mayor importancia después de la capital. En 1770 la alcaldía mayor de Quezaltenango albergaba 3.700 españoles y ladinos, constituyendo el 21,26% del total de los habitantes de esta región administrativa [7].

El crecimiento y preponderancia de mestizos y españoles al término del período colonial modificó radicalmente la sociedad. El gran crecimiento demográfico de los ladinos alteró profundamente las relaciones establecidas entre blancos e indios. El mismo término «ladino» resultaba tan ambiguo como lo eran estos individuos. Por lo general se distribuían en aldeas dispersas, instalándose en forma irregular en muy distintos sitios. Aumentaron también en los centros urbanos y proliferaron en tierras de haciendas, en pueblos de indios y en áreas mineras. La mayor parte de los ladinos tenía origen indígena como descendientes, o bien ellos mismos eran indios desarraigados de sus comunidades originarias que se asentaban en otros sitios.

Las campiñas de las provincias de Centroamérica se fueron entonces poblando de campesinos ladinos, dedicados a la producción de autoconsumo, dispersos en desordenados asentamientos rurales encontrándose las casas o ranchos muy separados sin ninguna relación. En 1770, el obispo Cortés y Larraz decía refiriéndose a los asentamientos de campesinos ladinos: «Aquí hay cuatro o seis casas, a un cuarto de legua hay otras tantas, de modo que no se ve figura de pueblos y por lo que ocupan mucho terreno» [8].

El poblamiento campesino ocupó tierras sin colonizar anteriormente o bien desocupadas como consecuencia del drástico descenso demográfico de los indígenas. Los sitios de poblamiento ladino eran conocidos por los contemporáneos con el nombre de «valles de ladinos»; algunos se convirtieron en verdaderas poblaciones, pero, por lo general, la Corona y las autoridades coloniales se negaron a otorgarles el estatuto de centros de población. Severo Martínez ha señalado lo que denomina como el «bloqueo agrario a los mestizos» rasgo distintivo de la política colonial española. Se impedía así que este sector emergente tuviese acceso a la tierra. Si la Corona hubiese aceptado la fundación de poblaciones ladinas se habría visto obligada a otorgarles tierras, ya que la legislación española preveía la repartición de tierras comunales para las nuevas poblaciones. Por esta razón, los asentamientos de ladinos que lograron adquirir el estatuto de villas tuvieron que afrontar largos y engorrosos procedimientos. Uno de estos pocos centros de población que logró el reconocimiento de villa fue el asiento de ladinos y españoles de Cubujuquí, en el valle del pueblo de indios de Barva (occidente del Valle Central de Costa Rica). El presidente de la Audiencia de Guatemala, don Alonso Fernández de Heredia, le otorgó el título de villa en 1763. En reconocimiento, la población agregó el nombre de Heredia al de Cubujuquí, siendo el apellido de este gobernador el que finalmente predominó para designar este centro urbano.

El caso de Cubujuquí/Heredia fue una excepción, pues en la abrumadora mayoría de los casos, los habitantes de valles de ladinos carecieron de tierras comunales, por lo que tuvieron que valerse de otros medios para adquirirla. Un recurso común fue el de unirse y comprar una propiedad colectivamente. Pero la mayoría de ladinos simplemente se instalaba en tierras realengas o en extensos terrenos incultos pertenecientes a la elite criolla. Muchos propietarios de haciendas se aprovecharon de la situación de los ladinos para someterlos a diversos sistemas de colonato, garantizándose así mano de obra tanto permanente como para la época de cosechas.

El desarrollo de la población ladina tuvo pautas particulares en cada provincia centroamericana. En el caso de Costa Rica, en el área occidental del interior del país, predominó la adquisición de tierras por parte de agrupaciones de familias ladinas y españolas. En Nicaragua y en El Salvador, debido a la concentración de la tierra en manos de hacendados, los ladinos por lo general ocupaban tierras de los latifundios. En esta última provincia, las haciendas terminaron convirtiéndose en centros de población [9].

En ambas provincias los ladinos carecían de tierras propias, por lo que gran número de ellos debían emplearse como jornaleros en las haciendas. Así, por ejemplo, en el corregimiento del Realejo de Nicaragua, en 1740, sólo un 20% de los ladinos de esta región administrativa era propietario de chácaras (pequeñas propiedades). De acuerdo con Romero Vargas, ésta era una región en la que la artesanía no desempeñaba un papel económico importante (como sí en Masaya), por lo que la población no propietaria, que ascendía al 80%, se veía obligada a trabajar como jornalera. Esta situación era similar a la gran mayoría de los ladinos de la provincia de Nicaragua.

Pero las haciendas y las tierras baldías no eran las únicas ocupadas por la población ladina. Gran número de esta población se instaló en tierras circundantes o pertenecientes a pueblos de indios. Su presencia por lo general constituía un factor desestabilizador para la comunidad indígena y con frecuencia estallaban conflictos entre ladinos e indios, particularmente disputas por asuntos de tierras. Así, por ejemplo, el pueblo indígena de Masaya, que en 1776 contaba con 1.200 indios, tenía también una población mestiza y mulata de 1.000 personas. En 1812 la presión ladina y la inestable situación política provocaron una sublevación indígena en Masaya [10].

En síntesis, durante el transcurso de la segunda mitad del siglo XVIII aumentó la población ladina en Centroamérica. Este proceso fue paralelo al fenómeno de la desaparición de numerosas comunidades indígenas.

Negros y mulatos

A diferencia de otras regiones de Hispanoamérica, la población de origen africano no tuvo mucha importancia en Centroamérica, en tanto que segmento diferenciado del resto de los habitantes. Aunque los esclavos africanos aparecen ya desde el siglo XVI, por lo general quedaron integrados en la sociedad hispanoamericana ocupando posiciones subordinadas a los españoles pero siendo intermediarios en el control de la población indígena. Destacaron en las milicias y participaron activamente, tanto en el aplastamiento de las revueltas indígenas cuanto en la defensa del territorio frente a las amenazas de piratas y enemigos europeos o sus aliados.

Los esclavos que fueron empleados en actividades productivas agropecuarias rápidamente perdieron su distinción étnica, relacionándose con los mestizos, por lo que los mulatos terminaron adscriptos a la «casta» de los ladinos. Conviene recordar, sin embargo, que la esclavitud como institución se mantuvo durante todo el período colonial, y aunque en número relativamente pequeño, siempre hubo una población negra y mulata sometida a la esclavitud. Ésta puede clasificarse en dos tipos: urbana y rural. Los esclavos urbanos tuvieron un carácter predominantemente doméstico, es decir asociado a la familia del propietario aunque sus tareas no se restringían, las más de las veces, a trabajo en la casa. Al contrario, con mucha frecuencia se los utilizaba con el fin de obtener una renta. Se buscaba que el esclavo tuviese un oficio (costurera, carpintero, albañil, sastre, etc.); lo que obtuviese en dicho oficio pasaba a manos de su propietario. Muchos de estos esclavos fueron manumitidos o bien lograron comprar su propia libertad; por ello, hacia fines del período colonial existía en todas las ciudades importantes un número considerable de mulatos libres. Este grupo siempre trató de integrarse en el mundo hispanoamericano, por lo cual perdió pronto sus raíces tradicionales.

En las áreas rurales, los esclavos de origen africano terminaron absorbidos por el mundo ladino. En las tierras bajas de la costa del Pacífico, sin embargo, desde Soconusco hasta la península de Nicoya, su presencia étnica y cultural era todavía muy visible en los tiempos de la Independencia.

Los blancos

La población criolla (españoles nacidos en América) constituía un porcentaje reducido del total de habitantes. No obstante, en el curso de esta centuria también se incrementó. No sólo por su elevada tasa de crecimiento natural, sino igualmente debido al arribo de inmigrantes españoles en esos años.

Desde el establecimiento del régimen de comercio libre (1781 en Centroamérica) aumentaron los intercambios y las comunicaciones entre regiones de España e Hispanoamérica antes excluidas de las relaciones directas. Como consecuencia se produjo un nuevo flujo migratorio desde España hacia las colonias hispanoamericanas. Catalanes y vascos, poblaciones que prácticamente no participaron en las primeras migraciones del siglo XVI, constituyeron la mayor parte de los nuevos inmigrantes. Secundariamente tomaron parte en la emigración habitantes de Galicia e islas Canarias.

En el continente americano el desarrollo económico de regiones antes poco importantes para el Imperio como el Río de la Plata y Venezuela atrajo inmigrantes de la península Ibérica. Éste fue un fenómeno generalizado en Hispanoamérica, aunque de grado diverso en las distintas sociedades coloniales. Al término del siglo XVIII, los españoles (criollos y peninsulares) sumaban alrededor de tres millones, es decir alrededor de la quinta parte, de un total de quince millones de habitantes.

Los criollos constituían la abrumadora mayoría respecto de los peninsulares, pues los superaban en una proporción de setenta a uno. En Centroamérica, la elite blanca de criollos y peninsulares la conformaban mercaderes, terratenientes, comerciantes y funcionarios reales. Por lo general, individuos con fortunas superiores a los veinte mil pesos constituían una ínfima fracción del conjunto total de habitantes en el territorio de la Audiencia de Guatemala. Las ciudades albergaban el núcleo privilegiado de esta elite de españoles.

Santiago de Guatemala, sede de la audiencia, ocupaba un papel predominante. En ella residían los funcionarios coloniales de mayor rango (los integrantes de la audiencia), así como los altos dignatarios de la Iglesia. En 1770 la población de Ciudad de Guatemala ascendía a alrededor de 26.761 habitantes. Gran número de ellos eran ladinos que ejercían diversos oficios. En 1773, luego de los terremotos que destruyeron la ciudad de Santiago de Guatemala (Antigua), las autoridades civiles y religiosas trasladaron la sede de la capital a la Nueva Guatemala (la actual Ciudad de Guatemala).

En las otras provincias centroamericanas también se incrementó la presencia de españoles de origen peninsular. La creación de intendencias en los territorios de Chiapas, Guatemala, San Salvador, Honduras, Nicaragua-Costa Rica, así como el establecimiento del monopolio del tabaco en 1766 y la posterior creación de factorías de tabaco, dio lugar a un aumento de funcionarios coloniales en las diversas ciudades, villas y centros de población. Comerciantes procedentes de España y de otras regiones de Hispanoamérica (Cuba, Cartagena, Perú, México) también se asentaron en las villas y las ciudades provinciales, aumentando la importancia del sector español, en áreas donde antes eran escasísimos o ausentes.

En Guatemala, además de la elite criolla y peninsular que habitaba en las ciudades de Antigua y de Nueva Guatemala, sectores de españoles vivían en los pueblos de Quezaltenango y de Verapaz donde ocupaban una posición prominente. Por otro lado, en la región del oriente de Guatemala también tuvo lugar una expansión de los intereses españoles debido al desarrollo de la ganadería de repastaje, actividad monopolizada por la elite criolla guatemalteca. En El Salvador, las ciudades de San Salvador, Santa Ana, San Miguel, San Vicente, así como el pueblo de Sonsonate, constituyeron los centros urbanos desde los cuales criollos y peninsulares implantaron el control en esta provincia. En Nicaragua, León y Granada habían sido las ciudades principales, pero en el siglo XVIII otros centros de población se convirtieron en núcleos de asentamiento de españoles, tales como el pueblo de Managua y la villa de Rivas. En Costa Rica, las tres nuevas poblaciones de Heredia, San José y Alajuela al término del período colonial, sobrepasaban en importancia a la vieja capital provincial, Cartago. San José fue escogida como sede de la Real Renta de Tabacos en 1766. Allí pasó a residir el «factor de tabacos» y poco después se construyó la Factoría y Almacenes. En conclusión, la «república de los españoles» aumentó significativamente en el curso de los años finales del período colonial. Aunque los criollos eran mayoritarios numéricamente, ocupaban un lugar secundario en la administración colonial. No obstante, criollos y peninsulares se encontraban entrelazados por múltiples lazos familiares y mercantiles. Ambos se beneficiaban de la explotación de la población mayoritaria, constituida por ladinos e indios.

La producción

Durante la segunda mitad del siglo XVIII, paralelamente al incremento poblacional, se produjo el desarrollo de las actividades productivas. Por otro lado, Europa también aumentó la demanda de productos americanos en el curso de la segunda mitad del siglo XVIII. Aunque la plata mantuvo la preponderancia en las exportaciones hispanoamericanas, otras producciones se sumaron al flujo de exportación hacia Europa. En estos años, Hispanoamérica empezó su inserción en el mercado europeo, como exportadora de materias primas y de productos agrícolas, posición que sólo consolidó en la centuria siguiente.

Desde mediados del siglo XVIII el incremento de la demanda europea de productos como el tabaco, el cacao, los cueros y el añil favorecieron el crecimiento económico en regiones antes secundarias del imperio hispánico en América. Así, Cuba se convirtió en importante centro productor de tabaco y azúcar, Venezuela destacó en la producción de cacao, cuyo consumo se popularizó en Europa, Buenos Aires también adquirió importancia gracias a la exportación de cueros y carne salada hacia Europa y Brasil.

En Centroamérica el añil fue el «producto motor», que vino a dinamizar diversas producciones locales y a favorecer el comercio interregional. El añil o jiquilite *(indigofera tinctorea)* existía en tiempos prehispánicos como planta silvestre, en las áreas bajas del Pacífico centroamericano. Las poblaciones autóctonas conocían sus propiedades colorantes pero probablemente se limitaron a recolectar la planta en su forma silvestre. Después de la conquista española, en el siglo XVI, los europeos dieron importancia especial a este arbusto, del que extrajeron un tinte empleado en el teñido de textiles. En Europa, el tinte del añil había sido introducido por los árabes, quizás desde el siglo VIII. Posteriormente se siguió importando desde Mesopotamia, con el fin de abastecer las manufacturas de textiles durante el medioevo.

Al finalizar el siglo XVI, prácticamente en todas las provincias de la Audiencia de Guatemala, los españoles habían establecido cultivos y obrajes de tinte añil. Su objetivo era exportarlo a Europa, donde disponía de un buen mercado. También se necesitaba en regiones de producción textil de Hispanoamérica en Puebla (México), así como en América del Sur: Cajamarca y Arequipa (en Perú) y en la sierra andina del actual Ecuador.

Durante el siglo XVII y primera mitad del XVIII disminuyó la demanda europea de añil, por lo que las exportaciones del tinte se mantuvieron estancadas. Un cambio en la anterior situación comenzó a producirse hacia mediados del siglo. La manufactura textil en Inglaterra y en Cataluña se había expandido notablemente, aumentando en consecuencia la demanda de colorantes para textiles.

Los comerciantes de Guatemala controlaron las crecientes exportaciones del añil centroamericano hacia los puertos españoles. Aunque se incrementó el comercio directo entre el Golfo de Honduras y España (empleando los puertos de Santo Tomás de Castilla, de Omoa y de Trujillo), la mayor parte de los envíos de tinte hacia Europa se realizaron por medio del puerto mexicano de Veracruz.

El volumen de las exportaciones de añil centroamericano pasó de 435.962 libras de tinte en el decenio de 1710-1719 a la elevada cifra de 2.062.695 de libras en los años de 1750 a 1759 y a la de 4.103.748 en el decenio de 1760-1769 [11].

El incremento de la producción añilera en El Salvador incentivó el desarrollo de la actividad ganadera en Honduras y Nicaragua, pues los centros de producción del tinte requerían de ganado, tanto para el alimento de los trabajadores (carne) como para la fabricación de los «zurrones de cuero» empleados en el enfardaje del polvo tintóreo.

El aumento de los cultivos de añil y de obrajes de tinte contribuyó a la desintegración de las comunidades indígenas en las regiones donde se concentró esta actividad, desarrollándose un proceso similar al que ocurrió en diversas regiones de Hispanoamérica: los blancos y mestizos usurparon las tierras de los pueblos de indios para dedicarlas a actividades agrícolas y ganaderas privadas.

El desarrollo del añil en El Salvador y de la ganadería en Honduras y Nicaragua favoreció este proceso, pero en Guatemala y Costa Rica la evolución no fue similar. En Guatemala —como explicamos atrás— la desintegración de comunidades indígenas quedó circunscrita al oriente, al área del Pacífico. En el caso de Costa Rica, la pérdida de importancia de las comunidades indígenas ocurrió simultáneamente al desarrollo de un campesinado libre, puesto que la gran propiedad (originada en las mercedes de tierra del siglo XVI) —debido a la ausencia de un producto agrícola comercializable— tendió a fragmentarse, al contrario del proceso de concentración de la tierra en las provincias de El Salvador y Nicaragua.

En síntesis, durante el último tercio del siglo XVIII predominaron tres variantes en la organización de las actividades productivas en Centroamérica:

> Los pueblos de indios, que organizaban la producción a partir de los cabildos indígenas, aunque bajo el control de los españoles. Al término del siglo XVIII sólo en Guatemala era predominante la producción originada en las comunidades indígenas.
>
> Las haciendas, es decir, las grandes explotaciones agrícolas o ganaderas, por lo general propiedad de un español (criollo o peninsular), o bien de la Iglesia o alguna de las comunidades religiosas. Los propietarios de haciendas disponían de muy diversos medios para procurarse la mano de obra requerida en el desarrollo de sus actividades. Desde la compulsión directa sobre indios y ladinos, recorriendo toda la gama de posibilidades entre el trabajo servil y el trabajo asalariado.
>
> Por último, donde la desintegración de los pueblos de indios no dio lugar a la concentración de la tierra predominaron las unidades de producción campesina organizadas en el marco de la actividad productiva de familias nucleares. Eventualmente algunas de estas explotaciones agroganaderas campesinas, empleaban mano de obra extrafamiliar.

En las diversas provincias, la estructura socioeconómica colonial estuvo determinada por la peculiar combinación de las anteriores variantes de organizar la producción.

La especialización productiva regional

La diversidad y particularidad de la estructura productiva en las distintas regiones de Centroamérica estuvo acompañada por una tendencia hacia la especialización.

Durante el siglo XVIII, aun cuando la producción de autoconsumo era predominante, el desarrollo de la agricultura comercial de exportación de la ganadería para el comercio interno y tendieron a conformar una cierta especialización productiva en cada una de las provincias centroamericanas.

Desde mediados de la centuria, la alcaldía mayor de San Salvador incrementó la tendencia hacia el monocultivo de añil. En 1770 se calculaba en alrededor de 517 el número de haciendas que cultivaban este producto.

La producción del tinte se encontraba bajo el control de una pequeña elite, propietaria de considerables extensiones de tierra. Aunque las dos terceras partes de esta producción provenía de pequeños productores, los llamados «poquiteros», la elite poseía los obrajes donde los arbustos del añil eran convertidos en el polvo tintóreo destinado a la exportación.

La expansión de los cultivos añileros desplazó a otras producciones. De manera que las antiguas tierras dedicadas al cultivo del maíz y frijoles, así como a la ganadería, pasaron a engrosar las tierras cultivadas de añil. Por esta razón, los propietarios de haciendas, así como los habitantes de los centros urbanos de Santa Ana, San Salvador y San Vicente, tuvieron que recurrir a la importación de ganado y de alimentos de las provincias vecinas. En el caso de Nicaragua, que se convirtió en el principal abastecedor de ganado para El Salvador, las haciendas ganaderas se expandieron en detrimento de las comunidades indígenas. El desarrollo de la ganadería favoreció la colonización de las tierras sureñas nicaragüenses y las adyacentes a los ríos Tempisque y Cañas en lo que hoy día es Guanacaste (Costa Rica).

También en Choluteca, en la región del Pacífico de Honduras, y en el área aledaña de San Miguel, extremo meridional de la alcaldía mayor de San Salvador, se incrementaron las actividades ganaderas. Choluteca se especializó en la producción de mulas destinadas a los centros mineros del área central de Honduras y hacia el istmo panameño. No obstante, la demanda de mulas disminuyó desde mediados del siglo XVIII, por lo que el ganado vacuno tendió a desplazar a la ganadería mular.

En la región central de Honduras, fue, sin embargo, la actividad minera la que ocupó el lugar preponderante en la economía. Desde la tercera década del siglo XVIII entraron en producción nuevos yacimientos de plata, pero en general el desarrollo minero fue muy lento durante el resto de la centuria, concentrándose las actividades en torno a Tegucigalpa.

En Guatemala, el país tendió a diferenciarse regionalmente; en tanto el occidente del territorio se especializó en la producción de ropa de la tierra, el oriente se caracterizó por el desarrollo de haciendas de repastaje de ganado.

Desde finales del siglo XVI, las comunidades indígenas de las regiones de Chiapas, Quezaltenango, Huehuetenango, Totonicapán y Verapaz destacaron en la producción de hilados y telas de lana y algodón. Algunos pueblos de indios en las alcaldías mayores de Sonsonate y San Salvador tributaban también telas de algodón; y en Nicaragua, los pueblos de Subtiava (León) y Masaya, fueron importantes centros de producción de estas telas. En realidad, en los orígenes de la colonización, los españoles en toda Centroamérica impusieron a las poblaciones indígenas el tributo de telas de algodón («mantas de tres piernas»), que inclusive tributaron algunos pueblos de indios de Costa Rica. No obstante, ya en la segunda mitad del siglo XVIII, sólo las regiones del occidente de Guatemala y Chiapas mantenían esta producción de textiles en gran escala. Seguidas muy secundariamente por la provincia de Nicaragua.

La región del occidente de Guatemala fue también importante por la producción de telas de lana. Desde el siglo XVI los españoles habían introducido las ovejas, que se multiplicaron considerablemente. La materia prima suministrada por el ganado bovino dio lugar al desarrollo de una artesanía textil especializada en la fabricación de tejidos de lana. Algunos pueblos de indios llegaron a dominar con gran maestría la producción de finos tejidos (Momostenango, Chichicastenango y Quezaltenango). Otros destacaron en la producción de hilados como Cobán y Rabinal en la alcaldía mayor de Verapaz, que suministraba probablemente la mayor parte del hilo de algodón. El desarrollo de la ganadería bovina en el occidente de Guatemala se concentró en unas pocas haciendas, propiedad de familias españolas criollas. Así, por ejemplo, en la alcaldía mayor de Totonicapán había trece haciendas, pero sólo una de ellas era importante. Se encontraba cerca del pueblo de indios de Chiantla y su extensión era de 69 caballerías. Hacia 1770 pastaban en sus tierras más de doce mil ovejas. (En otras seis haciendas de menor tamaño, los rebaños oscilaban entre las mil cien y las cuatro mil cabezas.) En 1797, la hacienda cercana al pueblo de Chiantla había incrementado notablemente el hato de ganado bovino. Se calculaba en ese año que el total de ovejas propiedad de esta hacienda superaba las treinta mil cabezas y de ella provenía la lana más fina de Guatemala. En estos años esta hacienda pertenecía a la rica familia de los Barrutia y suministraba la mayor parte de la materia prima empleada en la manufactura de textiles de lana de los obrajes de Quezaltenango.

La fabricación de textiles implicaba una serie de producciones e intercambios. En el caso de los textiles de algodón, por ejemplo, el cultivo de esta planta predominaba en las zonas del Pacífico y en las tierras bajas de la alcaldía mayor de Verapaz. Una vez recogida la cosecha, el algodón en rama era distribuido entre las mujeres indígenas de los pueblos de indios, quienes debían hilarlo. El hilo era luego recolectado por los alcaldes mayores y las autoridades religiosas, quienes lo enviaban hacia otras regiones donde otros indígenas debían convertirlo en telas. En la producción de textiles de lana el procedimiento era semejante al empleado en la fabricación de telas de algodón.

En 1795 se calculaba que había cerca de mil telares en la ciudad de Antigua Guatemala y en 1820, cuando ya la producción había mermado, funcionaban 637 telares en la nueva Ciudad de Guatemala, al tiempo que un informe de este año decía: «Todas las manufacturas de esta capital y de los pueblos de Los Altos tienen su consumo en la vasta provincia de San Salvador, en la de Comayagua, León y Costa Rica» [12].

La fabricación de tela y ropa de algodón y lana se incrementó entonces de manera notable en el occidente de Guatemala durante la segunda mitad del siglo XVIII, convirtiéndose en importante negocio para los comerciantes de Ciudad de Guatemala, quienes enviaban estos textiles hacia El Salvador a cambio de añil y hacia Nicaragua a cambio de ganado. Los dueños de haciendas de estas provincias empleaban la «ropa de la tierra» de Guatemala como medio de pago para los trabajadores de sus explotaciones agrícolas o ganaderas.

A principios del siglo XIX, la creciente importación de textiles ingleses, introducidos desde Belice, costa Mosquitia y Jamaica, provocaron la caída de la demanda de manufacturas textiles de Guatemala en las provincias centroamericanas. No obstante, las exportaciones de telas guatemaltecas hacia las otras provincias se mantuvieron hasta las postrimerías de la época colonial.

La región occidental de Guatemala, dada la riqueza de sus tierras, constituía también la «despensa» de los centros urbanos, aunque conviene recordar que el mercado urbano era relativamente pequeño, pudiendo ser abastecido con unas pocas haciendas productoras de trigo y maíz. En 1765, un informe indicaba que la hacienda Urbina en la alcaldía mayor de Totonicapán, junto con la hacienda Argueta en la alcaldía mayor de Sololá, constituían los más importantes centros de producción triguera y de maíz para las poblaciones de Quezaltenango, Huehuetenango, Totonicapán y ciudad de Santiago de Guatemala. Hacia 1770 vivían cerca de 100 familias ladinas en la primera hacienda y su producción en 1797 se calculaba en 15.000 fanegas de trigo anuales.

También otras explotaciones agrícolas de esta región producían trigo y maíz en los años finales del siglo XVIII. En 1797 la producción anual de españoles y ladinos de la alcaldía mayor de Quezaltenango, sumaba 15.000 fanegas de maíz y 3.000 de trigo. Según datos de la *Gaceta de Guatemala*, en 1797 se comercializaban en Quezaltenango alrededor de 18.000 fanegas de trigo, de las cuales 3.000 procedían de los asentamientos ladinos del valle de Vovós y del barrio de San Marcos Sacatepéquez.

En Guatemala, otras haciendas se especializaron en la producción de caña de azúcar para el consumo de los centros urbanos. A principios del siglo XVIII, ocho ingenios azucareros ubicados en el extenso corregimiento del Valle, junto con el ingenio de la hacienda San Jerónimo (en Verapaz), producían anualmente alrededor de 17.000 a 18.000 arrobas de azúcar, (72.000 libras) destinadas fundamentalmente al abastecimiento de la capital. Cinco de estos ingenios (sin contar el más importante, San Jerónimo) pertenecían a las órdenes religiosas de Santo Domingo, San Agustín, La Merced y la Compañía de Jesús. Los tres restantes eran de familias de la elite local, como la de Arrivillaga. Es probable que el más importante de los centros de producción azucarera lo fuese la hacienda San Jerónimo, propiedad de los dominicos. En 1770 el obispo Cortés y Larraz indicaba que producía alrededor de 7.200 arrobas (28.800 libras) anuales. De acuerdo con este obispo, era «la más preciosa [hacienda] del reino», pues contaba con artesanos de toda clase, horno para fundir metales, etc. [13].

La región central de Guatemala, especialmente los valles de Chimaltenango y Amatitlán, así como las áreas costeras del Pacífico de Escuintla, Guazacapán, Chiquimula y Acasaguastlán, se caracterizaron por el rápido incremento de haciendas ganaderas durante la segunda mitad del siglo XVIII. Los dos primeros valles, debido a su cercanía a la capital, se convirtieron en la zona de expansión natural de los vecinos de Santiago de Guatemala: allí incrementaron las haciendas de repastaje de ganado. Éste era traído de Honduras, Nicaragua y Nicoya, pero luego las bestias eran distribuidas en estas haciendas, con el fin de engordarlas para su venta en Guatemala y en la alcaldía mayor de San Salvador. En 1770, Cortés y Larraz indicaba la existencia de cincuenta y ocho haciendas en este territorio, en tanto que cuarenta años después Domingo Juarros contabilizaba setenta y cinco.

En las áreas costeras de Escuintla y Guazacapán ocurrió una situación similar. Numerosas comunidades indígenas perdieron sus tierras, pasando éstas a manos de españoles. A finales del siglo XVIII un informe indicaba que en esta región existían numerosas haciendas «de repasto de ganado de partida», las más de ellas pertenecientes «a caballeros vecinos de la ciudad de Guatemala». Este mismo informe menciona una hacienda con 2.000 cabezas de ganado, pertenecientes a las «cuatro hermandades de ladinos» del pueblo de Santa Cruz Chiquimulilla y ubicada en el sitio de Amatillo [14].

En la alcaldía mayor de Chiquimula-Acasaguastlán tuvo lugar el mayor incremento de haciendas de todo el territorio de Guatemala. Ya en 1712 un censo informaba de la existencia de sesenta y cuatro explotaciones agroganaderas de diverso tamaño. De éstas, treinta y ocho tenían más de cuatro caballerías de extensión, predominando en ellas la cría de ganado vacuno y caballar. Pero sólo dos podían considerarse de importancia, pues contaban cada una con más de 500 reses de ganado vacuno y más de 250 equinos. A partir de la década de 1730, con el aumento de la demanda de derivados de ganado en El Salvador, se incrementó notablemente el número de haciendas agroganaderas en esta alcaldía mayor. En 1770, el obispo Cortés y Larraz mencionaba 104 haciendas en el territorio de esta alcaldía. En 1784 otro informe daba cuenta de un total de 832 propiedades agrarias, de todos los tamaños. Producían, aparte de ganado vacuno, maíz, frijoles, sandías, melones, caña de azúcar, ganado caballar, mular y porcino. También, durante la segunda mitad del siglo XVIII, se generalizó el cultivo de añil en esta región. Aunque las haciendas se multiplicaron, es probable que la mayor parte de las explotaciones agrícolas y ganaderas fuesen aún de pequeñas dimensiones [15].

En Costa Rica, a diferencia de las otras provincias de Centroamérica, no ocurrió una marcada especialización de las actividades productivas. En los inicios de la colonización hispánica, la región central del país se caracterizó por el desarrollo de cultivos de maíz, trigo y otros productos, con el fin de abastecer el istmo panameño. Luego, a partir de la segunda mitad del siglo XVII, el cacao producido en la región de los valles aluviales del Caribe central permitió la continuación del intercambio con el exterior. Sin embargo, este producto no encontró mercados satisfactorios. Al final, sólo el contrabando con los ingleses de Jamaica y costa de Mosquitia permitió la exportación del producto. Durante la segunda mitad del siglo XVIII se mantuvo la producción de cacao en Matina, pero ya el ciclo del cacao costarricense estaba en su fase terminal.

Un nuevo cultivo empezó a tomar auge en la región central del país en esta segunda mitad de la centuria, el tabaco, producto que empezó a tener importancia en los intercambios con Nicaragua y Panamá.

Desde 1766, con el establecimiento de la Real Renta de Tabaco, en la «villita de San José», el estado colonial intervino directamente en la organización del cultivo de la planta. Al principio, el «factor de Tabacos», administrador de la Real Renta en Costa Rica, se limitaba a establecer contratos con un comerciante, quien a su vez se encargaba de organizar los cultivos financiando la producción entre los cultivadores (campesinos del occidente del Valle Central). Posteriormente, la Real Factoría de Tabaco se hizo cargo directamente de la organización de los cultivos, estableciendo contratos con los productores, adelantándoles dinero para financiar la producción.

Gracias al establecimiento de la Factoría de Tabaco, la población de San José adquirió importancia, convirtiéndose en centro urbano y residencia de algunos comerciantes ligados al comercio exterior. También ocurrió una situación similar en la villa de Cubujuquí (Heredia).

El desarrollo de los centros urbanos fue paralelo al incremento de las actividades productivas en los valles circundantes a estas poblaciones. La Real Renta del Tabaco desempeñó —al igual que en otras regiones de Hispanoamérica— un papel dinamizador en la economía. No obstante, se ha afirmado que la injerencia de esta institución borbónica en la producción de tabaco constituyó un freno para el desarrollo de los cultivos. Al hacerse cargo de la producción, la Factoría limitó las siembras a zonas restringidas y determinó el número de cultivadores. En este sentido actuó como un freno al incremento de la producción. También controló las exportaciones realizándolas sólo hacia la provincia de Nicaragua (exceptuando los años de 1787 a 1792, en que se le aseguró el mercado de El Salvador y Honduras), prohibiendo los envíos hacia Panamá, sitio adonde tradicionalmente se exportaban pequeñas cantidades, desde el siglo XVII.

A pesar de lo anterior, la Factoría favoreció la producción y el comercio de otros artículos en el interior del país. Primero, porque los cosecheros recibían en dinero de plata el pago de su tabaco entregado a la Factoría. Segundo, porque el transporte del tabaco, desde Costa Rica hacia Nicaragua generó importantes ganancias en metálico para los transportistas, principalmente comerciantes propietarios de barcos y también, aunque en menor grado, para los arrieros y dueños de recuas muleras.

La Factoría, al realizar sus pagos en plata, atrajo a comerciantes foráneos, algunos de los cuales se quedaron a residir definitivamente en Costa Rica. Estos comerciantes, radicados en los centros de población emergentes en el Valle Central, trataron de incentivar la producción campesina con el fin de comercializar sus productos en Nicaragua y principalmente en Panamá. Aumentó la fabricación de azúcar para exportarlo a Panamá, así como de otros artículos, cuyos envíos hacia el istmo panameño se incrementaron durante los últimos decenios de la dominación española.

En el interior del país, la estructura productiva parece haber evolucionado de forma peculiar. La gran propiedad, inexplotada económicamente en su mayor parte y que se conservaba en muchos casos como bosque sin talar desde el siglo XVI, se fragmenta en el siglo XVIII bajo la presión de mestizos y mulatos. Éstos alegaban ya derechos «de utilidad pública», por encima de los antiquísimos títulos de propiedad. Carente de instrumentos efectivos de represión, la elite de origen español no pudo enfrentarse al empuje del emergente grupo social de campesinos, al tiempo que ningún producto pudo —con sus limitadas exportaciones— favorecer la concentración de la tierra.

LAS TRANSFORMACIONES MERCANTILES

El istmo centroamericano, concebido como región económica, no tuvo el grado de integración que alcanzaron los virreinatos mexicano y peruano. En éstos, la producción de plata conformó un vasto espacio económico, poniendo en relación territorios distantes entre sí hasta miles de kilómetros. Gracias a la circulación de la mercancía dinero, se desarrollaron diversas producciones locales orientadas al abastecimiento de centros mineros y ciudades, por lo que se creó una interdependencia y comunicación interregional.

Las ciudades capitales de México y Lima lograron establecer su dominio sobre enormes extensiones. El control urbano sobre las provincias adquirió un carácter mercantil, pues desde estas ciudades se financiaba la producción local y se comercializaban los artículos producidos.

En Centroamérica, desde el siglo XVI se esbozaron dos espacios económicos que giraban alrededor de las redes comerciales de los virreinatos mexicano y peruano.

Tanto en la capital de la Audiencia de Guatemala, la ciudad de Santiago, como en León y Granada, en la gobernación de Nicaragua, surgieron núcleos mercantiles que extendieron su influencia sobre las provincias. Para ello fue importante el establecimiento de rutas terrestres y marítimas de comercio entre las sociedades de Centroamérica. La ruta terrestre se extendía a lo largo de la vertiente del Pacífico, comunicando también las áreas del interior con los puertos. Por la vía marítima se aseguraba el enlace con México y América del Sur.

Gracias a la existencia de esta red de comunicaciones, teóricamente la capital disponía de medios para vincularse regularmente con las provincias. No obstante, la falta de una producción importante de plata impidió el desarrollo de una circulación mercantil interna de importancia, y en consecuencia una fragmentación de intereses.

Santiago de Guatemala dominó gran parte de los flujos comerciales en Centroamérica septentrional (Chiapas, Guatemala, El Salvador, Honduras), en tanto las ciudades de León y Granada de Nicaragua controlaron los flujos mercantiles de esta provincia y de Costa Rica.

Las regiones septentrionales de Centroamérica se vincularon comercialmente con el virreinato mexicano. El índigo producido en la alcaldía mayor de San Salvador se exportaba por la ruta de Veracruz (México), en dirección a los mercados europeos. También se enviaba cacao hacia la ciudad de México, aunque este producto había decaído desde los años finales del siglo XVII. Por otro lado, la plata hondureña se expedía hacia Acapulco, a fin de adquirir mercancías orientales, traídas a este puerto por el galeón de Manila.

1.3.   ESCUDO DE LA REAL CASA DE LA MONEDA, GUATEMALA.

Las relaciones comerciales con México eran muy diversas; cabe recordar que Ciudad de México era un importante centro urbano donde residían comerciantes que controlaban el comercio internacional, así como las manufacturas producidas en esa ciudad y en la contigua Puebla. De manera que el añil y el cacao exportados a México permitían el intercambio, trayéndose desde allí diversas mercancías, de origen mexicano, europeo y asiático. Nicaragua y las regiones meridionales de Centroamérica tendieron a relacionarse con otras redes comerciales. Desde finales del siglo XVI, León se vinculó comercialmente con Panamá y con el Perú. Hacia el istmo se enviaron alimentos, en tanto que hacia Perú adquirieron importancia los envíos de madera de pino, de cedro negro y de resinas para la construcción de embarcaciones.

Cartago, capital de la provincia de Costa Rica, también se integró en el eje mercantil panameño. Del Valle Central, en el interior de Costa Rica, se exportaban cerdos, trigo, maíz y otros productos hacia el istmo de Panamá, empleándose el puerto de Caldera en el Pacífico y el puerto de Suerre en el Caribe. También los hacendados de la zona de la banda oriental del Golfo de Nicoya participaron en este comercio, exportando sebo de res y otros productos por medio del puerto y astillero de Alvarado, en el río Tempisque (límite entre la alcaldía mayor de Nicoya y la provincia de Costa Rica).

Entre la Centroamérica meridional y el istmo panameño, también existió un regular comercio terrestre de exportación de mulas, procedentes de Choluteca (Honduras), Nicaragua, Costa Rica y destinadas al tráfico de mercancías entre ambas costas del istmo de Panamá.

Al iniciarse el siglo XVIII, Centroamérica se encontraba dividida en sus orientaciones comerciales. En tanto que en el norte centroamericano las actividades mercantiles se vincularon al comercio de la Nueva España, la Centroamérica meridional, a pesar de su pertenencia a este virreinato, ligó sus actividades comerciales a las redes de intercambio peruano-panameñas. No obstante, conforme avanzó la centuria creció en importancia el comercio ilegal de los centroamericanos con súbditos de otras potencias europeas.

El desarrollo del contrabando con los extranjeros

Los marinos de otras naciones europeas desafiaron el poder español desde el siglo XVI, pero no fue sino en la centuria siguiente cuando sus actividades realmente hicieron daño a las colonias españolas de América. En el Caribe, a partir de las décadas de 1620 y 1630, aventureros —especialmente franceses— ocuparon la isla Tortuga (frente a La Española) y la emplearon como base de expediciones marítimas de pillaje y saqueo de embarcaciones y puertos españoles. Pero fue la caída de las islas de Curaçao en manos holandesas en 1639 y la de Jamaica en poder de Inglaterra en 1655 lo que habría de repercutir fuertemente en Centroamérica.

La costa oriental centroamericana se encontraba poco controlada por los españoles y a relativa corta distancia de estas islas, lo que favoreció que ingleses y holandeses se interesaran por las costas caribeñas.

La intervención de los ingleses en Centroamérica se inició aun antes de que Jamaica cayese en sus manos. Ya en 1633, comerciantes británicos que se habían asentado en la isla de Providencia establecieron los primeros enclaves (al principio temporales), en el cabo Gracias a Dios de Nicaragua y en la desembocadura del río Escondido. En este último sitio originalmente había buscado refugio el pirata holandés conocido como Abraham Blauvelt cuyo apellido terminó convertido en Bluefields, nombre que tomó el enclave inglés.

Súbditos británicos se instalaron también en el actual territorio de Belice, al norte del Golfo de Honduras desde la década de 1670. Sus actividades se concentraron en la tala de madera, especialmente «Palo de Campeche», empleado como tinte en la manufactura textil de Inglaterra.

Tanto la costa Mosquitia de Nicaragua como el asentamiento de Belice mantenían estrechos lazos comerciales con la isla de Jamaica. En 1697, con el Tratado de Ryswick se puso fin a la piratería en el Caribe. Al comenzar el siglo XVIII, para Inglaterra era más ventajoso el comercio intérlope con las colonias españolas que continuar auspiciando el ataque a los puertos y centros de población hispánicos. Progresivamente, aunque alternando siempre con períodos de conflictos militares, los ingleses de Belice y costa Mosquitia, desarrollaron actividades comerciales con los centroamericanos distribuyéndoles mercancías traídas de Jamaica. Gracias a este comercio intérlope, los británicos obtuvieron diversas producciones centroamericanas: plata de Honduras, añil y ganado de esta provincia y Nicaragua, cacao de Costa Rica. También de los miskitos recibían tortugas —cuya caza se convirtió en la principal actividad «económica» de estos habitantes—, producto que era muy codiciado por los ingleses. La demanda de carey y carne de tortuga propició que las «pesquerías de tortugas», como se denominaba a esta actividad depredadora, se extendieran desde el río San Juan en Nicaragua, hasta la bahía de Almirante, en la actual Panamá. Los miskitos también capturaban indígenas en sus recorridos por las costas, mano de obra que luego intercambiaban por mercancías inglesas. Estos indígenas eran luego llevados a Jamaica y empleados como esclavos en las plantaciones azucareras de esta isla.

En el transcurso del siglo XVIII, las mercancías británicas importadas de Belice, Mosquitia y Jamaica, ingresaron en los circuitos mercantiles de Centroamérica, modificando las tradicionales redes de comercio.

En Honduras, Nicaragua y Costa Rica, el comercio ilegal adquirió un gran desarrollo en estos años. Los comerciantes provincianos, y aun los funcionarios de la Corona, participaron en esta actividad.

El incremento del contrabando se vio favorecido por la decadencia de los tradicionales circuitos del comercio español. En 1739 el almirante inglés Vernon se apoderó de Portobelo, poniendo fin a las ferias comerciales en este puerto. La debilidad española fue aprovechada por Inglaterra, que lanzó una ofensiva comercial.

Hacia mediados de la centuria, los ingleses controlaban ya en gran medida el comercio exterior de Honduras, Nicaragua y Costa Rica. En esta última provincia, el contrabando se convirtió en la principal fuente de aprovisionamiento de textiles y manufacturas europeas.

La política exterior de Carlos III, a partir de su ascenso al trono español en 1759, estuvo orientada a detener el expansionismo británico en Hispanoamérica. Como analizaremos posteriormente, la Corona se planteó todo un programa destinado a rescatar Hispanoamérica para España. Uno de los puntos cruciales fue la recuperación del comercio hispanoamericano. En el último tercio del siglo XVIII la Corona española intentó detener el contrabando a la vez que trató de desarrollar los intercambios entre la península Ibérica y sus posesiones americanas.

El desarrollo del comercio legal con España

Desde la década de 1740, el viejo sistema mercantil español empezó a ser objeto de modificaciones. Una de las transformaciones fue la supresión de la Armada de Galeones después del ataque de Vernon a Portobelo y Cartagena, por lo que se hizo necesario buscar un método de comercio alternativo. La Corona, consciente de la impotencia de las costosas flotas para repeler ataques de potencias extranjeras, instaura entonces el régimen de «navíos sueltos», embarcaciones de tamaño menor que los pesados galeones, pero más veloces, que navegaban solos, de un determinado puerto de España hacia un puerto hispanoamericano.

El régimen de «navíos sueltos» se puso en práctica para Centroamérica a partir de 1744. De este año en adelante empezaron a llegar periódicamente embarcaciones españolas a los puertos del Golfo de Honduras. Un buen porcentaje de la plata producida en Honduras, cuya producción tuvo un repunte hacia estos años, se exportó hacia Europa empleando estas embarcaciones, lo mismo que envíos de añil hacia las ciudades manufactureras de textiles en España.

De mayor importancia que el establecimiento de relaciones directas entre España y Centroamérica fue el vertiginoso ascenso de las exportaciones del añil (tanto por la vía del Golfo de Honduras como por Veracruz) lo que modificó la circulación mercantil en Centroamérica. A cambio de los envíos de añil, los comerciantes guatemaltecos recibieron gran cantidad de mercancías, que les fue necesario distribuir en las provincias centroamericanas. De esta forma los comerciantes de la capital ampliaron sus negocios mercantiles en toda Centroamérica, al tiempo que León y Granada perdían importancia como consecuencia del descenso de las actividades comerciales en el istmo panameño.

Al término de la década de 1780 llegó a su punto máximo el comercio entre España y América. El «libre comercio», terminó sustituyendo definitivamente al sistema de Flotas y Galeones, al ser generalizado para toda Hispanoamérica en 1789. En adelante cualquier navío podía zarpar de un puerto español y navegar libremente a casi cualquier lugar de Hispanoamérica, siempre que pagase los impuestos establecidos. Durante estos años el poder de los comerciantes de Guatemala se extendió por toda Centroamérica. Disponiendo de mercancías y de plata, financiaban las principales actividades productivas centroamericanas.

La reanimación de los intercambios mercantiles y el dominio creciente de los comerciantes de la capital sobre los productores provincianos trajeron igualmente la conformación de una nueva elite en Guatemala. Nuevos inmigrantes, aunque poco numerosos con relación a su papel protagónico, lograron controlar el comercio interno y externo de Centroamérica. Los peninsulares recién llegados se unieron —vía matrimonio— con las viejas familias criollas de Guatemala conformándose verdaderos clanes familiares. La de mayor importancia en los últimos años del período colonial y aun después fue la familia Aycinena, que a finales del siglo XVIII poseía diversas haciendas de ganado en Guatemala y de producción de añil en El Salvador.

La crisis del comercio

El ciclo expansivo de la producción y el comercio en Centroamérica, que se había iniciado hacia 1750, se detuvo abruptamente en los años finales del siglo XVIII.

Al auge económico de la segunda mitad de la centuria sobrevino, al iniciarse el siglo XIX, un período de estancamiento y retroceso. El añil o índigo centroamericano había logrado una buena cotización en el mercado europeo. Sin embargo, ya en la década de 1790, otras regiones del mundo habían comenzado a producir este colorante para el mercado internacional, provocando la caída de los precios. Se detuvieron las exportaciones del producto hacia España y disminuyó concomitantemente el comercio de importación de mercancías europeas.

Esta situación se agravó con la interrupción de las comunicaciones entre Hispanoamérica y la metrópoli española. En 1797, la flota española fue destruida por los ingleses y ocho años después, rematada en Trafalgar. Además Inglaterra impuso en Europa un bloqueo continental, situación que provocó el colapso del comercio entre España y sus posesiones americanas. Plegándose a las circunstancias, la Corona española autorizó el 18 de noviembre de 1797 el comercio con las naciones neutrales. Aunque la Corona se retractó de esta decisión en 1799, ya fue demasiado tarde. Los ingleses y los norteamericanos dominaron el envío de mercancías hacia Hispanoamérica y drenaron la plata americana.

Todos los nuevos cambios en la política y el comercio europeo hicieron caer a España al rango de potencia secundaria. Aislada de sus colonias, ya no pudo mantener su régimen monopolista, y el continente americano se vio inundado de mercancías británicas y de Estados Unidos. Por otro lado, los criollos hispanoamericanos, aunque muchos se habían beneficiado con el régimen de comercio libre con España, ante la imposibilidad de comerciar con la metrópoli, tomaron conciencia de la onerosa carga que representaba mantenerse unidos políticamente a la madre patria. En Centroamérica, la mayoría de los comerciantes dependía de sus vinculaciones comerciales con las ciudades españolas, particularmente Cádiz. La posibilidad de comerciar con los neutrales fue sólo aprovechada por un pequeño grupo que trató de relacionarse con los mercaderes ingleses del asentamiento de Belice, por lo que la paralización del comercio con España condujo al estancamiento de la producción y del comercio interregional centroamericano.

Al iniciarse el siglo XIX, la relativa unificación mercantil de Centroamérica, bajo la égida de los comerciantes guatemaltecos, llega a su término.

Debido al descenso del comercio interregional y con el fin de escapar del dominio de Guatemala, los productores provincianos intentaron establecer intercambios directos con los ingleses. En Costa Rica prosperaron las exportaciones de cacao hacia Jamaica y costa Mosquitia. Los mercaderes ingleses establecieron vínculos directos y regulares con el valle de Matina en la región caribe de este país, llegando inclusive a arrendar las haciendas productoras de cacao de sus propietarios vecinos de Cartago.

La región meridional de Centroamérica tendió también a incrementar sus relaciones mercantiles por medio de los puertos del Pacífico. Embarcaciones de diversas naciones cruzaban ya con cierta frecuencia el cabo de Hornos, al sur de la Tierra del Fuego, poniendo en comunicación directa los puertos del Pacífico suramericano con los puertos europeos. Por otro lado, Panamá se convirtió en un importante centro del contrabando inglés. Después de 1810 fue autorizado el comercio directo entre Portobelo y la isla de Jamaica. De esta forma en Nicaragua y Costa Rica se incentivó el comercio con Panamá, de donde se traían mercaderías de procedencia inglesa. En esta última provincia, las exportaciones de azúcar, borraja (planta medicinal, sudorífera), harina de trigo, ajos y arroz con destino a Panamá se incrementaron considerablemente durante estos años.

Las mercancías británicas se convirtieron en interesantes artículos —dado su bajo precio— para los agricultores y comerciantes del Valle Central de Costa Rica. Las telas, instrumentos de metal y otros artículos de manufactura inglesa resultaban mucho más baratos que los traídos desde la distante Guatemala. En 1813 los comerciantes guatemaltecos presionaron a la audiencia para que prohibiese a los habitantes de Costa Rica comerciar con Panamá. Pero esto fue airadamente rechazado por los cabildos de las ciudades de Cartago, San José, Alajuela y Heredia.

En las dos décadas finales de la dominación española, Ciudad de Guatemala había perdido el control hegemónico comercial sobre sus provincias, y el intercambio regional directo con el exterior se incrementó en detrimento de los intereses mercantiles guatemaltecos.

LAS REFORMAS BORBÓNICAS

En España, después de la Guerra de Sucesión, asciende al trono la dinastía de los Borbones. Asesorados por consejeros seguidores del modelo administrativo francés, los reyes Borbones se proponen reorganizar la estructura administrativa, fiscal y militar del Imperio español.

Aunque las reformas se iniciaron con Felipe V (1713-1746), se admite que sólo a partir de Carlos III (1759-1788) se implantaron los cambios de mayor trascendencia. El conjunto de transformaciones político-administrativas llevadas a cabo por este monarca y su sucesor Carlos IV (1788-1808) generalmente se conoce como las Reformas Borbónicas. Inspirado en el absolutismo francés y sustentado en las ideas filosóficas del Despotismo Ilustrado, el nuevo ordenamiento del imperio apuntaba a mejorar el control hispánico de las colonias americanas, con el objetivo principal de mejorar las finanzas reales.

En Centroamérica, las reformas borbónicas se iniciaron tempranamente. Desde la primera mitad del siglo XVIII se llevaron a cabo importantes modificaciones político-administrativas en la Audiencia de Guatemala.

Algunos autores consideran que los cambios impulsados por la administración colonial en esta audiencia, durante la primera mitad de la centuria, tuvieron mayor trascendencia que las políticas reformistas de la segunda mitad del siglo.

Los intentos realizados por imponer la voluntad real y disputar el poder de la elite criolla se habían iniciado tiempo atrás. De hecho, desde el siglo XVI habían estallado conflictos entre la burocracia colonial y la élite de encomenderos locales. Pero la verdadera pugna de intereses contrapuestos no se desarrolló sino hasta el siglo XVIII.

Un aspecto crucial del enfrentamiento entre criollos guatemaltecos y la administración borbónica fue la disputa en torno al denominado «corregimiento del Valle de la ciudad de Santiago de Guatemala». Luego de varios intentos por asumir el control de este territorio, la Monarquía terminó por imponerse en 1753, suprimiendo definitivamente este corregimiento, virtual dominio del cabildo de la ciudad capital.

Con la intención de promover el intercambio mercantil en Centroamérica y de aumentar sus ingresos de plata, la Corona trató de incrementar la actividad minera en Honduras a partir de la década de 1720. La nueva concepción borbónica de la fiscalidad tenía como meta sustentarse en los impuestos sobre el comercio, por lo que se consideró esencial incrementar el circulante monetario. En 1724 se rebajó el impuesto del «Quinto Real», de un 20% a un 10%. También se rebajó el precio del mercurio (monopolio del estado), metal indispensable para la separación de la plata del mineral bruto. A pesar de los esfuerzos de la Corona, las minas hondureñas tuvieron que enfrentar la escasez crónica de mano de obra indígena. Se aplicó entonces el sistema compulsivo de repartimiento de indios en las minas, lo que trajo un ligero repunte de la producción de plata en el segundo tercio del siglo XVIII, alcanzándose un punto máximo en 1739, con una acuñación de treinta y ocho mil marcos. Luego la producción decayó, estabilizándose en una media de catorce mil/quince mil marcos anuales. El aumento en la cantidad de plata acuñada también fue resultado de mejores facilidades para intercambiar el mineral bruto en las áreas mineras, lo que promovió mayor flujo de plata hacia las cajas reales [16]. Pero el control de la Corona sobre la producción de dinero fue declinando a finales del siglo XVIII. Para estos años, la plata ya no seguía el camino de las arcas reales, sino que productores y aun funcionarios de las administraciones de Tegucigalpa y Comayagua (donde se concentraba la producción minera) participaban cada vez más en el contrabando con los asentamientos ingleses de la Mosquitia, Belice e isla de Jamaica.

Desde la primera mitad del siglo XVIII, en Centroamérica la Corona trató de adquirir más poder frente a la elite criolla local. No obstante, fue sólo después de la llegada al trono de Carlos III en 1759 que la nueva administración borbónica lanzó una verdadera ofensiva destinada a reestructurar totalmente la administración política, fiscal y militar de Centroamérica.

Las reformas borbónicas en Centroamérica se propusieron seis modificaciones medulares [17].

Promover los intercambios directos entre la península Ibérica y las colonias para desarrollar las comunicaciones y el comercio.
Limitar el poder eclesiástico, por medio de la expropiación de los bienes de la Iglesia y de la disminución de sus privilegios.
Apoyar a los productores de las provincias de Centroamérica con el fin de liberarlos del control de los comerciantes de la capital (Santiago de Guatemala).
Reformar la estructura administrativa por medio de la instauración

del régimen de intendencias, con el fin de reemplazar a los «oficiales corruptos» del interior, ligados a los intereses locales.

Transformar el sistema impositivo con el fin de obtener más ingresos fiscales para financiar la creciente estructura del poder colonial.

Intensificar la defensa militar para contener las actividades comerciales y militares de los ingleses en Centroamérica.

Conviene distinguir dos etapas de la ofensiva borbónica en Centroamérica. En un primer momento, las autoridades coloniales se aliaron con los comerciantes de Guatemala, por lo general inmigrantes llegados recientemente de la península Ibérica. En este grupo mercantil, destacaban las familias Piñol, originaria de Barcelona, y Aycinena, de Navarra. Durante estos primeros años, la Corona trataba de debilitar el poder criollo tradicional, afincado en el cabildo de la ciudad de Santiago de Guatemala, por lo que se alió con los nuevos comerciantes.

En años posteriores, una vez debilitados los sectores dominantes tradicionales, la ofensiva se dirigió contra la nueva elite mercantil.

Veamos ahora los resultados de la política de Reformas Borbónicas en Centroamérica, de acuerdo con los objetivos que se propuso el proyecto de «transformación de la colonia».

Comunicaciones y comercio

Desde 1744 se había promovido el intercambio directo entre el Golfo de Honduras y la península Ibérica. En este año —como indicamos más arriba— se instauró el régimen de «Navíos Sueltos» en Centroamérica. En 1781 se autorizó a los puertos de Omoa, Trujillo (Honduras) y Santo Tomás de Castilla (Guatemala) para que comerciaran directamente con la metrópoli. De hecho fue una disposición sin trascendencia, pues Santo Tomás de Castilla había sido autorizado para comerciar con la península Ibérica desde su establecimiento en el siglo XVII. Por otro lado, aunque los puertos de Omoa y Trujillo se utilizaron en la exportación de añil hacia España, no pudieron desplazar la tradicional ruta terrestre hacia Veracruz y la comunicación marítima con España a partir de este puerto. Las causas de esta situación fueron principalmente de orden geográfico y militar: primero, porque nunca hubo una ruta adecuada de comunicación entre la capital y los puertos del Caribe. Por otro lado, debido a la frecuente interrupción del comercio a lo largo de la costa hondureña, tanto por las incursiones enemigas como por los ataques a los barcos españoles en el Golfo de Honduras. Por ello, las exportaciones de Centroamérica hacia España no pudieron realizarse por los canales de comunicación que la Corona intentó revitalizar.

El incremento de la demanda de añil en Europa estimuló el desarrollo de las exportaciones, pero éstas se realizaron mayoritariamente por la vieja ruta que ligaba Guatemala con el puerto mexicano de Veracruz. La Corona fracasó al tratar de incrementar las comunicaciones directas entre España y Centroamérica, con el fin de quebrar el monopolio de los comerciantes de Guatemala sobre los productores provincianos.

Al no poder desarrollar las comunicaciones directas entre las áreas de producción del Pacífico con los puertos de la costa del Golfo de Honduras, la Corona fracasó en el intento de romper la hegemonía tradicional de los comerciantes de Guatemala.

El poder eclesiástico

En la Audiencia de Guatemala, como en la mayor parte de Hispanoamérica, la Iglesia constituyó un pilar fundamental de la colonización española. Por lo general, entre la Iglesia y las elites criollas se entretejieron redes de intereses económicos y familiares. Las órdenes religiosas recibieron en su seno a gran número de miembros de la elite. De allí que la Corona, en el siglo XVIII, tratara también de despojar a la Iglesia de su poder económico y político para fortalecer el de la administración colonial.

La Iglesia disponía de gran cantidad de tierras, así como de numerosas prebendas. Determinadas producciones se encontraban casi monopolizadas por las órdenes religiosas. Así, por ejemplo, el azúcar requerido en la capital y en otros sitios era, en gran parte, producido en ingenios de azúcar pertenecientes a órdenes religiosas. En las regiones de alta densidad de población indígena, los sacerdotes implantaron instituciones que les permitieron obtener bienes y servicios de los indígenas. Entre ellas destacó la cofradía. Aunque ésta tuvo también un carácter protector de la cultura autóctona, desde un punto de vista económico extrajo productos y mano de obra de los pueblos de indios para beneficio de los curas doctrineros. Todo pueblo de indios tenía al menos una cofradía. Originalmente, ésta era una institución del medioevo europeo. Diversos miembros de una comunidad se unían en una cofradía o santa hermandad. Con su trabajo o aportaciones de dinero mantenían el culto a un santo determinado, corriendo con los gastos de las celebraciones religiosas de dicha advocación. En Hispanoamérica, la cofradía fue implantada tanto por la elite como por la población indígena. Para la elite criolla, la pertenencia a una cofradía tuvo carácter voluntario, permitiendo a sus integrantes participar en las suntuosas ceremonias religiosas de las iglesias de las ciudades coloniales. Por el contrario, para los indígenas, quienes de manera forzosa eran obligados a enrolarse en las cofradías y a servir a los sacerdotes, o

1.4. ESCUDO DEL CONSULADO DE COMERCIO.

trabajar en tierras de las cofradías, esta institución constituyó un verdadero instrumento de explotación.

Algunos pueblos indígenas fueron cargados con numerosas cofradías, por lo que éstas drenaban gran parte del trabajo y producción de los autóctonos.

Ya desde fines del siglo XVII la Corona en Centroamérica trató de controlar y disminuir las cofradías, pues consideraba que éstas perjudicaban el pago de los tributos indígenas para la Real Hacienda. Pero poco se avanzó en esta política. A finales del siglo XVIII no había desaparecido esta institución y se calculaban 1.703 cofradías, sólo en la diócesis de Guatemala, cuyos bienes sumaban la elevada cifra de 581.833 pesos. En este sentido la ofensiva de principios del siglo XVIII, orientada a acabar con las cofradías, no tuvo resultados significativos. Fue sólo a principios de la siguiente centuria, con la llamada «consolidación de los vales reales», cuando se inició (en 1805), la apropiación de los bienes de cofradías, pero tampoco se llegó a completar esta expropiación.

Éste no fue el único enfrentamiento entre la administración colonial y la Iglesia. En las regiones donde las órdenes religiosas tenían gran poder, la Corona trató de incrementar sus ingresos fiscales vigilando más de cerca las actividades económicas de las instituciones e individuos eclesiásticos. También se procedió a la expulsión de los jesuitas en 1767, expropiándose sus bienes.

Productores y comerciantes

Los principales comerciantes de la ciudad de Guatemala controlaban completamente las exportaciones de añil hacia Europa así como las importaciones de Cádiz, México, Filipinas y Perú. Como el comercio externo estaba enlazado con el comercio interno, los comerciantes de Guatemala dominaban ambos flujos de la circulación mercantil.

Dentro de Guatemala, los comerciantes controlaban una gran variedad de artículos producidos internamente, tales como cacao, hilaza de algodón, ropa, ganado y aun hierro, destinados al comercio interno. También los comerciantes más importantes constituían la principal fuente crediticia. Como comerciantes-banqueros adelantaban anualmente a los cosecheros de añil alrededor de un millón de pesos, que entregaban en partes iguales, en plata y en bienes. Actuaban con un procedimiento similar respecto de los ganaderos de Nicaragua, a quienes compraban cabezas de ganado.

Aproximadamente la mitad de la producción de añil destinada a la exportación provenía de los denominados «poquiteros» de El Salvador, Honduras y Nicaragua, quienes vendían el producto a los grandes hacendados, propietarios de las recuas muleras empleadas en su transporte hacia la ciudad de Guatemala. En esta ciudad, el hacendado seleccionaba los bienes importados y los «de la tierra» (de fabricación local) en las tiendas de los comerciantes, arreglando igualmente un adelanto monetario para saldar al año siguiente. El hacendado regresaba a su provincia con las mulas cargadas con los artículos adquiridos en las tiendas de Guatemala, procediendo luego a distribuir estas mercancías entre los poquiteros y los jornaleros de sus haciendas.

Un proceso similar de recolección, intercambio y distribución se realizaba entre los comerciantes de Guatemala y los ganaderos provincianos. En las décadas de 1750 y 1760, alrededor de cuarenta a cincuenta mil cabezas de ganado eran llevadas a la feria anual de Guatemala, procedentes de Honduras, Nicaragua y aun de las remotas localidades de Nicoya y Bagaces (Costa Rica). En la feria de la capital, los ganaderos intercambiaban sus animales por bienes europeos y «de la tierra», así como por dinero en plata. Los bienes adquiridos por los ganaderos eran luego distribuidos entre pequeños ganaderos y otros intermediarios y productores de otros artículos.

Los productores provincianos se encontraban entonces totalmente a merced del monopolio mercantil de la ciudad de Guatemala. En las décadas de 1770 y 1780 los provincianos empezaron a protestar, quejándose de los precios monopólicos impuestos por los comerciantes guatemaltecos [18].

Aprovechando el descontento de los provincianos, la Corona intentó intervenir en el conflicto, argumentando la necesidad de establecer «un precio justo» tanto para el añil como para el ganado. En realidad la Corona buscaba un mayor control con el fin de incrementar los ingresos fiscales.

Ya desde la década de 1760, los cosecheros de añil habían tratado de mancomunar esfuerzos orientados a defenderse del monopolio de los comerciantes guatemaltecos, exigiendo que los precios se discutiesen en una asamblea general, pero ésta se convirtió en un caos y los productores no consiguieron nada.

En abril de 1779, la llegada del nuevo capitán general, Matías de Gálvez, marcó el inicio de una política que en teoría buscaba quebrar el monopolio guatemalteco. En realidad, con relación al añil sus actuaciones no se iniciaron sino hasta 1782, año en que convocó a una junta de cosecheros con el fin de planificar la fijación de precios adecuados para los añileros. La junta excluyó a los comerciantes de Guatemala y al final promulgó los Estatutos de la Sociedad de Cosecheros del Añil, en la que se estableció una junta de fijación de precios y un montepío o banco para el financiamiento de los productores del añil.

En apariencia, las medidas de Gálvez favorecieron a los cosecheros en detrimento de los comerciantes, pero la realidad fue otra. No fue posible romper la dependencia financiera de los productores respecto de los comerciantes monopolistas, quienes ignoraron completamente las decisiones de la junta de cosecheros. Los comerciantes controlaban los medios de transporte (barcos y recuas de mulas) necesarios para el transporte de añil hacia la Nueva España. A esto se sumó la incapacidad del montepío del añil (con un capital inicial de sólo 100.000 pesos) para separar a los cosecheros del control financiero de los comerciantes guatemaltecos.

Con relación a los ganaderos, la política del gobierno de Gálvez se planteó objetivos diferentes. Desde fines de la década de 1770 el problema fue de escasez de ganado en Guatemala. Esto afectaba tanto a los comerciantes de la capital como a la administración colonial, interesada en el aumento de los ingresos derivados de los impuestos al comercio.

A finales de la década de 1770 más de cuatro mil cabezas de ganado destinadas a la feria anual de ganado en la Laguna de Cerro Redondo no arribaron a la feria. Esta situación fue el detonante para la intervención de Gálvez, quien ordenó que la feria se trasladara a Chalchuapa (Santa Ana en El Salvador), al tiempo que nombró un juez para que clasificara y fijara precio al ganado, repitiendo la prohibición de la venta de ganado fuera de la feria. Gálvez se proponía asegurar una oferta suficiente de ganado en la feria anual, mediante la imposición de lo que consideraba un precio justo.

Las actuaciones de Gálvez fueron letra muerta. En realidad la legislación tendiente a regular el comercio de ganado fue aún menos eficaz que la dictada para el comercio de añil.

Los ganaderos de las provincias de Honduras, Nicaragua, Nicoya y Costa Rica aumentaron su hostilidad hacia los comerciantes guatemaltecos, como resultado de las tensiones creadas durante el período en que la administración colonial trató de controlar la comercialización del ganado. Es decir, aunque las medidas de Gálvez buscaban liberar a los ganaderos provincianos del dominio mercantil de Guatemala, las disposiciones gubernamentales, que trataban de obligar a que sólo se pudiese vender ganado en la Feria de Chalchuapa, fue percibida por los provincianos de manera diferente. La restricción de las ventas de ganado a esta feria fue interpretada como una medida favorable a los comerciantes de Guatemala. Por ello, afirma Troy S. Floyd: «Éste fue el fenómeno psicológico que unió a ganaderos y cosecheros de añil en una actitud común hacia los comerciantes de la ciudad capital» [19].

La situación alcanzó su clímax a fines de la década de 1780, durante la administración del nuevo capitán general José de Estachería, quien nombró a prominentes miembros de la elite mercantil de Guatemala como jueces de precios en la Feria de Chalchuapa.

En conclusión, durante la segunda mitad del siglo XVIII la característica predominante del comercio en Centroamérica fue su resistencia al cambio, a pesar de los esfuerzos de la administración colonial por modificar la situación.

El siglo comenzó con el monopolio mercantil guatemalteco y terminó con el control intacto de esta elite sobre los cosecheros de añil salvadoreños y los ganaderos de la Centroamérica meridional. La instalación del Consulado de Comercio de Guatemala en 1793 sólo confirmó, institucionalmente, el poder de dicha elite. Según T. S. Floyd, este monopolio no modificado en las relaciones interprovinciales perpetuó el antagonismo entre provincianos y comerciantes guatemaltecos, pudiendo esta situación haber reforzado otros factores que tendieron hacia el separatismo en las décadas posteriores [20].

La reforma administrativa

La creación del Régimen de Intendencias constituyó la etapa crucial del reformismo borbónico en Hispanoamérica. La intención de la Corona, como lo ha afirmado un autor, era: «ejercer el control imperial sobre el mayor número posible de sociedades regionales de América» [21].

En Centroamérica la implantación del Régimen de Intendencias se lleva a cabo entre 1785 y 1787. El territorio de la Audiencia de Guatemala se dividió en cinco intendencias: Chiapas, Guatemala, San Salvador, Comayagua y León (que incluía Costa Rica).

Al igual que en el resto de Hispanoamérica, la Corona estableció las intendencias con el criterio de sustituir la vieja administración de los

Habsburgo, de alcaldes mayores y corregidores por un nuevo tipo de funcionario, leal a la Corona y no proclive a anteponer los intereses locales a los de la Corona.

En suma, la administración borbónica se proponía la instauración definitiva del Imperio en cada ámbito regional de Hispanoamérica y romper la dependencia de la monarquía de la iniciativa criolla local. Se buscaba la expansión del absolutismo.

Al finalizar el siglo XVIII, la organización político-administrativa de los Habsburgo, que había sido implantada en el siglo XVI, se encontraba radicalmente modificada. Intendencias y subdelegaciones sustituyeron a los alcaldes mayores y corregidores. No obstante, el establecimiento de las intendencias no debilitó en todos los casos el poder de las elites locales.

En Chiapas y San Salvador, territorios que primeramente fueron sometidos al régimen de intendencias, el cargo de intendente lo ocuparon prominentes miembros de la Audiencia de Guatemala, quienes representaban los intereses de los círculos mercantiles guatemaltecos. Por otro lado, en Comayagua (Honduras) y León (Nicaragua), las intendencias las asumieron funcionarios militares de procedencia peninsular, quienes respondían más claramente a los esquemas básicos del reformismo borbónico.

Costa Rica, territorio alejado del poder de la audiencia, se decidió por parte de la Corona que quedase como gobierno militar, lo que teóricamente también se ajustaba a los intereses centralizadores de la monarquía.

En términos generales, en Centroamérica, el esfuerzo de la Corona por promover nuevas metrópolis regionales, por medio de ciudades cabeceras de intendencias pretendía establecer una verdadera jerarquización del sistema de ciudades y de sus sociedades correspondientes, ligadas directamente al control de la Corona. Esto no pudo lograrse pues no fue posible para la administración colonial quebrar el poder de los comerciantes monopolistas de la ciudad de Guatemala.

En conclusión, lejos de fortalecer el dominio colonial sobre la elite mercantil guatemalteca, al tiempo que se crearon las intendencias se incrementó el poder de la elite de Guatemala. Los provincianos percibieron entonces los cambios en la administración colonial como un medio para incrementar el poder de Ciudad de Guatemala sobre los productores de las provincias de Centroamérica.

La reforma fiscal

A mediados del siglo XVIII, la Audiencia de Guatemala constituía aún un territorio donde los ingresos de la Real Hacienda dependían mayoritariamente de los tributos indígenas. Todavía en la década de 1760, del total de los ingresos fiscales de la administración colonial, un 63% correspondía a los tributos indígenas. Tratando de modificar esta situación, la Corona buscó incrementar los ingresos provenientes del comercio. Con este fin, paralelamente al establecimiento de las intendencias, la Corona creó las Receptorías de Alcabalas, fiscalizadas por los intendentes. El objetivo era mejorar la eficiencia en la recolección de impuestos, eliminando los cuantiosos fraudes del período final de los Habsburgo, cuando los comerciantes de Guatemala controlaban las aduanas. Las receptorías de alcabalas desempeñaron un papel importante en la fiscalización de la circulación mercantil de Centroamérica. En las regiones donde se concentraba la producción añilera, los recursos fiscales obtenidos del impuesto de alcabalas se convirtieron en principal fuente de ingresos de la Real Hacienda.

La modificación del sistema impositivo, orientado hacia la tasación del comercio, partía del supuesto de que sólo se tasaría el comercio legal, estando totalmente prohibido el comercio de contrabando con los extranjeros. Por esta razón, la Corona, al tiempo que buscaba incrementar los ingresos fiscales, tendió a invertir gran cantidad de los recursos recaudados en el fortalecimiento de las defensas militares, sobre todo en el Caribe. Esta política se sumó a acciones militares orientadas a repeler los ataques e intentos de asentamiento de los ingleses, como analizaremos posteriormente.

Con el fin de incrementar los ingresos fiscales, la Corona también sometió a monopolio del estado diversas producciones, entre ellas la sal, la pólvora, el alquitrán y el tabaco. El monopolio del tabaco fue el de mayor importancia para la administración borbónica.

La imposición del monopolio estatal del tabaco constituyó parte del plan definido de reformas fiscales que el visitador de la Nueva España José Gálvez impuso a todas las provincias centroamericanas. Originalmente el visitador Gálvez tuvo éxito con las medidas adoptadas en la Real Renta del Tabaco en México, por lo que envió un subdelegado a Guatemala, a fin de implantar el Régimen de la Real Renta del Tabaco en el territorio de la Audiencia de Guatemala. La Renta del Tabaco se estableció primeramente en la capital en marzo de 1766 y ese mismo año se extendió a las provincias.

En Guatemala se instaló la Dirección General de Tabacos, que a su vez era Factoría General, con jurisdicción sobre los territorios de Guatemala, Honduras y El Salvador.

Guatemala se abastecía con el tabaco de las siembras del valle de Copán y de San Antonio del Pinal en Honduras, así como con los de Istepeque, Olocuilta y Chinameca en El Salvador.

En la Ciudad Real de Chiapas también se estableció una factoría, abastecida con el tabaco de las zonas de Simojovel y Plátanos, (en

Guatemala) prohibiéndose que el tabaco de ambos lugares se llevase a vender a sitios como Quezaltenango, Totonicapán y demás pueblos del obispado de Guatemala, salvo autorización expresa del director de la Renta.

En Nicaragua, la Factoría de Granada debía abastecer las poblaciones de León y Segovia con tabaco del valle de Estelí, en tanto que los valles aledaños a la ciudad de Granada debían abastecerse con el tabaco importado de Costa Rica.

El principal funcionario de la Real Renta de Tabaco en las provincias era el factor, quien administraba la Factoría, ayudado por un oficial de libros y el fiel de almacenes. Estos oficiales eran también los encargados de formar cuadrillas y organizar las cosechas, calculando el volumen requerido de acuerdo con las necesidades del consumo.

El factor compraba el tabaco a los cosecheros, pagando el importe en el momento de recibir el tabaco. A su vez, organizaba el almacenamiento y distribución, organizando también los envíos a las factorías vecinas y las «tercenas» (expendios de venta) en el interior. El factor debía rendir cuentas anualmente a la Contaduría Principal de Guatemala así como remitirle las ganancias. El estado asumió funciones económicas y controló todas las fases de la producción y del comercio del tabaco por medio del establecimiento de la Real Renta. Gracias a este sistema monopólico, absorbió todos los beneficios, dejando a los comerciantes solamente la posibilidad de obtener ingresos como tercenistas expendedores, o transportando el tabaco de unas provincias a otras.

La organización de las siembras de tabaco en Centroamérica adquirió características propias, que la diferenciaron del sistema implantado en México. En Nueva España, la Renta de Tabaco encontró un régimen de tenencia de la tierra desarrollado y una sociedad muy estructurada. Para asegurar el abastecimiento de las factorías en este virreinato, la Real Renta recurrió a contratos con comerciantes y ricos terratenientes, quienes realmente controlaban la producción, como propietarios de los cerca de cinco millones de plantas de tabaco existentes en ese territorio.

La Dirección General de la Renta en Guatemala, al contrario de México, con la fundación de Factorías, ejerció directamente el control de la producción, organizando bajo su mando a los campesinos, agrupados en cuadrillas de cosecheros, impidiendo también el desarrollo de extensas haciendas productoras. En el caso particular de Costa Rica, los cosecheros de tabaco eran pequeños campesinos, quienes consideraban el trabajo en los tabacales como una actividad complementaria a la de sus unidades de producción de autoconsumo.

En términos generales, la Real Renta del Tabaco generó considerables ingresos al estado colonial y frenó la expansión de la producción en aquellas provincias, que como Costa Rica, habían incrementado las siembras de tabacales. No obstante, algunos comerciantes, transportistas propietarios de embarcaciones, amasaron considerable riqueza dedicándose a las exportaciones marítimas del tabaco [22].

Los ingresos obtenidos por la administración borbónica con la Real Renta de Tabaco fueron empleados particularmente en el financiamiento de campañas militares defensivas y en el reforzamiento de fortificaciones y destacamentos en las costas. La intención original de la Corona era invertir los ingresos obtenidos en el monopolio del tabaco en el fortalecimiento del aparato administrativo de dominio colonial, pero la presión creciente de los ingleses en el Caribe obligó a dar prioridad a la defensa.

La defensa militar

Desde el siglo XVI, las posesiones y embarcaciones españolas fueron atacadas por piratas y corsarios ingleses, holandeses y franceses.

En el siglo XVII, estas potencias europeas se preocuparon por apropiarse de territorios poco defendidos por los españoles. Inglaterra se interesó por conseguir una mayor penetración en la región del Caribe.

En 1625 la isla de Bermuda cayó en manos de la expedición organizada por la «Somers Island Company». En esta isla, ya convertida en dependencia británica, fue organizada en 1629 una expedición al mando del capitán Sussex Cammock, que la llevó al descubrimiento de las islas de Providencia y de Henrietta (San Andrés), a cerca de cien millas de la Costa Mosquitia de Centroamérica [23]. El capitán Cammock reconoció tanto el valor estratégico militar, como las posibilidades agrícolas de ambas islas, recomendando al gobernador británico de Bermuda la ocupación permanente de las mismas.

En 1631, un primer contingente de noventa y un colonos ingleses arriban a la isla de Providencia, seguido por otros setecientos colonos más en los años siguientes.

En los cinco años posteriores, la Compañía de la isla de Providencia incrementó sus acciones de apropiación de islas en el Caribe. Entre éstas destacaron Tortuga, frente a la costa norte de la isla de Santo Domingo, y Roatán, la más grande de las islas de la bahía, a cincuenta millas de la costa hondureña. Casi al mismo tiempo, otros ingleses no relacionados con la Compañía de Providencia empezaron a asentarse, hacia 1638, en la costa de la actual Belice.

En la costa Mosquitia de Nicaragua, la presencia inglesa en la región se remonta a 1633, cuando una expedición enviada desde Bermuda y al mando del capitán Cammock desembarca en la zona del cabo de Gracias a Dios y luego ocupan Bluefields. Estos ingleses se dedicaron a actividades de trueque con los autóctonos, ofreciéndoles ropa, cuentas de collares y otros objetos.

La presencia inglesa en la costa Mosquitia alteró profundamente esta región, desde todos los puntos de vista: económico, cultural, ecológico y biológico. Durante la segunda mitad del siglo XVII, los sumus de las zonas aledañas al cabo de Gracias a Dios se habían mestizado, debido al aporte sanguíneo de los negros traídos por los ingleses, de manera que propiamente devinieron en zambo miskitos. Gracias al aprovisionamiento inglés de fusiles y machetes, este grupo se dedicó a actividades de saqueo y pillaje en las costas del Caribe de Centroamérica.

Los ingleses también establecieron sus propios asentamientos en la costa Mosquitia. Primero en el cabo Gracias a Dios, luego en Bluefields y por último en Black River o Río Tinto. Los colonos británicos fueron atraídos por los productos silvestres locales como el pino rojo, la zarzaparrilla y el cacao. También establecieron algunas plantaciones de azúcar e índigo, empleando mano de obra esclava.

Los asentamientos ingleses en la costa Mosquitia incrementaron su población muy rápidamente. Hacia 1759 había alrededor de 3.706 personas en Black River y en los asentamientos adyacentes. Cabo Gracias a Dios también aumentó su población, que se calculaba en 1.700 personas, incluyendo los zambo miskitos. Pero el mayor desarrollo ocurrió en Bluefields donde —hacia 1755— había cuatro pueblos separados que conformaban cerca de 1.000 habitantes, entre blancos, indios, negros y mestizos de todo tipo. Algunos colonos blancos llegaron a concentrar cientos de esclavos trabajando en sus plantaciones. Nuevos enclaves surgieron en el siglo XVIII: Punta Gorda, en la desembocadura del río Rama y «Corn River», punto más meridional de la ocupación inglesa. En general, a excepción de Black River y Bluefields, los demás asentamientos no eran más que unas rancherías, que agrupaban unas cuantas cabañas. En conjunto hacia 1750 la población de estos sitios podía ascender a alrededor de mil quinientos ingleses, sin contar los indios ni los negros.

A pesar del desarrollo de los asentamientos británicos en la costa Mosquitia, la seguridad militar de éstos dependía mayormente de los zambo miskitos, los que hacia 1759, de acuerdo con el superintendente inglés Robert Hodgson, podían sumar 20.000. Desde el estallido del conflicto anglo-español de 1739, los ingleses reforzaron su alianza con los zambo miskitos, al tiempo que trataban de asegurar su dominio en la costa Mosquitia. Establecieron un protectorado en la región, y enviaron al superintendente Hodgson a Black River, con jurisdicción sobre todos los asentamientos ingleses. Entretanto, los miskitos quedaron bajo la soberanía del rey zambo George, quien residía en cabo Gracias a Dios. Simultáneamente, desde Jamaica se reforzó la presencia inglesa en las islas de la Bahía.

Por otro lado, los ingleses también habían ocupado una posición nororiental de la audiencia de Guatemala, fundando el asentamiento de Belice. Este sitio atrajo a comerciantes aventureros de Jamaica debido a la existencia de ricos depósitos de árboles tintóreos, el «palo de Campeche», de gran demanda en la industria textil. Hacia 1756, de Belice se exportaban anualmente alrededor de 18.000 toneladas de palo tintóreo.

Desde antes de mediados de la centuria, la Corona española se interesó en organizar la defensa de la costa del Caribe, así como en elaborar un plan encaminado a desalojar a los ingleses de las costas centroamericanas.

En 1744, luego de realizar una inspección de las diferentes posiciones defensivas en el Caribe, el ingeniero militar Luis Díez Navarro elaboró un cuidadoso plan militar global de defensa en Centroamérica.

A principios de 1760, siguiendo el planteamiento anterior, se planeó un ataque coordinado hacia los diversos asentamientos ingleses establecidos en el Caribe centroamericano. La intención era enviar una expedición marítima y otra terrestre que, coordinando acciones, atacaran simultáneamente los asentamientos ingleses de Belice, Roatán y Mosquitia para evitar la huida de los colonos.

Al tiempo que los españoles trataban de llevar a cabo sus planes, los ingleses fortificaron sus posiciones en los principales asentamientos y los miskitos atacaron en varias ocasiones los pueblos de indígenas españolizados de Nicaragua, así como el valle de Matina en Costa Rica.

Luego de numerosos enfrentamientos, las coronas británica y española trataron de llegar a un arreglo diplomático del conflicto en el Caribe. Por medio del Tratado de París, en 1763, Inglaterra se comprometió a demoler las fortificaciones que sus colonos habían construido en la Mosquitia y en la bahía de Honduras. Pero los colonos de la costa Mosquitia se negaron a aceptar el tratado. En consecuencia, los españoles continuaron los preparativos para lanzar el proyectado ataque a las posesiones inglesas de Centroamérica. No obstante, sólo pudieron enviar una expedición militar de Campeche hacia el norte de Belice, donde destruyeron los enclaves ingleses. La Mosquitia permaneció incólume, reforzando los británicos sus posiciones militares en Black River y Bluefields.

A partir de 1767, Carlos III envía a Centroamérica un equipo de cincuenta oficiales y técnicos españoles, con el fin de organizar una gran fuerza militar de treinta mil hombres. Pero los planes no pasaron del papel a pesar del envío de quince mil armas hacia Centroamérica. Al final solo pudo lanzarse otra expedición sobre Belice, y los ingleses retomaron la ofensiva, organizándose en Jamaica un ataque contra Omoa.

Al final los ingleses tuvieron que retirarse de Omoa, así como fracasaron en su intento de apoderarse de la ruta del río San Juan de

Nicaragua. De manera que el sistema de defensa español, aunque débil, no fue quebrado por el poderío inglés. Poco después los españoles pasaron a la ofensiva, atacando Black River, con una expedición marítima enviada desde el puerto de Trujillo. Las plantaciones de azúcar y las instalaciones fueron destruidas. Pero los colonos ingleses lograron huir regresando poco después.

A partir de 1782, los españoles retoman la isla de Roatán y se inician preparativos para lanzar finalmente el ataque combinado tantas veces pospuesto contra el asentamiento de Black River. La expedición terrestre, compuesta de cerca de 1.500 hombres, fracasó, no así la marítima que logró tomar Black River de nuevo. Pero los españoles, luego de permanecer cuatro meses, fueron finalmente desalojados por una expedición inglesa enviada desde Jamaica [24].

Después de estos años de enfrentamientos militares en el Caribe, la diplomacia trató nuevamente de resolver lo que no habían logrado las armas. La Convención Anglo-Española, suscrita el 14 de julio de 1786, permitió un arreglo negociado al diferendo entre ambas potencias: España autorizó a los ingleses de Belice para que continuaran la tala de madera en este territorio. En contrapartida Inglaterra se comprometió a desalojar las islas de la Bahía, Providencia, San Andrés, las islas del Maíz, así como los asentamientos en la costa caribeña de Honduras y Nicaragua. En virtud de estos acuerdos, al año siguiente, los colonos ingleses y sus esclavos desalojaron Black River y otros sitios en la costa. Algunos emigraron a Belice, otros a Jamaica, isla de Gran Caimán o las Bahamas. Más de 3.500 personas abandonaron la región. No obstante, algunos permanecieron, aceptando la soberanía española, incluido el anterior superintendente de los ingleses, Robert Hodgson, «el joven», a quien los españoles nombraron como su propio representante en Bluefields.

La Corona española se planteó colonizar la costa Mosquitia con colonos procedentes de la península Ibérica. En total, alrededor de 1.298 colonos procedentes de las islas Canarias y de la Coruña en España arribaron al puerto de Trujillo, pero pocos estuvieron dispuestos a trasladarse hacia la costa Mosquitia, por temor a ataques ingleses o de zambo miskitos. Por ello, los soldados españoles que habían sido llevados a la costa Mosquitia tuvieron que ser retirados, afianzándose la colonización española solamente en el puerto de Trujillo, donde se incrementó notablemente la población. En 1803, se informaba de las buenas tierras cultivadas en los alrededores del puerto y su población se calculaba en alrededor de mil habitantes, quienes mantenían un activo comercio con La Habana y otros puertos cubanos.

Las campañas militares de los Borbones, orientadas a desalojar a los ingleses de Centroamérica, fracasaron, pues los españoles fueron incapaces de recolonizar y poblar los asentamientos abandonados por los ingleses en la costa Mosquitia. El repoblamiento de Trujillo fue el único resultado positivo de la ofensiva militar española de la segunda mitad del siglo XVIII. No obstante, paradójicamente, el desarrollo del comercio de este puerto estuvo determinado por el contrabando realizado con los ingleses. Al mismo tiempo, Bluefields se convirtió en centro distribuidor de mercancías inglesas traídas de Jamaica y luego reexpedidas hacia los puertos de Centroamérica.

En 1790, Robert Hodgson, quien alegaba actuar con la venia de las autoridades españolas, era dueño de 200 esclavos negros, numerosas plantaciones y una pequeña flota de barcos con los que regularmente comerciaba con Jamaica, Estados Unidos e Inglaterra. Por ello, en 1793, un español afirmaba que Bluefields era la «metrópoli de toda aquella costa y única plaza de comercio» [25].

Al término del período colonial, los españoles que ocupaban diversos puntos de la costa del Caribe (Matina, Trujillo, Santo Tomás de Castilla, Fuerte de San Felipe en el lago de Izabal, etc.) incrementaron el comercio de contrabando con los ingleses. Aun en la bahía de Omoa, el propio comandante de la fortaleza de San Fernando de Omoa, autorizaba el ingreso a puerto de los barcos ingleses.

Por otro lado, Belice se convirtió en los años previos a la Independencia en el principal asentamiento de los ingleses en Centroamérica. Contaba con alrededor de 3.500 habitantes y dominaba el comercio de contrabando centroamericano. Después de la Independencia, Belice ocupó el papel principal en el abastecimiento de mercancías europeas para Centroamérica.

Las campañas militares y los manejos diplomáticos, orientados a desalojar a los ingleses de Centroamérica, no lograron conseguir el objetivo que se habían propuesto los reformadores borbónicos. No obstante, la política de contención del expansionismo británico permitió que la costa Mosquitia de Nicaragua no se convirtiera en otra «British Honduras», como ocurrió con Belice [26].

Al término del período colonial, ¿qué modificaciones sustanciales se derivaron de la aplicación de las reformas borbónicas en Centroamérica? Es indudable que los intentos por debilitar a la elite mercantil guatemalteca y al poder de la Iglesia local fracasaron. Al final, factores de índole económico minaron el poder de esa elite y no la política de la Corona. Fracasó también el plan tendiente a contener a los ingleses en Centroamérica. Al término del período colonial los comerciantes de Belice controlaban el maltrecho comercio exterior de las provincias de la Audiencia de Guatemala. Por otro lado, los ingresos fiscales, basados esencialmente en la tasación de los intercambios, decayeron como consecuencia de la crisis y estancamiento del comercio en los años finales del período colonial.

El éxito de las reformas borbónicas sólo podía obtenerse mediante un incremento constante de las actividades productivas y comerciales de las colonias. Pero las guerras europeas y la caída de los precios del añil, producto motor de la economía centroamericana colonial, trajeron el estancamiento de los intercambios en la Audiencia de Guatemala y en consecuencia el gobierno colonial se encontró en posición de gran debilidad.

LA CRISIS DEL PODER ESPAÑOL

En 1789, Carlos IV asciende al trono en España. En ese momento la monarquía española había alcanzado el pináculo de su dominio imperial. Las comunicaciones entre la Península y sus colonias americanas se habían regularizado gracias al régimen de navíos sueltos y del comercio libre. Aumentaron los ingresos fiscales, lo que permitió invertir grandes sumas en la defensa con el fin de detener la amenaza británica. No obstante, diez años después, la estructura de dominación colonial se encontraba en franca decadencia y los ingresos fiscales habían descendido enormemente.

Con el fin de hacer frente a la urgente necesidad de recursos, la Corona estableció en 1803 la «consolidación de los vales reales». De un plumazo, el ministro Godoy no sólo confiscó para la Corona los bienes de la Iglesia en toda Hispanoamérica, sino que exigió que todos aquellos que tuviesen sus propiedades gravadas con capellanías o cofradías debían pagar la totalidad de lo debido. En caso contrario se procedería a la venta de las propiedades. Esta medida tuvo para los hispanoamericanos un efecto desastroso, al drenar el capital de Hispanoamérica hacia la Península. Esta impopular medida fue implantada en Centroamérica a pesar de fuerte oposición. Entre 1804 y 1808, en plena depresión de exportación de añil, más de un millón de pesos fue enviado de Centroamérica hacia España, por concepto de la venta de bienes y pago de vales reales. Nunca antes se había producido una salida de capital de tal magnitud en Centroamérica. Otra serie de «donativos patrióticos y voluntarios» obligó a los centroamericanos a expedir un millón de pesos adicionales para ayudar a la madre patria, agravando aún más los problemas de falta de circulante [27]. Esto favoreció que los provincianos se volcasen a buscar intercambios con los comerciantes ingleses que operaban en el Caribe, al tiempo que perdían su lealtad hacia la Corona.

La consolidación de los vales reales fue duramente criticada por los criollos de Centroamérica. La invasión francesa a España detuvo el programa de consolidación en 1808, cuando ya se había incrementado la depresión económica en Hispanoamérica. Pero la intervención directa de las tropas napoleónicas en los asuntos internos de la península española provocó una grave crisis política que a la postre terminó desencadenando las Guerras de Independencia en el continente americano.

En Centroamérica, antes de la llegada de las noticias de lo que ocurría en España, el único poder local efectivo y actuante era el integrado por la elite mercantil de Ciudad de Guatemala, bien representada (con miembros de las principales familias de comerciantes de Guatemala) en el cabildo de la ciudad y en otras instancias del poder colonial.

A diferencia de lo que ocurrió en México, Venezuela, Nueva Granada y Buenos Aires, en Centroamérica la elite mercantil de Ciudad de Guatemala supo maniobrar políticamente, logrando mantener el poder en Guatemala y sus provincias en momentos en que el vacío de poder en España (por la usurpación del trono por los Bonaparte), provocaba la crisis política. De allí que la familia Aycinena tuviese «el patriótico interés» de contribuir al establecimiento de milicias, propuesto por el capitán general de Guatemala, Matías de Gálvez. La organización de las milicias tenía como objetivo acabar con la posibilidad de una sublevación popular, en momentos en que la Nueva España ardía bajo las llamas de las rebeliones de Hidalgo y Morelos [28].

Así nació una política de alianzas entre la elite mercantil guatemalteca y el siguiente capitán general de Guatemala, José de Bustamante. Esta unión de intereses encontró sin embargo oposición. En la propia Guatemala, un nuevo grupo de comerciantes había empezado a vincularse mercantilmente con los ingleses de Belice, y en consecuencia tenían interés en liberalizar el comercio con los extranjeros.

En las provincias, los propietarios locales trataban de emanciparse del control guatemalteco. Los conatos de rebelión en El Salvador y Nicaragua (1811) manifestaban el repudio al monopolio comercial impuesto por la elite de Guatemala.

De 1811 a 1816 Guatemala logra el control del área septentrional de Centroamérica. Sus milicias acaban con los movimientos que pretendían la autonomía regional. Pero fue sólo una situación momentánea. Por otro lado, era evidente que en Nicaragua, Costa Rica, Honduras y El Salvador, los hacendados y comerciantes locales luchaban por su emancipación comercial, alegando su derecho a comerciar con ingleses, o al menos con los puertos de Cartagena, La Habana y Panamá autorizados, desde 1810, a intercambiar productos con la isla de Jamaica.

En el área meridional de Centroamérica, los cabildos escaparon al control de los intereses de Guatemala y más bien expresaron las opiniones políticas de hacendados y comerciantes locales (vinculados a

nuevas redes mercantiles), al tiempo que los intendentes y el gobernador de Costa Rica terminaron por apoyar las demandas locales.

En Guatemala el régimen de Bustamante (1811-1818), logró suprimir las manifestaciones de oposición, pero durante su gobierno se conformaron dos bandos políticos contrapuestos. Por un lado, la comunidad mercantil de la capital, aliada al régimen colonial, ante todo por
la amenaza de inestabilidad política y porque su comercio estaba ligado a Cádiz. El gobierno contó también con el apoyo de los productores
de textiles de Guatemala, quienes veían el libre comercio con los extranjeros como una amenaza, por la masiva importación de telas inglesas que se podría producir en caso de liberalizarse totalmente el
comercio.

Por otro lado, un grupo de comerciantes vinculados a los mercaderes ingleses de Belice y Jamaica (a los que se unió la familia Aycinena)
asumió una posición independentista y partidaria de la Constitución
Liberal de Cádiz (1812). Como Bustamente persiguió el contrabando
con gran celo, este último grupo mercantil vio perjudicado su negocio
de importación de mercancías inglesas desde Belice. En 1818 Bustamante fue relevado de su cargo y sustituido por el teniente general
Carlos Urrutia y Montoya, quien pronto se sometió a la influencia de
este grupo mercantil. Urrutia mantuvo la retórica absolutista pero en
la práctica cerró los ojos frente al contrabando y como él mismo afirmaba orgullosamente con relación a este comercio con extranjeros: «antes entraban sin pagarle nada a hacienda y ahora se recaudan derechos
que ayudan a sufragar los gastos públicos» [29].

Lo prioritario para Urrutia era obtener recursos para el Estado en
momentos en que el comercio legal con la Península se encontraba completamente estancado. Pero ello minó totalmente la base del dominio
español. Por otro lado, el incremento del comercio con Belice (autorizado
por Urrutia en 1819) consistió esencialmente en la exportación de plata
circulante, puesto que en estos años había decaído la demanda de los
tintes de añil centroamericanos en Europa. Los provincianos sintieron
duramente la escasez de moneda. La masiva introducción de telas inglesas también provocó la airada resistencia de los artesanos de Guatemala.

En 1820 el general Rafael Riego, mediante un «pronunciamiento»,
acabó con el absolutismo de Fernando VII en España. De nuevo se
proclamó la Constitución de 1812. En Guatemala los dos bandos políticos se delinearon mejor. Los «bacos» agrupaban a los tejedores y a
los productores de lana y algodón; sus posiciones eran cautas respecto
a cambios sustanciales en la administración colonial. En octubre de
1820 fundaron el periódico El Amigo de la Patria, órgano en el que
expresaron su pensamiento político. Frente a ellos la familia Aycinena, partidaria del libre comercio, expresaba sus ideas en el periódico
El Editor Constitucional, este grupo era conocido como los «cacos».

1.5. VISTA DE LA CATEDRAL DE GUATEMALA.

En 1820, de acuerdo con lo establecido por la Constitución Española, se llevaron a cabo elecciones para elegir a los miembros de los
cabildos, así como para la recientemente creada Diputación Provincial.
Sin embargo no hubo una clara victoria de ninguno de estos bandos
políticos en pugna.

Los acontecimientos externos obligaron finalmente a la elite guatemalteca a discutir el tema de la Independencia. La familia Aycinena
consideraba que en las circunstancias políticas reinantes lo conveniente era la separación de España. Al igual que la elite criolla mexicana,
la de Guatemala temía las influencias constitucionalistas provenientes
de la metrópoli liberal. Si se implantaba el sistema de elección en el
Gobierno (según la Constitución de Cádiz), era probable que perdiese
el control de la capital y de las provincias. Por ello, aunque partidaria
de la Independencia, su posición era centralista y autoritaria, es decir
más cercana a la concepción absolutista del poder. Por otro lado también temía un movimiento independentista de carácter popular semejante al que había sacudido a México en la década precedente.

En contraposición a la postura política de la familia Aycinena, el
grupo mercantil vinculado a Cádiz asumió una posición de lealtad a

España y a su capitán general Urrutia. Constituían, como dice Ralph Lee Woodward Jr., «el bloque económico de comerciantes, tejedores de algodón y productores de añil protegidos por el gobierno»[30].

Los periódicos de ambos partidos políticos (*El Editor Constitucional* y *El Amigo de la Patria*) expresaron claramente las opiniones encontradas en torno al tema de la Independencia. En marzo de 1821 Gabino Gaínza recibe el mando del anciano Urrutia. Aunque públicamente Gaínza se expresa en contra de la Independencia, entre bastidores maniobra políticamente entablando conversaciones con la familia Aycinena para preparar la declaratoria de Independencia. En septiembre de ese año, cuando un ejército mexicano se aprestaba a intervenir en Guatemala, ambas facciones políticas acceden a votar en favor de la Independencia para evitar una confrontación armada con las tropas mexicanas.

Declarada la Independencia respecto de España, el grupo de la familia Aycinena apoyó la anexión al imperio mexicano de Agustín de Iturbide. En las provincias las posiciones se dividieron en torno a la anexión al imperio mexicano. El Salvador fue sometido luego de que el ejército mexicano aplastara la resistencia. Las tropas invasoras se pusieron en camino hacia Nicaragua y Costa Rica, que habían vacilado en dar su adhesión al imperio. En realidad, las provincias meridionales estaban más interesadas en integrarse en la Gran Colombia, pues sus intereses mercantiles se encontraban vinculados a Panamá y Cartagena.

La anexión a México tuvo rápidos efectos positivos para el grupo de la familia Aycinena. El gobierno imperial mexicano permitía el libre comercio con los británicos o con cualquier otro. En consecuencia se incrementaron los intercambios con Belice, aumentando las importaciones en un volumen sin precedentes. A pesar de la prosperidad de la familia Aycinena, otros viejos comerciantes, que no lograron vincularse a la red mercantil de Belice y dependientes de la producción manufacturera textil de Guatemala, se opusieron tenazmente al libre comercio con los ingleses. Aunque no lograron prohibirlo, al menos consiguieron que se cobrase un elevado arancel a la importación de textiles con el fin de proteger a los artesanos locales. No obstante, el grupo de la familia Aycinena, vinculada a Belice, mantuvo el control del gobierno.

Sólo había transcurrido un año cuando de nuevo se agitó la vida política con la caída de Iturbide, el emperador mexicano, en marzo de 1823. Rápidamente, los cabildos de las ciudades centroamericanas declararon la Independencia absoluta de Centroamérica (con excepción de Chiapas que se integró en México) el 1 de julio de 1823.

CONCLUSIONES

Centroamérica durante los últimos setenta años de dominación española atravesó por una transformación profunda comparada con la relativa estabilidad del siglo y medio precedente. Las distintas provincias centroamericanas se modificaron con relación a su anterior organización socioeconómica, a la vez que se acentuaron las diferencias regionales.

Uno de los cambios más significativos fue el incremento extraordinario de la población mestiza en la mayor parte de Centroamérica. Paralelamente ocurrió un proceso de debilitamiento de las comunidades indígenas, aunque en Chiapas y en el occidente de Guatemala no ocurrió de esta forma, manteniéndose la importancia de los pueblos de indios.

Otro cambio importante fue la intensificación de las exportaciones de añil hacia España. La reactivación del comercio con la madre patria favoreció particularmente a la elite mercantil de Guatemala.

Las modificaciones socioeconómicas de la segunda mitad del siglo XVIII incrementaron las tensiones sociales. Por un lado, entre comerciantes guatemaltecos y productores provinciales. Por otro entre indios y ladinos, así como de estos dos grupos respecto de la elite criolla y peninsular.

El período de auge económico y mercantil entre los años de 1750 y 1800 fue sustituido con el cambio de siglo por años de crisis.

Aislada España y en plena guerra interna contra el invasor francés, se produjo un vacío de poder al no aceptar los hispanoamericanos al rey usurpador José Bonaparte, ni a la Junta Superior Gubernativa Española. En Guatemala, ocurrió una particular evolución política: el grupo hegemónico en la capital se alió con los representantes de la autoridad española con el fin de «mantener el orden público». Era mejor cualquier gobierno —aducía la elite guatemalteca— que la anarquía. Sólo al final, cuando la amenaza de las tropas mexicanas puso en peligro la estabilidad reinante en Centroamérica, esta elite decidió favorecer la Independencia (aunque al principio condicionada sólo respecto a España), puesto que sus intereses mercantiles se habían trasladado al intercambio con la colonia inglesa de Belice.

El enfrentamiento entre los comerciantes de la capital y los propietarios provincianos se mantuvo y exacerbó en los años siguientes a la declaratoria de la Independencia, conduciendo a la guerra civil y a la posterior fragmentación en estados soberanos de lo que durante casi tres siglos había constituido la Audiencia o Reyno de Guatemala.

NOTAS

1. Sobre las reducciones en Centroamérica véase Juan Carlos Solórzano F., «De la Sociedad Prehispánica al Régimen Colonial en Centroamérica», en *Revista Occidental*. (Instituto de Investigaciones Culturales Latinoamericanas, Baja California, México, vol. 12, año 4, n.º 2, 1987), especialmente la página 160 y siguientes.

2. Pedro Cortés y Larraz, *Descripción geográfico-moral de la diócesis de Goathemala hecha por su arzobispo en el tiempo que la visitó (1769-1770)*. (Guatemala: Biblioteca Goathemala, vol. 20, tomo I), págs. 250-251.

3. Vid. Germán José Romero Vargas, *Las estructuras sociales de Nicaragua en el siglo XVIII*. (Managua: Editorial Vanguardia, 1988), especialmente pág. 296 y siguientes.

4. Vid. Juan Carlos Solórzano F., «Haciendas, ladinos y explotación colonial: Guatemala, El Salvador y Chiapas en el siglo XVIII», en *Anuario de Estudios Centroamericanos*. (Universidad de Costa Rica, vol. 10, 1984), pág. 105.

5. Bernardo Augusto Thiel, «Monografía de la Población de la República de Costa Rica en el siglo XIX,» en *Revista de Costa Rica en el siglo XIX*. (San José: Tipografía Nacional, tomo I, 1902), pág. 21.

6. Linda Newson, «La población indígena de Honduras bajo el régimen colonial», en *Mesoamérica*. (CIRMA, Antigua Guatemala, Cuaderno 9, Año 6, junio 1985), págs. 1-44.

7. Solórzano Fonseca, 1984: 99.

8. Cortés y Larraz, tomo I: 214.

9. Solórzano Fonseca, 1984: 98.

10. Romero Vargas, 1988: 315.

11. Víctor Hugo Acuña O. *Le Commerce Exterieur du Royaume du Guatemala au XVIIIe siècle (1700-1821)*. Tesis doctoral inédita. (París: École des Hautes Études en Sciences Sociales, 1978), pág. 230.

12. Citado por Miles L. Wortman, «Legitimidad política y regionalismo: el Imperio Mexicano y Centroamericano», en *Historia Mexicana*, vol. XXVI, n.º 2 (octubre-diciembre 1976), pág. 255.

13. Cortés y Larraz, tomo I: 293.

14. *Boletín del Archivo General del Gobierno.* Año II, n.° 3, abril de 1937, pág. 309.

15. Solórzano Fonseca, 1984: 103-105.

16. Linda Newson, «La minería de la plata en la Honduras colonial», en *Lecturas de Historia de Centroamérica*, Luis René Cáceres (ed.). (San José, EDUCA y BCIE, 1989), pág. 130.

17. Wortman, Miles. *Government and Society in Central America, 1680-1840.* (New York: Columbia University Press, 1982), págs. 129-156.

18. Troy S. Floyd, «Los Comerciantes Guatemaltecos, el Gobierno y los provincianos 1750-1800» en *Lecturas de Historia de Centroamérica*, Luis René Cáceres, (ed.), 1989, págs. 177-197.

19. *Ibid.* pág. 189.

20. *Ibid.* pág. 190.

21. Pedro A. Vives, «Intendencias y poder en Centroamérica: La Reforma incautada», en *Anuario de Estudios Centroamericanos.* (Universidad de Costa Rica), vol. 13, fascículo 2, 1987.

22. Jesús Rico Aldave, *La Renta de Tabaco en Costa Rica y su influencia en el desarrollo del campesinado del Valle Central Occidental (1766-1825).* Tesis de Maestría inédita. (Universidad de Costa Rica, 1988.)

23. Troy S. Floyd, *The Anglo-Spanish Struggle for Mosquitia.* (Alburquerque: University of New Mexico Press, 1967), pág. 17 y siguientes.

24. Floyd T. S., 1967: capítulos 8, 9, 10.

25. Archivo Nacional de Costa Rica, Sección Histórica, Serie Guatemala, documento n.° 568 (junio 1788). Información relativa a la costa Mosquitia.

26. Floyd T. S., *The Anglo-Spanish Struggle for Mosquitia*, capítulos 11, 12 y conclusión.

27. Wortman, 1982: 190.

28. Vives, 1987: 37-47.

29. Ralph Lee Woodward, Jr., «Orígenes Económicos y Sociales de los Partidos Políticos Guatemaltecos, 1773-1823» en *Lecturas de Historia de Centroamérica*, Luis René Cáceres (ed.), págs. 298 y siguientes.

30. Woodward, Jr., 1989: 298 y siguientes. Véase también: Mario Rodríguez, *El experimento de Cádiz en Centroamérica 1808-1826.* (México: Fondo de Cultura Económica, 1984.)

Capítulo 2

LA INDEPENDENCIA Y LA FEDERACIÓN
(1810-1840)

Julio César Pinto Soria

LA INDEPENDENCIA

Los antecedentes

La forma específica y discontinua del desarrollo económico alcanzado durante la época colonial condicionó que el movimiento independentista cobrara un carácter marcadamente desigual, que las tendencias políticas apuntaran a localizarse territorialmente, destacando principalmente las provincias de Guatemala, El Salvador y Nicaragua. Las dos primeras fueron las que más sobresalieron en los acontecimientos políticos de entonces, pues aquí se asentaban los grupos sociales con más base económica y, por consiguiente, con mayores intereses en juego. Sin embargo, el escenario de las fuerzas políticas no se circunscribió en forma exclusiva sólo a determinadas regiones; las tendencias políticas que intentaban determinar la historia de la región en la primera mitad del siglo XIX actuaban, en mayor o menor medida, a todo lo largo del territorio del antiguo Reyno de Guatemala, pues los problemas que exigían una solución se daban en la totalidad del mismo.

Como agentes centrales en la compleja dialéctica de la formación estatal centroamericana podemos destacar, *grosso modo*, las siguientes clases, fracciones o grupos sociales: a) las masas populares, compuestas de artesanos, campesinos, jornaleros, etc.; b) la fracción progresista republicana, proveniente en su mayor parte de los propios sectores dominantes, comerciantes, terratenientes, alta y mediana burocracia, etc., pero que también se nutrió fuertemente de otros sectores sociales, por ejemplo de las clases medias, y c) los grupos conservadores, grandes terratenientes y comerciantes, alta burocracia, etc., vinculados directa o indirectamente, con los viejos intereses coloniales.

En una sociedad colonial como la centroamericana, la composición étnica de la población tenía que reflejarse en forma directa en la estructura de clases de la misma; es decir, que no obstante las excepciones, existió una clara identificación entre el elemento blanco, criollo o peninsular, con los sectores propiamente dominantes, así como entre las masas indígenas, mestizas, negras, etc., con la población explotada; sin perder de vista, desde luego, las grandes diferencias de matiz de una región a otra, por ejemplo entre Costa Rica y Guatemala, o con El Salvador.

Los grupos sociales más retrógrados se localizaban ante todo en las antiguas capitales coloniales de provincia. En Ciudad de Guatemala tiene su asiento un poderoso grupo terrateniente/mercantil que detenta el mando en la provincia pero que tiene, además, influencia gubernativa a todo lo largo del Reyno. En otras capitales de provincia —León, Comayagua y Cartago— son también elites terratenientes las que detentan el mando, aunque no en la misma medida que el grupo guatemalteco. Estos grupos tienen una base orgánica similar, pero mantienen relaciones conflictivas entre sí, generadas principalmente por el sistema de jerarquías que impone la dominación colonial.

El elemento de la elite que abraza ideales independentistas republicanos se localiza principalmente en la región salvadoreña, pero también tiene algún peso en Granada, San José (Costa Rica), Tegucigalpa y en la propia provincia de Guatemala. Este grupo lo componen desde poderosos terratenientes, como era el caso salvadoreño, comerciantes/terratenientes en Granada, mineros y terratenientes en Tegucigalpa, medianos propietarios en San José, hasta los sectores medios de la provincia de Guatemala: terratenientes, comerciantes, funcionarios, intelectuales, etcétera.

La forma, grado y contenido que alcanza la participación popular en los movimientos antes y después de la Independencia estuvieron determinados por las etapas que atravesaron tales movimientos y sus respectivas metas, según el grupo político que detentaba o buscara conquistar el poder. Las provincias de El Salvador y Nicaragua, debido a una correlación especial de factores, fueron el escenario central del movimiento popular independentista en la década anterior a 1821. La presencia popular llegó en esos años a disputar la hegemonía de tales movimientos, lo cual provocó en el seno de los grupos dominantes distintos tipos de reacción. En unos, la tendencia a pactar y sostener el orden colonial hasta el último momento; en las autoridades españolas a hacer concesiones económicas para evitar su radicalización, y en los elementos progresistas de la elite a llevar el proceso emancipador hasta sus finales más consecuentes. Éste fue el caso de algunos cabecillas del levantamiento salvadoreño, los hermanos Miguel y Matías Delgado, Santiago Celis, el médico Manuel Rodríguez, que buscaron contacto directo con líderes del movimiento revolucionario de México.

Tomando como base de la periodización la lucha por el poder, podemos destacar entonces dos grandes etapas que se extienden a todo lo largo de la primera mitad del siglo XIX: una que se inicia por los años de 1811 y culmina en 1821-1823 con la proclamación de la Independencia y la instalación de la Asamblea Nacional Constituyente; y otra que parte de dicha fecha para llegar aproximadamente hasta 1840, en que se produce la fragmentación estatal. A lo largo de dichas etapas cabrían lógicamente otros cortes de periodización; por ejemplo, entre 1823 y 1829 podría hacerse otro, determinado por el golpe de Estado de 1826 contra los liberales guatemaltecos y sus consecuencias hasta 1829. Sin embargo, por conveniencia metodológica mantendremos la periodización señalada de dos grandes etapas.

El desbordamiento anticolonial de 1811 tuvo como resultado inmediato que los conflictos ya no se circunscribieran, como hasta entonces, exclusivamente alrededor de intereses dominantes en pugna. La aparición de las masas populares como agentes del cambio político no sólo significó profundizar la negación colonial, sino también un cuestionamiento a las estructuras del sistema de explotación vigente, con lo cual se introdujeron nuevos motivos de conflicto.

La intervención popular de esos años se manifestó en distintas formas; por ejemplo: ocupación de algunas instituciones representativas del poder local, como Juntas de Partidos y Parroquias, algunos ayuntamientos, etc., a las cuales el sector popular tuvo acceso utilizando el nuevo sistema electoral decretado por las Cortes de Cádiz de 1812. Pero la intervención popular no se detuvo allí; a través del planteamiento de reivindicaciones de orden económico-social, ella le imprimió al movimiento anticolonial altos grados de radicalismo. Esto tuvo de inmediato implicaciones a nivel de los grupos dominantes, y es así como se producen reagrupaciones en su seno y la toma de actitudes aparentemente contradictorias frente al movimiento de cambio que se inicia entonces. Como las causas estructurales que lo generaban no habían desaparecido, el fraccionamiento colonial y rivalidades en la clase dominante se mantienen como una de sus características más agudas; sin embargo, la situación política que surge en 1811 provoca otro tipo de polarizaciones que desplaza por el momento antiguos conflictos: formación de frentes comunes y distanciamientos/acercamientos entre grupos sociales con intereses contradictorios, provocados, regularmente, por el temor general que produce en la elite la posible radicalización del movimiento popular anticolonial.

En las luchas por el poder de la época, a las provincias de Guatemala y El Salvador les tocaría jugar un papel de primer orden. Por su función político-administrativa, actividades económicas y porcentaje de habitantes; se trataba de los centros más importantes de todo el Reyno de Guatemala, con elites poderosas cuya automarginación o participación en las luchas de entonces decidía prácticamente el resultado final del conflicto. Como veremos más adelante, todo el proceso de unificación estatal que fracasa hacia 1840 tuvo como agentes centrales a estas dos provincias.

En realidad, el comportamiento conflictivo de las dos elites no reflejaba otra cosa que la peculiar evolución económica vivida por el Reyno de Guatemala durante la colonia, la cual llevó al extremo la contradicción entre comercio y producción, circunstancia que al estallar la crisis se transformaría en elemento disgregador de primer orden. Como sucede en tales casos, el dominio del capital comercial no afectaba solamente a la economía añilera de El Salvador, sino a casi toda la actividad productiva de la colonia. Uno de los sectores más afectados por el dominio parasitario del capital comercial era sin duda el pequeño productor; a las comunidades indígenas, por ejemplo, se les arrancaban textiles, medios alimenticios, etc., en condiciones tales de pillaje que a veces el fondo mínimo para la subsistencia diaria llegaba a peligrar seriamente. El sistema era así sumamente nocivo, y por consiguiente odioso, si el pequeño productor no mostraba su protesta en forma frecuente y abierta —a no ser las rebeliones y motines que sí se dieron en más de una oportunidad contra los alcaldes mayores como ejecutores del sistema—, era porque se tenían vedados los medios para hacerlo. La situación era distinta con los hacendados del añil; ellos constituían un sector influyente dentro de la clase dominante centroamericana, con poder suficiente para protestar ante el hecho de que una parte importante del plusproducto creado en sus haciendas fuera consumido parasitariamente por comerciantes guatemaltecos. Si el movimiento de crítica que se desató a finales del siglo XVIII tuvo algún éxito fue porque detrás de él estaba este grupo, cuyas quejas llegaron hasta la Corte española y fueron escuchadas.

Producto de una evolución productiva con cierta continuidad —monocultivo del cacao primero y del añil después—, de todas las provincias de Reyno de Guatemala fue El Salvador la región que alcanzó un mayor grado de desarrollo económico con cierto equilibrio. Este aspecto se reflejó en los más distintos niveles, por ejemplo en la composición relativamente homogénea de su población, no sólo porque el mestizo se iba imponiendo como elemento social determinante, sino porque las relaciones de clase alcanzaban mayor nitidez. La línea divisoria entre explotados y explotadores ya no la imponía el rígido sistema de castas que trató de mantener el sistema colonial —como sucedía en la provincia guatemalteca—, sino que tendía a abarcar por igual indígenas, mestizos y hasta criollos. Otro índice del desarrollo coherente salvadoreño lo evidencia también la relativa integridad territorial de esta región; aquí no se registraron, como sucedió en la provincia guatemalteca con el territorio altense, conflictos localistas entre regiones o ciudades disputándose el mando político del lugar. El carácter intensivo del desarrollo económico se reflejaba también en altos grados de movilidad social; la población trabajadora salvadoreña apoya con rapidez proyectos anticoloniales que se vuelven a su vez con relativa facilidad contra la propia elite criolla, como sucedió con el levantamiento de 1811.

En conclusión, al final del período colonial, El Salvador contaba con una economía relativamente más dinamizada que le imprimía al territorio una homogeneidad que no tenían las otras provincias. Sus ferias, la de San Miguel y San Salvador, «única del Reyno» según Ulloa [1], la habían convertido en el centro comercial más importante de toda la Capitanía General de Guatemala. Pero ese relativo alto desarrollo le hizo sin duda ser la provincia más sensible a la crisis de entonces. El añil ya no encontró colocación en los mercados de siempre, lo cual creó descontento tanto en su elite, como en las masas trabajadoras que se vieron golpeadas por el desempleo.

En esas condiciones, sobraron motivos para entrar en conflicto con un sistema tradicional cuyo cuestionamiento en otras latitudes aportaba base para su negación local. Sin embargo, el conflicto no se reduciría a una confrontación metrópoli-colonia. En el caso del Reyno de Guatemala los distintos grupos no formaron nunca un bloque anticolonial; acostumbrada a vivir cómoda y regaladamente del trabajo servil indígena donde las fluctuaciones del comercio exterior no tenían mayores repercusiones, la elite guatemalteca destacaría principalmente como bastión local de intereses coloniales hasta 1821. Los grupos interesados en introducir cambios en el orden de cosas imperante —por medio del reformismo, del separatismo neto a nivel local o a través de la emancipación colonial y la introducción de reformas radicales—, aleccionados por una experiencia colonial donde Guatemala siempre había sacado la mejor parte, sabían que de esta provincia no partiría ningún movimiento de envergadura que buscara introducir tales cambios. Y, como lo demostraría el curso de los acontecimientos de la próxima década, dicha desconfianza no era infundada.

En primer lugar, por su posición privilegiada, la oligarquía guatemalteca sólo podía perder, y no ganar, si tomaba cuerpo el tipo de separación radical que se planteaba entonces. Aparte del sistema, ella controlaba sectores decisivos del aparato burocrático estatal, lo que le permitía un amplio margen de autonomía en el ejercicio del gobierno local. José de Bustamante, por ejemplo, informó en 1812 que de los 740 puestos que componían la maquinaria administrativa del Reyno de Guatemala casi 700 se encontraban en poder de «empleados americanos» [2]; no se debe olvidar que la oligarquía guatemalteca monopolizaba los más importantes, que le permitían la manipulación de dicho aparato, como lo ilustra claramente una lista publicada por esos años [3].

La saturación guatemalteca de la administración local era tal, que se daba el caso de un criollo desempeñando dos y más puestos al mismo tiempo: «Por este medio se ha visto muchas veces que los individuos del consulado se han excusado de asistir a las juntas y atenciones de éste, por estar en las del cabildo; y otras precisamente han faltado a las del ayuntamiento por hallarse en las del consulado... Vea Vuestra Alteza aquí por lo que en Guatemala se adelanta tan poco. Se quiere que un corto número de personas sirvan todos los empleos públicos, aunque sea reuniendo un individuo varios...» [4].

El control administrativo no venía a ser más que la culminación del control económico. El predominio del capital comercial, y las formas de organización que le había impuesto a la economía local y al sector de la exportación, tuvieron siempre por resultado final que los pocos capitales existentes en la colonia permanecieran invariablemente en poder de los grandes comerciantes guatemaltecos. Ello constituía uno de los factores decisivos en el mantenimiento de la situación de monopolio y, según parece, este hecho no cambió gran cosa después de proclamada la Independencia. Sin embargo, el control de la economía y del aparato burocrático estatal sólo era posible porque detrás de la oligarquía guatemalteca se encontraba la gran retaguardia que era el imperio español.

En Centroamérica el movimiento anticolonial de la década anterior a la Independencia se caracterizó por la multiplicidad de fuerzas sociales que buscaron imponer sus intereses. En aquellas regiones o provincias donde la lucha política no llegó a alcanzar niveles revolucionarios, como fue por ejemplo el caso del territorio guatemalteco, el equilibrio colonial de clases e instituciones logró mantenerse. El cabildo y los órganos metropolitanos siguieron constituyendo las instituciones a cuyo alrededor se hace y dirige la política del momento. Por su condición depositaria de intereses criollos e influencia gubernativa —podía extenderse a toda una región como sucedía con el cabildo de San Salvador o a todo el Reyno en el caso de Ciudad de Guatemala— al cabildo le tocaría jugar un papel particularmente importante en el forcejeo general por el poder. En tales circunstancias, el destino del cabildo fue por excelencia ser la institución del momento de la transición; a partir del mismo podía iniciarse un profundo movimiento de cambio, o también, como veremos, neutralizarlo.

Con el objeto de mantener desinformada a la población, las autoridades coloniales, y los grupos dominantes locales afines a las mismas, trataron de crear un cordón sanitario a lo largo de las fronteras del Reyno de Guatemala. Así, cuando fue imposible impedir la propagación de lo que sucedía en el resto del continente, se recurrió a la deformación más grosera de los hechos, como lo informara Marure, quien vivió los acontecimientos que narra: «En Guatemala procuraban ocultarse estos movimientos, o sólo se hacían de ellos falsas narraciones: se pintaba como a unos monstruos a los promotores de la Independencia, y los nombres de insurgente y hereje eran sinónimos en boca de los españolistas... Con estas imputaciones, fingiendo milagros, inventando castigos del cielo, fulminando anatemas y empleando otras supercherías, se procuraba atraer sobre los amigos de la Independencia la execración de los pueblos crédulos. Al mismo tiempo que se echaba mano de todas estas sugestiones del fanatismo, se ponían en movimiento los resortes de una política más astuta y racional. Se ofrecía exención de todo tributo y servicio personal a los indígenas que permaneciesen sumisos; se abolían algunas penas infamantes; se suprimía la ceremonia vergonzosa que se celebraba anualmente para perpetuar la memoria de la Conquista...» [5].

Los líderes más destacados del movimiento insurgente americano recibieron los peores calificativos: «hienas», «monstruos insurgentes», «criminosa facción», etc. Por el contrario, no hubo suficientes elogios para enaltecer aquellos territorios que, como el Reyno de Guatemala, se mantenían fieles a España: «Sólo el dichoso Reyno de Guatemala, el fidelísimo de Lima, y la constantísima isla de Cuba en medio de las insurgencias y revoluciones, han mantenido su inalterable tranquilidad, debida principalmente a la lealtad y fidelidad de los pueblos que los componen, por gracia especial con que el Señor Dios de la paz por efecto de su singular misericordia ha querido distinguirlo de otros muchos. Bendito sea para siempre» [6]. Según oficio del ayuntamiento, el Reyno de Guatemala, con su actitud «fidelísima», su «inalterable sometimiento al poder español», podía considerarse la parte más dichosa del continente americano: «¡Qué contraste tan agradable ofrece este Reyno con todos los otros de la América! El opulento de la Nueva España lo vemos destruido; vencidos siempre sus insurgentes en todos puntos, y ya andar como fugitivos; los alzados de Buenos Aires han sido enteramente derrotados por el valeroso y activo Goyeneche; el ejército de Miranda en Caracas ha sido destruido, y es preciso desengañarse que por todas partes Dios favorece la buena causa, y la de la Santa Religión» [7].

El bloque de intereses metropolitanos y criollos, entrelazados y representados a través de toda una cadena de instituciones administrativas —audiencia, cabildos, Iglesia, alcaldías mayores, etc.—, había constituido hasta el momento la base central de la dominación española. Establecida como relación de mutuo acuerdo y rechazo entre dos sectores explotadores a principios de la colonia, el pacto llegaba a su fin con el desalojo del sector peninsular. Se daba así, a la fecha, un deterioro general de las viejas formas de dominación que Bustamante quiso frenar con medidas enérgicas.

Uno de sus primeros pasos fue fortalecer la institución armada, pues existía el peligro de que el levantamiento mexicano, cuyo simple ejemplo anunciaba ya disturbios locales, traspasara las fronteras del Reyno. Pero esto presentaba sus dificultades; aunque el clima general de guerra había obligado a fortalecerlo en los últimos años, el ejército como institución permanente era débil en Centroamérica, destacado ante todo con fines defensivos en los puntos fronterizos de la colonia. Las milicias provinciales, compuestas en su mayor parte de mestizos y oficiales criollos, no eran las más apropiadas para sofocar posibles levantamientos locales, pues podía darse el caso de que cambiaran de bando, como sucedió en el levantamiento nicaragüense.

La otra institución importante en mantener el orden colonial, la Iglesia, sufría fracturas internas a través del compromiso anticolonial de muchos de sus miembros. En Centroamérica —como en el resto de la América española— esta institución se encontraba dividida; ya que una buena parte del bajo y mediano clero tomaba parte activa o simpatizaba con el movimiento independentista. En Nicaragua se dio el caso del presbítero Benito Soto que, enviado por el obispo García Jerez a parlamentar con los sublevados de Granada, se pasó repentinamente al bando contrario: «...procuró pues llenar los objetivos de su misión, pero procuró hacerlo sin degradar a sus compatriotas; y cuando observó que el fin de la guerra no era otro que el de anonadar a los americanos liberales, cuando se vio desobedecido en Masaya, a donde también se extendía su jurisdicción, hizo causa común con los granadinos, y se resolvió a seguir la misma suerte que ellos» [8].

De todos los grupos locales dominantes centroamericanos, el guatemalteco era sin lugar a dudas el más poderoso. Su poder descansaba no sólo en forma de extensas haciendas, la mayor parte ubicadas en el Valle Central y la costa sur, y hasta en la propia región salvadoreña; sino también en el control de los canales del comercio exterior, lo que le permitió acumular grandes riquezas. Como producto de tres siglos de función intermediaria con la Corona, este grupo desempeñaba también un papel clave en las estructuras del gobierno local, que aunque de mala gana era aceptada por los cabildos de las otras provincias. El Consulado de Comercio era una de las instituciones que le permitía ejercer control local; sin embargo, su bastión más importante lo constituía el cabildo de Ciudad de Guatemala, desde donde ejercía una cuota considerable de poder. Como lo señaló Bustamante al comentar las Instrucciones del ayuntamiento de 1811, a través de un proyecto monárquico constitucional, donde los ayuntamientos seguirían siendo piezas clave en el ejercicio del poder, este grupo quiso ampliar y legitimar su posición privilegiada de elite local. «Ésta es la Constitución del ayuntamiento de Guatemala que de tiempo inmemorial ha estado estancado en las familias de los americanos que la firman. De ella resalta que en sus artículos se deprime la autoridad del Rey, se exalta la de los ayuntamientos: que los ayuntamientos son los que debían nombrar a los individuos de las Juntas serenísimas en quienes debía residir el gobierno de cada provincia en todos sus ramos; y el derecho de informar para la provisión de empleos: que los ayuntamientos debían hacer la elección de los individuos del Consejo Supremo Nacional en el que deba estar el poder legislativo, ejecutivo, y el de dar todos los empleos políticos, militares y eclesiásticos...» [9].

El hecho de que en Guatemala no progresara ningún movimiento de trascendencia contra el orden colonial facilitó, sin duda, la labor de Bustamante; no sólo pudo concentrar el grueso de fuerzas contra las provincias insurgentes, como sucedió especialmente en Nicaragua, sino que Guatemala, entonces la provincia más rica, le proporcionó recursos valiosos para combatir el anticolonialismo. Pero además de esa importancia de rico baluarte colonial, cuya pérdida preocupaba a las autoridades locales porque podía significar el derrumbe español en todo el Reyno, por su vecindad con México, Guatemala adquiría importancia estratégica en el movimiento anticolonial de entonces. Su pérdida para la causa colonial podía convertirla fácilmente en la retaguardia de un levantamiento mexicano cada vez más acorralado hacia las fronteras centroamericanas. En esta concepción estratégica, Guatemala llegó a ser denominada «...resguardo de la frontera con México...» [10], consideración que movió a Bustamante a trasladar la poca tropa existente en Honduras hacia la región guatemalteca, hecho que no dejó de inquietar a aquella provincia.

Como lo señalamos en otro lugar, la especial correlación de clases y grupos sociales impidió que en Guatemala cobrara forma un movimiento insurgente al estilo de El Salvador y Nicaragua. De la población mayoritaria explotada —la indígena— se conocen solamente levantamientos aislados. Como lo subrayó el presidente Bustamante y Guerra, no obstante el peligro de contagio que constituía la vecindad del levantamiento mexicano, lugares netamente indígenas de la provincia de Guatemala se mantuvieron entonces aparentemente tranquilos: «El vasto del Reyno se mantiene tranquilo. Desde esta Capital hasta la raya de México, en que están las provincias más pobladas, llamadas de Los Altos, inclusa la intendencia de Chiapas, a pesar de la mayor proximidad del fuego de Nueva España, no se ha visto hasta ahora signo de sedición. Lo mismo sucede con los partidos laterales de Verapaz, Chiquimula, Sonsonate, Escuintla, y Suchitepéquez» [11].

Se dio hasta el caso de algunas comunidades indígenas que pudieron ser manipuladas por el clero pro español para apuntalar el orden vigente: «En todo seguiremos los consejos de nuestro Cura, porque vemos que sólo quiere nuestro bien, y estamos prontos a concurrir con nuestras vidas a apaciguar la ciudad de San Salvador... suplicando a nuestro Cura le escriba al Excelentísimo Señor Presidente, para que cuente con dos mil indios, que somos los hijos de este Pueblo que iremos armados de flechas y machetes, serviremos en cuanto podamos» [12].

La actitud de las masas populares frente a la Independencia tenía que ser distinta a la de los grupos dominantes en general. Desde el primer momento fueron partidarias decisivas del movimiento independentista, pero también es innegable que desde el principio hubo diferencias entre los dos grupos en relación con lo que se esperaba de la separación colonial. Si se tiene presente la posición ocupada por cada grupo dentro de la sociedad colonial, la diferencia de postulados resulta también totalmente lógica. El orden colonial, como sistema de explotación y subyugación política, constituía ante todo para las masas trabajadoras una realidad cotidiana, y es lógico que, de presentarse una oportunidad favorable, se pensara en su eliminación o en la introducción de cambios que lo hicieran soportable.

El régimen laboral de la colonia se practicaba con formas de trabajo forzado; en el sector minero las quejas son abundantes, como lo hizo el pueblo de Santa Ana en Honduras pocos años antes de la Independencia: «El pueblo de Santa Ana representó contra el peligro que corría el repartimiento en los trabajos de la mina de Guazucarán, por lo arruinada que se hallaba, por los malos tratamientos que sufrían los indios y por la falta de pago del peso por su ida y vuelta del pueblo a la mina» [13]. Igual cosa sucedía en los otros sectores de la economía; se tratara de las plantaciones añileras o de las grandes haciendas del valle de Guatemala, las jornadas de trabajo eran de «sol a sol», y la retribución, cuando la había, se realizaba según aranceles fijados cincuenta o más años atrás; es decir, sin guardar la menor concordancia con el creciente encarecimiento de los productos que afectó a Centroamérica principalmente en los últimos años de la dominación colonial.

La sociedad centroamericana descansaba fundamentalmente sobre bases agrarias; sin embargo, la crisis cobró su expresión más aguda en los centros urbanos. Sucedió así por diferentes motivos. En primer lugar, el nivel cultural urbano permitía sin duda una toma más rápida de conciencia sobre los orígenes de la crisis y la posible dirección de su solución. Por otro lado, situaciones conflictivas tendían aquí a ser más evidentes; forcejeos por el poder entre elites locales, o entre éstas y los intereses metropolitanos fueron siempre corrientes y afloraron por esos años con especial fuerza debido al vacío de poder que origina la ocupación francesa de la metrópoli. Es decir, los centros urbanos ofrecían un campo propicio para iniciar movimientos de cambio; el deterioro de la situación económica y el desmoronamiento del imperio español sólo aportarían el detonante final.

Por las funciones que cumplían de control político-administrativo, económico y comercial, se trataba de lugares densamente poblados, con índices crecientes de miseria y desigualdad social, una característitica de todas las ciudades coloniales donde la riqueza y pobreza formaban polos diametralmente opuestos. La documentación de la época destaca constantemente altos grados de efervescencia social urbana. Esta situación se agravó aún más por esos años, porque la crisis golpeó tanto la industria artesanal urbana como las áreas rurales, donde la caída del añil dejó repentinamente a muchos jornaleros sin trabajo, situación que afectó particularmente a las regiones de El Salvador y Nicaragua. El desempleo rural intensificó las migraciones a los centros urbanos, que se convirtieron en lugares de refugio para masas empobrecidas portadoras de extrema inestabilidad social.

Alcoholismo intensivo, violencia generalizada, desmoronamiento de costumbres, etc., son las características más sobresalientes de esos años, «...que va para trece años que soy cura del Sagrario de esta Santa Iglesia Metropolitana, y por lo que prácticamente he observado, me consta que la embriaguez se ha aumentado con exceso imponderable... que esta plebe es muy propensa a este vicio, y siempre he estado persuadido que los excesos, que diariamente se cometen en esta infeliz ciudad de heridas y muertes son por lo regular originadas de él... por las calles de esta ciudad veo con frecuencia multitud de miserables indios conductores de harina que en otro tiempo luego que vendían sus harinas se regresaban a sus pueblos, y al presente invierten en la embriaguez parte de ello; robándoles con este motivo mucha parte, o el todo que les queda... yo no había visto, sino a esta época que juzgo la más miserable, a las mujeres ebrias tiradas por las calles como perros muertos...» [14]. Pero la inestabilidad social también cobró forma en un alto potencial revolucionario que se puso de manifiesto en los levantamientos de los años de 1811 a 1814.

En las condiciones señaladas no fue nada raro que a la par de ideario independentista las masas populares urbanas inscribieran reivindicaciones de orden económico-social. Se trató, al principio, de reivindicaciones moderadas, dirigidas principalmente contra el aparato fiscal para que se destituyera a algunos de sus miembros más odiosos, y se redujera el monto de ciertos impuestos que les afectaban en forma directa, por ejemplo el de las alcabalas, papel sellado, etc. Pero sin duda hubo reivindicaciones de más peso, ya que, con el ánimo de evitar la radicalización del movimiento, altos funcionarios se vieron obligados a prometer repartimientos de tierras; asimismo se abolió el pago del tributo indígena. Persiguiendo el mismo objetivo, se redujo el precio del tabaco y concedieron permisos para sembrarlo libremente, actividad a la fecha realizada por pequeños productores. Contra este tipo de medidas el criollo progresista no tenía nada en contra; pues el sistema colonial para ser funcional necesitaba de muchos cambios, principalmente en el orden fiscal, que se darían después de 1821 cuando la separación de España hizo innecesarias muchas leyes y reglamentaciones.

Está de más señalar que los acontecimientos centroamericanos sólo pueden ser comprendidos dentro de una totalidad mayor, es decir, como parte del derrumbe del imperio colonial español. En la América española de entonces se daban profundas diferencias de una región a otra, que provocaban lógicos distanciamientos; por otro lado, existieron situaciones bastante similares que las hacían receptivas a la influencia de procesos y acontecimientos que tenían efecto en otros lugares; normal que así sucediera, pues en unos y otros se combatían formas similares de opresión de un sistema que, con los mismos vicios, llegaba a su final a nivel continental. La línea divisoria entre factores internos y externos se vuelve así sumamente difusa; sin embargo, no hay que perderla de vista porque ayuda a comprender situaciones que vistas sólo desde el ángulo interno del istmo resultarían casi inexplicables. Éste fue el caso del pavor general que invadió a los sectores dominantes centroamericanos ante la posibilidad de que el movimiento popular independentista alcanzara los mismos grados de radicalismo que en México o Haití.

La influencia del movimiento mexicano como factor de radicalización es mencionado en varias oportunidades; en el mismo sentido se menciona también el levantamiento revolucionario de Haití: «Más de una vez he percibido que la isla de Santo Domingo, esos sucesos tristes que no debieron haber ocupado la historia, es el objeto de sus comparaciones. Incapaces de hacerlo entre la justa libertad y la esclavitud; entre la modificación de los derechos naturales del hombre, y su despojo, sólo pueden fijar su torpe vista sobre la soberbia y altanería de Rousseau, sobre el uniforme de L'Ouverture, sobre el manto de Christobal» [15].

El levantamiento antiesclavista de la isla de Santo Domingo, y su posible repercusión en el ámbito centroamericano, había ya despertado la inquietud de los españoles a finales del siglo XVIII, cuando un contingente de negros haitianos tuvo que ser trasladado a territorio hondureño: «Su presencia en tierra española no dejaba de llamar la atención de los habitantes ya que venían de una isla misteriosa, en la que los esclavos se habían alzado contra sus amos blancos. Se admiraba su distinción y las buenas maneras que habían adquirido en el contacto de la sociedad aristocrática de Haití. Pero las autoridades españolas temían la influencia que podían ejercer sobre las clases bajas de la sociedad colonial. El gobernador de Trujillo recibió instrucciones detalladas para que se les quitara el complejo de igualdad que habían formado en sus luchas contra los blancos. Con cautela se les debía confiscar sus armas al mismo tiempo que dividirlos en pequeños grupos» [16].

La comparación que hicieron las autoridades españolas entre México y Haití con el caso centroamericano fue motivada por «excesos» cometidos por las masas populares, que fue sin duda cuando el movimiento popular alcanzó su mayor radicalismo. En primer lugar, sedientas de justicia social, parece que las masas populares trataron de ajusticiar a algunos esbirros, entre ellos al intendente de Nicaragua, y al propio Peinado, junto con otros altos funcionarios. Al grito de «mueran los chapetones», algunas haciendas fueron ocupadas y sus bienes repartidos; otros centros de riqueza colonial, como almacenes de las ciudades, fueron igualmente saqueados o estuvieron a punto de serlo: «...no sólo repartía aguardiente el alcalde 2.º constitucional Pablo Castillo, sino que les ofrecía vestirlos al día siguiente con los géneros de los almacenes y tiendas, y repartirles el dinero que se encontrase» [17]. Algunas garitas, encargadas de recaudar gabelas reales, fueron asimismo destruidas.

En la década anterior a 1821, en torno al movimiento popular, se presentaron condiciones favorables para iniciar un proceso de homogeneización, ya que dicho movimiento estuvo presente, en mayor o menor medida, a todo lo largo del istmo. El mismo movimiento anticolonial de la región guatemalteca, que fue muy débil y sólo sirvió de pretexto a Bustamante para que extremara sus medidas represivas, tuvo contactos directos con su homólogo en el territorio salvadoreño: «En el segundo dije que la conspiración meditada en esta Capital tenía sin duda ocultas ramificaciones en las provincias y, cortada felizmente por la vigilancia de este gobierno, era creíble que el espíritu revolucionario advertido en San Salvador menguase por precisa consecuencia; aunque no descansaba, sin embargo, en esta sola esperanza...» [18].

Además de la conspiración de Belén, a que hace referencia Bustamante, se dio también en la provincia de Chiquimula un conato anticolonial que llegó a preocupar a las autoridades. Los levantamientos indígenas de esos años se ubican también en el contexto que venimos señalando. No puede seguir sosteniéndose que dichos levantamientos se encuentran desvinculados del proceso que llevó a la Independencia, que fueron movimientos: «...mirando hacia atrás, hacia antes de la Conquista...» [19]. El simple hecho de que las masas indígenas no tuvieran capacidad de darle a sus reivindicaciones políticas y sociales otro ropaje ideológico que aquel que les era familiar, y que habían conservado dentro de sus viejas tradiciones precolombinas, no las desliga de los movimientos independentistas. La misma Revolución Francesa de 1789, y otros movimientos similares, se iniciaron igualmente con idearios y proclamas políticas inspiradas en épocas anteriores.

Es evidente que los sectores dominantes exageraron cuando se refirieron al movimiento popular centroamericano como posible destructor del orden colonial vigente. En México y Haití —los casos que más pavor infundieron en ese sentido— la insurrección popular sí llegó a constituir algo más que una simple amenaza. En Haití el movimiento revolucionario antiesclavista llegó incluso a triunfar y la esclavitud fue abolida; en México las fuerzas insurgentes estuvieron a punto de ocupar la capital del virreinato. Esto fue así, porque dichos movimientos estuvieron impulsados por guerrilleros negros esclavos y masas campesinas pobres, y la sociedad colonial era fundamentalmente una sociedad agraria, donde el campesinado pobre y el gran terrateniente constituían ejes centrales de la principal contradicción de clase. En pocas palabras, en dichos lugares el levantamiento popular sí tocó las raíces del sistema de explotación vigente.

En Centroamérica las cosas sucedieron de otra manera. Los levantamientos agrarios, al menos los que hasta hoy se conocen, sólo se dieron a partir de 1830, y fueron provocados, directa o indirectamente, por los mismos liberales en el poder. En 1811 el levantamiento popular tuvo su punto de partida en los centros urbanos, y la lógica de los hechos era que pasara a una segunda etapa al ruralizarse; pero esto no llegó a suceder. Aparentemente, el paso a una segunda etapa no era difícil, pues la elite criolla que apoyaba el levantamiento urbano era al mismo tiempo una elite terrateniente con capacidad suficiente para improvisar contingentes campesinos con miras insurreccionales.

Como ya sabemos, los centros urbanos de la época no se separaban tajantemente de sus áreas rurales circunvecinas. Además, aunque tales separaciones hubieran existido, la crisis económica de entonces se encargó de diluirlas a través de las constantes migraciones que se daban del campo a la ciudad. Es decir, en las condiciones predominantes, los centros urbanos podían ser el punto de partida de un movimiento insurreccional que abarcara el área rural, peligro que le señaló en una oportunidad José María Peinado a Bustamante con respecto a la ciudad de San Salvador: «...y no creo pueda omitir expresar a Vuestra Alteza que esta Ciudad tiene sumo influjo en la provincia, y que la colocación de ésta, su población, y circunstancias lo tienen igual en las mayores que comprenden la demarcación de Guatemala; por lo que siempre será peligroso el mal suceso del gobierno en ella, como puede manifestarlo muy cumplidamente a Vuestra Alteza su glorioso Pacificador don José de Aycinena» [20].

Como lo señalábamos atrás, había motivos suficientes para que la crisis colonial encontrara su expresión más directa en los centros urbanos, y fue también lógico que aquí se tratara de resolver algunas de sus contradicciones más agudas, pues allí se encontraban los sectores sociales mejor informados sobre el carácter de la crisis y las posibles alternativas de su solución. Con mayor grado de conciencia histórica por su función dirigente en la economía y en los órganos de control político, predestinado por el momento de cambio para asumir una función de elite indiscutible que hasta entonces sólo realizaba a medias, por todo eso el grupo criollo era el llamado a tomar la dirección de los movimientos políticos y sociales, cuya meta final era la separación colonial. Sin embargo, como en todas las crisis que culminan con cambios profundos en la sociedad —tal como sucedió en la Inglaterra de Cromwell o en la Francia jacobina— también ésta sacó a superficie la contradicción entre explotados y explotadores, lo que trasladaría a un segundo plano —aunque por corto tiempo— la contradicción del momento entre metrópoli y colonia.

Si los movimientos urbanos centroamericanos no tuvieron mayor trascendencia se debió, como lo tratamos de subrayar, a que las propias elites criollas lo neutralizan y no lo dejan pasar a su segunda etapa ante el temor de una radicalización campesina, como se había dado en el virreinato mexicano. Tampoco se deben perder de vista las grandes limitaciones del movimiento popular independentista; en la década anterior a 1822 éste se circunscribe, por lo regular, sólo a algunas de las principales ciudades, como San Salvador, León, Granada y Tegucigalpa. No pudo romperse, por ejemplo, la oposición o indiferencia de otros centros de importancia, localizados principalmente en la provincia de Guatemala, pero igualmente existentes en las ciudades salvadoreñas de San Miguel, San Vicente y Santa Ana, localidades que pudieron ser manipuladas por sus cabildos, y cuya fidelidad colonial mereció después de parte de la Corona las correspondientes gratificaciones. Si acaso existió algún intento de sincronización entre los centros rebeldes, como lo denunció Bustamante, éste no fructificó. Al final, se trató de movimientos desvinculados entre sí, cargados de profundo contenido espontáneo y, por consiguiente, con muy poca base organizativa para poder extenderse a lo largo del Reyno, y constituir una verdadera amenaza al orden colonial vigente.

Desde su fundación, cabildos e instituciones metropolitanas corporizaron una forma de dominación dual que vino a hacer crisis en las primeras décadas del siglo XIX cuando el criollo, con el desalojo del componente metropolitano, busca la ocupación total del poder. Si el movimiento popular en general no logró extenderse al área rural se debió a que no pudo romper los moldes que le imponía la línea de intereses criollos que gravitaba principalmente en torno al control de los centros urbanos, desde donde debía decirse el resultado de la crisis. Lugares estratégicos en el mantenimiento de la dominación hispana, aquí se concentraban las instituciones representativas de la autoridad colonial —cabildos, destacamentos militares y demás órganos metropolitanos—, que el movimiento antiespañol trataría de ocupar o de negar con la creación de sus propias instituciones, por ejemplo juntas revolucionarias, etc. Todo ello debía permitir la edificación del nuevo orden político; de las instituciones tradicionales, el cabildo mantendría plena vigencia en el forcejeo por el poder; así fue no sólo en los años de 1811 a 1814 frente a un movimiento popular que amenazó con desbordarse, sino también después de 1821.

Los conflictos desencadenados en la sociedad centroamericana a finales del siglo XVIII tuvieron su origen en el fraccionamiento de intereses predominante entre los distintos sectores que componían la clase dominante como totalidad. La actividad desplegada por la Sociedad Económica —principal antecedente del republicanismo en la región— la hemos analizado en ese contexto; en la misma dirección tratamos de entender las fuertes contradicciones entre grupos dominantes locales, principalmente las existentes entre Guatemala y El Salvador, por una mejor distribución del plusproducto en el ciclo del añil. Hacia 1811 se dio un cambio profundo en la situación conflictiva, no sólo desde el punto de vista de su contenido, pues se transforma paulatinamente en anticolonial y separatista, sino también por sus dimensiones, ya que con la participación popular se extiende, aunque con altibajos, a toda la colonia; en dos palabras: por ese tiempo los acontecimientos cobraban otra magnitud y otro contenido.

Independientemente de la forma en que se presentaron inicialmente los conflictos, al final fue destacando lo que en realidad estaba en juego: el poder y el derecho que se arrogaban los distintos grupos a monopolizarlo, disputa que se agudizó al presentarse la posibilidad de la separación de España, debido a las disyuntivas de contenido que ese poder podía adoptar. Como sabemos, la escala de variantes fue desde el institucionalismo monárquico, presente en las «Instrucciones» de 1811 y en el proyecto anexionista a México, el republicanismo federal salvadoreño, hasta los distintos intentos netamente separatistas. Se debe resaltar este hecho porque determinó que los conflictos políticos tendieran a circunscribirse al seno de la clase dominante.

Una vez alcanzada la Independencia, el poco margen para un trabajo común entre masas populares y sectores progresistas de la clase dominante fue desapareciendo. Aunque por motivos propagandistas o de legitimación política los liberales afirmaran lo contrario, lo cierto es que la situación económica de las masas populares no mejoró en nada con la proclamación de la Independencia. La exagerada importancia dada al comercio libre como instrumento de progreso económico produjo precisamente lo contrario. En 1832 Pedro Molina aseguró que en Centroamérica se había: «...erigido un altar a la libertad de comercio...», y que ella había traído: «...ocupación a muchos brazos, y facilidad de vivir a muchas familias» [21]. Sin embargo, la realidad era otra, amplios sectores artesanales fueron especialmente golpeados por la crisis que vivió la industria textil frente a la competencia que le hizo la producción externa, acrecentada por esos años también a través del contrabando. La ruina textil afectó, no solamente a los tejedores de centros urbanos como Ciudad de Guatemala, sino también a lugares productores de lana en el altiplano, así como a poblaciones de la Ve-

2.1. RETRATO DE MARIANO GÁLVEZ.

rapaz, cuyo algodón y producción de hilos repentinamente ya no encontraron salida.

En el orden político-social tampoco se dieron cambios de trascendencia que favorecieran al sector popular. Si bien es cierto que a partir de 1823 se instaló una legislación cuyo fin era implantar y proteger la igualdad civil, en palabras de Mariano Gálvez «La suprema garantía de los derechos del hombre está fijada desde el momento que se separó la administración judicial de la autoridad ejecutiva; la ley se aplica con imparcialidad, y el peso del oro o del poder no hace perder el equilibrio de la balanza sagrada; las garantías de la libertad individual son respetadas»[22]. Pero en la realidad eso fue letra muerta, pues siguió aplicándose, como en la época colonial, una legislación parcializada, reforzada por nuevos mecanismos opresivos que institucionaliza la nueva elite.

Por otra parte, el sector liberal compartía contra el indígena los mismos prejuicios de la vieja elite colonial y, por consiguiente, no podía ser su mejor representante. En un afán modernizador, uno de los primeros decretos liberales de la Asamblea guatemalteca fue, por ejemplo, ordenar la extinción de todos los idiomas indígenas, extremo a que nunca llegó la propia Corona española. Resulta también difícil creer que los indígenas aceptaran las cargas y penalidades de las guerras civiles con «semblantes placenteros», como pretendía Gálvez en un informe redactado inmediatamente después del triunfo liberal de 1829: «No hubo algún pueblo de indígenas que no llevase al Gobierno o al campo del ejército presentes o víveres y moneda o de otros efectos necesarios para la guerra o el soldado. Y alguna vez quinientos indígenas estuvieron en auxilio con sus brazos por cortas indemnizaciones, y con semblantes placenteros, dispuestos siempre a nuevos servicios» [23].

En la política agraria liberal pueden distinguirse varias etapas. En los primeros años destacó una tendencia a proteger las tierras comunales: «Serán igualmente preferidos en la adjudicación de los terrenos, y los obtendrán sin costo alguno, los comunes de los pueblos que no tengan ejidos, o que teniéndolos no basten para los usos también comunes de los mismos pueblos» [24]. Igualmente se quiso fomentar la proliferación de la pequeña y mediana propiedad de tierras, a través de precios relativamente bajos, que oscilaban entre 12 reales y 4 pesos por caballería. Sin embargo, pocos años después, en 1830, los precios suben a 12 reales y 20 pesos respectivamente [25], con lo que se eliminaba cualquier participación popular.

La legislación liberal se vio desde el principio envuelta en contradicciones insolubles; como en sus tiempos la Corona española, el Estado liberal también sufrió presiones financieras que trató de resolver a través de la venta de tierras. Muchas comunidades indígenas y pequeños campesinos mestizos se encontraban en posesión de tierras que cultivaban desde tiempos inmemoriales, pero sin tener sus respectivos títulos de propiedad. Para esta gente la ley liberal de 1825 se convirtió al mismo tiempo en una verdadera amenaza, pues los obligaba a componer las tierras en el término de seis meses, porque de lo contrario pasaban a poder del Estado.

La proclamación del 15 de septiembre de 1821

Aunque resulta difícil determinar con exactitud el peso y la época en que se gestan los factores condicionantes, a la altura de 1821 son ya evidentes las enormes distorsiones que sufre en esta colonia la correlación Estado-Nación. El saldo colonial dejó en esta dirección tendencias favorables, bases administrativas con algún enraizamiento y formas de intercambio de ciertas dimensiones —se extendían, aunque de manera forzada a veces, desde los altiplanos occidentales de Guatemala hasta la lejana Costa Rica—; pero la economía en su conjunto encerraba hondas contradicciones, producto de la superposición del capital comercial sobre los centros productivos. Esta situación, que era poco propicia para el desarrollo y propagación de formas económicas que pudieran desembocar después en una formación de tipo capitalista, hizo crisis al proclamarse la Independencia hasta hacer explotar en varios estados nacionales lo que antes había sido una unidad. Es decir, el marco específico de la situación colonial centroamericana dificultó al extremo la imposición de elementos portadores de una formación capitalista nacional como sistema determinante.

En el fondo de las luchas que se inician alrededor de 1811 se encuentra la disputa por el poder, ya que esta cuestión constituye la piedra de toque que viene a decidir, en última instancia, actitudes y alianzas entre los distintos grupos políticos. Un primer resultado se obtuvo en 1821-1823, cuando la antigua metrópoli fue descartada y con ella tal vez el principal elemento que le daba coherencia y unidad a la región. Sin embargo, ya a principios del siglo se había iniciado un fuerte forcejeo por el control de esferas importantes de la economía colonial, principalmente por el control o modelación de un sistema de comercio exterior propio para las elites locales que les permitiera eliminar la presencia intermediaria del gran comerciante guatemalteco y así poder disponer con exclusividad del plusproducto colonial, fuente primaria de todos los conflictos interfraccionales que se daban en el seno de la clase dominante en estos años.

Sería un equívoco pensar que la actitud de los distintos grupos políticos se determina en 1811 alrededor de una repentina toma de conciencia sobre la necesidad de liberarse de la metrópoli española. La tendencia anticolonial se impondría al final bajo la fuerte presión de las masas populares y del carácter irreversible del movimiento anticolonial en toda América, como solución a los distintos problemas. Pero en sus inicios, al anticolonialismo no tuvo un peso central en las decisiones y hechos políticos de los grupos dominantes. Los problemas que se afrontaban eran de carácter netamente interno, y su solución no se vinculaba —necesariamente— con la separación de la metrópoli. Se trataba de problemas *domésticos* que se reducían, fundamentalmente, a rivalidades en el seno de la clase dominante en cuanto a una mejor distribución y compartimiento del poder que viniera a asegurar una distribución *justa* del plusproducto colonial.

El poder de la oligarquía tradicional descansaba en el control de elementos decisivos de la sociedad colonial; controlaba, por ejemplo, la mayor parte de los capitales existentes en la colonia y un sistema de comercio organizado de tal manera que siempre venía a favorecer sus intereses. El control sobre los capitales y dicho sistema de comercio constituía sólo una parte de una organización más vasta que tenía sus raíces en las propias estructuras socioeconómicas de la sociedad colonial. Enquistado a la vez profundamente en la maquinaria administrativa estatal, que le permitía completar su infraestructura de control, el comerciante llegó a convertirse en una pieza indispensable en el complicado engranaje de las actividades económicas de la región.

En la Independencia política de Centroamérica tuvieron importancia tanto factores internos como externos. Sin embargo, dada la especial correlación de fuerzas que existía en ese tiempo entre los distintos grupos políticos, cobraron importancia decisiva los factores externos.

En Centroamérica se puede dividir el movimiento independentista en dos etapas: una que se inicia con los acontecimientos políticos desencadenados en Europa con la invasión napoleónica de España y la otra que comienza a mediados de 1820. En los acontecimientos políticos de los años 1820-1821, que culminaron con la proclamación de la Independencia política del istmo, tuvieron especial influencia dos hechos externos: el movimiento encabezado por Riego en España y la proclamación del Plan de Iguala por Iturbide en México. Internamente el istmo se caracterizaba por la extrema debilidad de los elementos republicanos anticoloniales. Los grupos progresistas que habían impulsado y dirigido los levantamientos de 1811-1814 se encontraban completamente aislados y debilitados por la represión de que habían sido objeto en los últimos años del gobierno colonial. La causa fundamental de la debilidad del elemento republicano residía en última instancia en su poca base económica. Su poder político descansaba en la actitud anticolonial de la provincia de San Salvador y en la influencia que tenía sobre algunas ciudades, que como Granada habían progresado gracias al comercio que realizaban. Además, la organización y movilización de estos grupos se veía prácticamente imposibilitada por el aislamiento en que se encontraban las provincias.

La importancia política del elemento burgués republicano raramente rompe el nivel local. Su actuación, a nivel centroamericano, era dependiente de la fuerte personalidad de un caudillo, como fue el caso con Morazán, o bien de una coyuntura internacional favorable, como la que se presentó más tarde con la caída del imperio de Iturbide. La desconfianza del artesano ante la Independencia, que para él significaba la introducción total del libre cambio y por consiguiente su ruina económica, fue utilizada por la oligarquía colonial en su lucha contra el movimiento republicano. El caso de que las últimas elecciones para los ayuntamientos, organizadas según las nuevas disposiciones de las Cortes, fueran ganadas por el Partido Colonial encabezado por el capitán general y con el apoyo de los artesanos, es ilustrativo. Con miras a hacer proselitismo entre el artesanado descontento, el capitán general prometía lo siguiente en 1820: «No se me oculta que para atraer a los artesanos y a todas las clases pueden tentarse hasta los peligrosos medios de desacreditar al gobierno por sus medidas; y como en los papeles públicos se ha hablado, especialmente sobre comercio de algodones, me parece justo deciros lo que en esto hay de verdad. Lejos de haber concedido, como equivocadamente, si no maliciosamente, se trata de divulgar, un comercio libre, he tratado de coartar el que tanto tiempo ha, se estaba haciendo, sin pagar derechos y sin precaución alguna» [26].

No obstante el dominio casi absoluto de la oligarquía colonial, se empezó a sentir también en la capitanía general de Guatemala un auge del movimiento republicano, alentado principalmente por el carácter liberal de las Cortes de España y por el progreso innegable que hacía la causa de la Independencia en todo el continente. Entre 1820 y 1821 buscan los elementos republicanos la forma de organizarse a nivel nacional e incrementan su actividad por la Independencia aprovechando la libertad de prensa que se empieza a gozar bajo las Cortes. A mediados de 1820 se dio un levantamiento indígena en Guatemala, que si bien es cierto fue controlado rápidamente, probaba por otra parte el descontento general de la población explotada. El mantenimiento de la «tranquilidad» colonial se iba haciendo cada vez más difícil para la oligarquía.

Con la introducción de las Cortes en España y su tendencia liberal empezó a flaquear la famosa «fidelidad» de los criollos centroamericanos hacia España. Tanto la oligarquía como el clero se empezaban a ver afectados en sus intereses por las medidas tomadas por las Cortes. A fines de 1820 se había decretado ya la abolición de la mita y el repartimiento de indígenas, medidas que afectaban principalmente a la oligarquía criolla guatemalteca. Asimismo se habían dictado una serie de decretos que limitaban el dominio de la Iglesia. Esto determinó, entre otras cosas, un distanciamiento de los criollos centroamericanos de España. A principios de 1821 recibió el representante de Guatemala a las Cortes las siguientes instrucciones: «Entre las cuales se encontraba la de reclamar contra aquella injusticia [a que España tuviera más representantes en las Cortes que las colonias] y hacer presente que si Guatemala, que había permanecido leal a su metrópoli en medio de la deshecha tormenta de América, no estaba dispuesta a tolerar más que se la siguiese tratando como hasta entonces, como a vil esclava y no se le considerase con los mismos derechos y prerrogativas que a los peninsulares» [27].

La oligarquía sabía que después de la proclamación del Plan de Iguala en México y del triunfo evidente del movimiento independentista de la América del Sur, la capitanía general de Guatemala no podía continuar en su estado de colonia de España. Estos hechos, y la efervescencia republicana que se empezaba a sentir en el istmo, convencieron a la aristocracia colonial de que tenía que ser ella la que debía proclamar la Independencia si quería seguir conservando en sus manos el poder político.

La Independencia nacional se juró el 15 de septiembre de 1821. En las provincias como en la capital siguieron gobernando las antiguas autoridades coloniales. Gaínza, el antiguo capitán general, quedó al mando del nuevo gobierno. Lo único nuevo fue la formación de una Junta Provincial Consultiva, compuesta de las antiguas autoridades y de los representantes de la aristocracia colonial centroamericana, que tenía por objeto asesorar a Gaínza en asuntos de gobierno. La clase dominante, que se había caracterizado siempre por el pavor que le inspiraba un levantamiento armado del pueblo explotado, había logrado proclamar la Independencia nacional «para prevenir las consecuencias que serían temibles en el caso que la proclamase de hecho el mismo pueblo» [28]. Ella había dado el paso peligroso de la colonia a la Independencia sin perder un mínimo en su posición económica, política y social. El Acta de la Independencia, que reflejaba nítidamente el triunfo de la oligarquía, disponía sobre la Iglesia: «Que la religión católica que hemos profesado en los siglos anteriores y profesaremos en los siglos sucesivos, se conserve pura e inalterable, manteniendo vivo el espíritu de religiosidad que ha distinguido siempre a Guatemala, respetando a los ministros eclesiásticos seculares y regulares, y protegiéndoles en sus personas y propiedades» [29]. Para marzo de 1822 debía reunirse un Congreso Nacional elegido a través del antiguo aparato colonial electoral. Esto ya no se llevó a cabo: para ese tiempo la antigua capitanía general de Guatemala era anexada a México gracias a las maniobras de la misma clase que había proclamado su Independencia de España.

La anexión a México

Con la proclamación de la Independencia salieron a la luz todas las contradicciones que encerraba en su seno la sociedad centroamericana de entonces. El desarrollo económico de la colonia se había caracterizado por la forma desigual que había tomado en las distintas regiones, sobre las cuales Guatemala había mantenido siempre su hegemonía. A la hora de la Independencia, era la región más rica del istmo, en última instancia también gracias al comercio desigual con las provincias. Su población de 661.000 habitantes superaba la población del resto de las provincias y como capital colonial era la mejor organizada administrativamente y la que poseía las mejores vías de comunicación. Guatemala mantenía también una especie de monopolio intelectual debido a que en su territorio se encontraban concentradas las principales instituciones culturales. El débil desarrollo económico, sin embargo, no había hecho de Guatemala un centro nacional del resto de las provincias, como había sido el caso, por ejemplo, de Buenos Aires o de Ciudad de México. El fuerte localismo centroamericano, producto de la autosuficiencia económica de las provincias durante la época colonial, se agudizó aún más a la hora de la Independencia y se reflejó en las distintas posiciones que tomaron las provincias frente al movimiento independentista. La Independencia política del istmo no había sido el resultado de una guerra revolucionaria anticolonial, que abarcando a todas las provincias hubiera desarrollado en ellas un sentimiento de solidaridad nacional centroamericano. Los movimientos independentistas de contenido republicano, potencialmente capaces de llevar a cabo tal tarea, habían sido extremadamente débiles y, a excepción de El Salvador, raramente perdían su carácter regional. Para el tiempo en que se realizó la anexión del istmo a México era la oligarquía colonial la que determinaba el momento histórico. El fuerte localismo centroamericano se reflejó especialmente en la ausencia total de un criterio único de las provincias con respecto al contenido y forma de la Independencia.

En la proclamación de la Independencia vieron las oligarquías locales primeramente la oportunidad de librarse no sólo del tutelaje español, sino también del guatemalteco, que por su proximidad geográfica resultaba muchas veces más real y molesto que el primero. Comayagua, la antigua capital colonial de Honduras, había declarado su Independencia de España: «a condición de que la provincia quedaría independiente de Guatemala y únicamente sujeta al Gobierno que se estableciera en la América Septentrional» [30]. Ocho días después de jurada la Independencia por Guatemala declaraba igualmente la Diputación Provincial de León con respecto a Nicaragua: «Primero, la absoluta y total Independencia de Guatemala, que parece se ha erigido en soberana; segundo, la Independencia del gobierno español hasta tanto que se aclaren los nublados días y pueda obrar esta provincia con arreglo a lo que exigen sus empeños religiosos y verdaderos intereses» [31].

Se trata de los antiguos centros de la administración colonial local que se declaran independientes tanto de España como de Guatemala y proclaman su anexión a México. Este paso lo dan pensando encontrar en el potente virreinato un fuerte apoyo no sólo contra Guatemala como antigua capital colonial, sino también contra el elemento republicano, que trataba también de imponer sus intereses e influir en el contenido de la Independencia. Comayagua en Honduras, León en Nicaragua y Cartago en Costa Rica son las ciudades que proclamaron su anexión a México.

Los conflictos, que se originaron entre los distintos grupos políticos por la hegemonía en el istmo, cristalizaron en las luchas entre las oligarquías locales y la clase dominante guatemalteca; así como también entre éstas y el elemento republicano. El grupo republicano, compuesto por algunos terratenientes y comerciantes interesados en fortalecer la economía nacional, por el bajo clero y por la inteligencia colonial, dispersado en las distintas regiones, era muy débil e incapaz de organizarse para hacer valer sus intereses. Esta debilidad se había puesto especialmente de manifiesto en su total incapacidad de poder influir en el carácter y contenido de la Independencia. Toda su importancia se había reducido prácticamente sólo a presionar para que la oligarquía colonial proclamara la Independencia. Sin embargo, con la proclamación de la Independencia, el poder y la influencia de la oligarquía habían perdido en efectividad y empezaban a tropezar con grandes obstáculos para poder continuar imponiendo su dominación política. Por un lado, el elemento republicano se tornaba cada vez más exigente pidiendo:

1. Hacer de Centroamérica un estado independiente sobre las bases de la libertad, la igualdad y la justicia; es decir, darle a la Junta Consultiva carácter gubernativo.
2. Destitución de las antiguas autoridades coloniales y el nombramiento de otras que se hubieran distinguido por su probado patriotismo.
3. La formación de milicias nacionales para fortalecer y defender la Independencia de sus enemigos internos y externos.
4. Convocar un Congreso Constituyente que se ocupara de elaborar definitivamente las bases de la futura República Centroamericana.

Por otra parte, las provincias se mostraban cada vez más dispuestas a gobernarse por sí mismas, sin la intervención de la antigua capital del Reyno de Guatemala. Estos hechos, es decir, la debilidad de la aristocracia guatemalteca para poder seguir imponiendo su hegemonía en el istmo, la empuja a buscar en Iturbide un sustituto del poder colonial que le garantizara, en la nueva situación creada con la proclamación de la Independencia, seguir disfrutando de sus privilegios coloniales. El contenido conservador del Plan de Iguala reflejaba en forma cabal no sólo los intereses de la oligarquía mexicana, sino también los de la guatemalteca, que veía con terror cualquier síntoma social que presagiara una conmoción violenta de la sociedad. Poco después de ser proclamada la Independencia se publicó un artículo en la prensa oficial de México y Guatemala en el que señalaban los peligros que podría acarrear «el pasar violentamente de uno a otro extremo en sistemas de Gobierno, arrasando muchos intereses y fortunas», recordando seguidamente que «el interés más evidente de la patria consiste en la unión de todos sus miembros bajo los auspicios de la autoridad real, erigida sobre las bases de una sabia constitución» [32]. En otras palabras, el Imperio de Iturbide debería ser el instrumento que mantendría la «paz» colonial para los explotadores, tanto en México como en Centroamérica.

El clero, por su parte, contribuyó en forma decisiva para que la anexión se llevara a cabo. El conflicto originado entre los distintos grupos políticos por la anexión fue transformado por él en un problema religioso: por un lado los partidarios del Imperio, y por el otro los herejes, como fueron calificados los que se oponían a la anexión. El Plan de Iguala, que puntualizaba la conservación de la religión católica sin tolerancia de otra alguna, era para el clero centroamericano el mejor garante de sus intereses. Además, el clero conservador centroamericano se sentía más seguro en su posición privilegiada teniendo como apoyo al Imperio de Iturbide y no sólo a la oligarquía centroamericana, la cual se mostraba incapaz de mantener el *status* colonial. El arzobispo de Guatemala, Ramón Casaus, enemigo irreconciliable de Hidalgo, felicitaba de la siguiente manera a Iturbide para mediados de 1822: «Si este fausto acontecimiento [la coronación de Iturbide], se ha considerado como el más importante y necesario para garantizar la libertad, felicidad, y gloria de este grande Imperio: no es menos interesados (*sic*) en él la religión santa y sus ministros, que reconocen en la persona de V. M. I. su digno protector. He dado humildes gracias a Dios nuestro Señor que se ha dignado concedernos en el celo y religiosidad de V. M. I. el firme apoyo que era de desearse en estos tiempos turbulentos, para reparar el quebranto que empezaba a experimentarse en la doctrina, costumbres y disciplina eclesiástica con grave detrimento de la Iglesia de Jesucristo» [33].

En la anexión del istmo a México influyeron tanto factores internos como externos. Tanto en el orden puramente cronológico, como en la forma en que se desarrollaron los acontecimientos, se había dado una similitud que acercaba a los grupos dominantes de las dos colonias españolas. En ambas se había dado con anterioridad a la Independencia una etapa en la cual la participación popular había mostrado a los criollos conservadores que en un momento dado el movimiento independentista podía volverse fácilmente contra sus propios intereses. Este temor común no sólo acercaba a los grupos oligarcas de las dos colonias, sino que también los movilizaba para buscar soluciones similares; una de ellas, por ejemplo, la anexión del istmo a México.

Además, en México se conocían las dificultades por las que atravesaba el istmo, se conocían también los pronunciamientos de León, Comayagua y Cartago en pro de la anexión al Imperio, y era un hecho que la oligarquía guatemalteca simpatizaba con la idea anexionista. En un informe enviado a Iturbide desde Tuxtla por un general mexicano encargado de seguir de cerca los acontecimientos en el istmo, se señalaban las condiciones favorables que existían en Guatemala en pro de la anexión: «Ya que en el acto de declarar su Independencia no conoce ni la forma de gobierno que puede proponer a sus provincias porque ignora su espíritu: si propende a sistemas republicanos tiene contra sí una nobleza que según estoy impuesto ama sus prerrogativas mucho más que la mexicana; la plebe advierto por lo que veo está muy entorpecida y conserva hábitos serviles» [34].

En la inestabilidad política del istmo y en la actitud antinacional de la oligarquía guatemalteca vio Iturbide la oportunidad de ensanchar las fronteras de su Imperio. La oligarquía mexicana, por su parte, contribuyó a acelerar los acontecimientos, sin dejar lugar a dudas de que utilizaría la fuerza, como se utilizó efectivamente después contra El Salvador, para llevar a cabo la anexión. Con el engrandecimiento del Imperio por medio de la incorporación de Centroamérica pretendía la oligarquía mexicana fortalecer las bases de su dominio. Escasos años atrás los levantamientos revolucionarios de las masas explotadas habían puesto en peligro las estructuras coloniales de toda la sociedad mexicana; este Imperio de dimensiones gigantescas cumpliría la función, entre otras, de ganar al pueblo para los sueños expansionistas de la clase dominante, y en esta forma apartarlo de sus verdaderos intereses.

Solamente quince días después de proclamada la Independencia de Centroamérica escribía Iturbide a Gaínza: «Cuando volviendo los ojos a la ilustrada y bella Guatemala, conoció la necesidad de asociarla a su gloria [refiriéndose a México] y llevarla a la participación de la dicha que va a ser indefectiblemente el resultado de la Independencia» [35]. El 19 de octubre volvía a escribir el Jefe del Gobierno mexicano al de Centroamérica: «Mi objeto es sólo manifestar a V. E. que el interés actual de México y Guatemala es tan idéntico e indivisible, que no pueden erigirse en Naciones separadas e independientes sin aventurar su existencia y seguridad» [36]. En los últimos meses de 1821 se decidió apresuradamente la anexión del istmo a México por medio del voto favorable de una minoría de ayuntamientos controlados por la oligarquía centroamericana. Para consolidar el paso dado se implantó un régimen de terror contra los opositores a la anexión. Inmediatamente después de proclamada la anexión, el 5 de enero de 1822, se publicó un bando calificando de sedicioso a todo aquel que de palabra o por escrito la criticase. Como la oligarquía centroamericana se mostraba incapaz de mantener el nuevo orden por sí sola (pues las ciudades de Granada, San José, Tegucigalpa, pero especialmente la provincia de San Salvador seguían siendo partidarias de una independencia absoluta tanto de España como de México) se envió desde México un ejército encargado de someter a las ciudades rebeldes, especialmente a la provincia de San Salvador. Esta provincia se opuso tenazmente a la anexión del istmo a México y logró mantenerse independiente tanto de este país como de Guatemala todo el tiempo que duró el Imperio de Iturbide.

Varios factores importantes explican que fuera San Salvador la úni-

ca provincia con capacidad de desarrollar un fuerte movimiento armado contra la anexión. Primeramente, la anexión a México no significaba
otra cosa que la continuación del antiguo *status* colonial en el que
Guatemala, como entonces, tendría la hegemonía sobre las provincias.
En la nueva administración que pensaba introducir Iturbide en el istmo, continuaba siendo Guatemala el centro de la administración de las
provincias, contra lo que estaban los criollos salvadoreños porque se
oponía a sus intereses económicos.

Con la anexión del istmo a México quedaban frustrados los intereses
de la oligarquía salvadoreña, que era la más interesada en una eliminación efectiva del dominio colonial. Además, en el lapso entre 1811 y
1822 se había desarrollado en la región de El Salvador una fuerte tradición revolucionaria anticolonial con participación activa de las masas explotadas. Esta tradición de lucha del pueblo salvadoreño y la
existencia de caudillos criollos en contacto con él a través de una posición anticolonial desde 1811, como era el caso de Arce y del cura
Delgado, facilitaron la movilización y organización de las masas contra
los invasores mexicanos y guatemaltecos. A la vez, la Junta de Gobierno que se instaló en la ciudad de San Salvador el 11 de enero de 1822,
decretó, entre otras medidas, una abolición de todos los impuestos y
tributos que se pagaban en la época colonial y declaró: «abolida para
siempre la esclavitud y en consecuencia quedarán libres todos los esclavos de ambos sexos en el acto de publicación de este bando» [37].
Estas medidas transformaron el conflicto político en una lucha entre
el progreso y la restauración colonial, en la cual el pueblo tenía por el
momento intereses concretos que defender. Arce hizo al mismo tiempo
de la lucha contra la anexión un movimiento contra la oligarquía mexicana, pero especialmente contra la guatemalteca, que por su función
durante la dominación española se había identificado claramente con
el sistema colonial.

El ejército de Guatemala encargado de obligar a la provincia de
San Salvador a que reconociera la anexión fue derrotado completamente por el pueblo salvadoreño, lo que motivó la intervención rápida de las tropas mexicanas. En esta lucha contra la invasión mexica-
no-guatemalteca se distinguió Arce, y su prestigio se extendió a toda
Centroamérica. Esta popularidad, que lo llevaría después a la presidencia de la Federación, lo movió más tarde a tratar de implantar
con la oligarquía guatemalteca una dictadura de tipo centralista en
el istmo.

2.2. ESCUDO DE LA REPÚBLICA FEDERAL DE CENTROAMÉRICA.

LA REPÚBLICA FEDERAL DE CENTROAMÉRICA (1823-1840)

La Constituyente de 1823: sus objetivos

El sistema de instituciones que implantaron los liberales en Centroamérica a partir de 1823 —expresión directa de su triunfo político y de las vicisitudes que acompañaron al proceso independentista de la última década— perseguía al mismo tiempo diversos objetivos. Como aparato administrativo de cohesión política, debería garantizar la integridad en las fronteras de un nuevo Estado que —con el nombre de Provincias Unidas de Centro América— pasaba a formar parte del conglomerado mundial de estados y naciones. Cumplir con este objetivo planteaba dificultades: producto de una economía poco expansiva, las fronteras que se heredaron entonces eran sumamente inestables. En el momento de la transición se había perdido prácticamente el territorio de Chiapas, provincia del antiguo Reyno de Guatemala, pero cuyos vínculos económicos habían sido también fuertes con el lado mexicano.

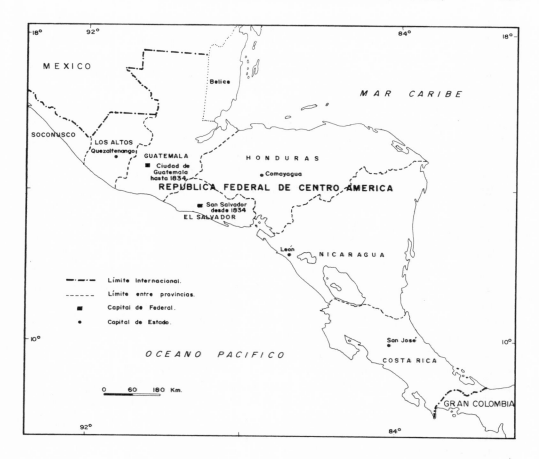

2.3. MAPA DE LA REPÚBLICA FEDERAL DE CENTROAMÉRICA, 1823-1838.

Belice, ocupado por población inglesa, se sustraía también al mando del nuevo Estado e igual suerte parecía amenazar a otros territorios fronterizos. Hasta el momento, la actividad económica había tenido efecto principalmente en las zonas centrales y en la vertiente del Pacífico; el lado del Atlántico, por consiguiente, se encontraba casi despoblado y sus fronteras, donde los ingleses venían incursionando desde hacía más de un siglo, especialmente descuidadas.

El sistema de instituciones republicanas debía cumplir con otro objetivo no menos complejo y ambicioso, como lo era asegurarle a la nueva elite nacional un ejercicio incuestionado del poder. Este objetivo planteaba también dificultades, pues, sin mayor sustentación económica, se trataba de una elite sumamente débil. Un programa profundo de reformas, que los liberales trataron de implantar en las dos décadas siguientes, debía salvar ese escollo. Al igual que Inglaterra o los Estados Unidos de América, Centroamérica se convertiría en esta forma en una nación moderna, y la elite tendría posibilidad de fortalecer su base de dominio. Es decir, la implantación del nuevo sistema institucional era inseparable de un proyecto reformista, que debería ser tanto más profundo cuanto más grande fuera la discrepancia con el orden de estructuras que dejó la colonia como saldo. La justificación del proyecto reformista ante aquellas caducas estructuras implicaba, lógicamente, un enfrentamiento político con grupos sociales que les eran afines, y que habían tenido parte decisiva en los acontecimientos hasta 1823.

El principal actor de los acontecimientos políticos había sido el grupo oligarca guatemalteco; resultado de sus maniobras fue la proclamación de 1821, una comedia cuyo segundo acto —convertido en tragedia por los hechos sangrientos que provocó— vino a ser la anexión a México. Esta beligerancia de fuerzas locales fuertemente identificadas con intereses coloniales significó, para el grupo político que ascendía al poder en 1823, un factor de presión que lo llevó a profundizar los procesos que encabezaba. Se subrayó entonces el carácter absoluto y definitivo de la proclamación de 1823, no sólo en relación con España y México, sino frente a cualquier otro Estado o potencia. De inmediato se busca también reconocimiento internacional para el nuevo Estado. A principios de 1826 la República Federal de Centroamérica era prácticamente reconocida por países importantes, tales como Inglaterra, los Estados Unidos de América, los Países Bajos, México, la Gran Colombia, etc.; igualmente se le da apoyo total al proyecto bolivariano de formar una confederación americana con los antiguos territorios que habían sido posesión española.

La instalación de la Asamblea Nacional Constituyente de 1823 se llevó a cabo siguiendo las instrucciones del artículo 2.º del acta del 15 de septiembre, el cual convocaba a la celebración de un Congreso Nacional que debía decidir sobre el carácter absoluto de la proclamación de 1821. De esta forma, con la instalación de la Asamblea Nacional Constituyente el 24 de junio de 1823, se cierra de manera definitiva el proceso independentista frente a la antigua metrópoli. Pero, internamente, sigue tratándose de un proceso inacabado, pues existen fuerzas poderosas que lo adversan, y que constituyen un escollo en cualquier intento serio de descolonización; fenómeno que, en mayor o menor medida, se observa entonces a lo largo de la antigua América española. En esas condiciones, el proyecto reformista liberal adquiría importancia vital, pues a través suyo se iniciaba el difícil camino de la descolonización que conduciría a la Independencia política definitiva.

El proyecto reformista liberal centroamericano recorrió un trayecto sumamente escabroso, condicionado por las posibilidades individuales que cuentan los Estados para imponerlo, y también porque sufrió las interrupciones de los largos períodos de guerra civil. Destacan, sin embargo, dos grandes etapas. La primera —que aporta base institucional y política a todo el proyecto reformista— se inicia con las leyes y decretos que emite la Asamblea Nacional Constituyente de 1823. La segunda etapa tiene como punto de partida la derrota que sufre el grupo oligarca guatemalteco en 1829, y la caracterizan fundamentalmente dos hechos: el reinicio del proyecto federal bajo la hegemonía morazánica y la implantación de un amplio proyecto de reformas que tiene efecto principalmente en el Estado de Guatemala.

Producto de un movimiento eminentemente político, que buscaba sentar las bases de un nuevo sistema de dominación, la etapa reformista de 1823 se concentró al principio en el nivel institucional. Acorde con los principios republicanos que se trataba de implantar, la Asamblea Nacional Constituyente emitió en primer lugar varios decretos que perseguían democratizar en forma efectiva el juego político de la sociedad. La implantación de la libertad de imprenta, el reconocimiento de los derechos del hombre proclamados por la Revolución francesa de 1789, la abolición de la esclavitud, así como la prohibición de portar cualquier clase de títulos nobiliarios y privilegios contrarios al principio de igualdad ciudadana, fueron pasos que apuntaban a esa dirección.

Esa etapa, además de crear la superestructura jurídico-legal de la dominación liberal, preparó el camino para implantar un amplio programa de reformas que debía fortalecer al nuevo Estado. Los decretos sobre colonización de tierras baldías, la apertura de puertos, la idea de construir un canal interocéanico en Nicaragua, los proyectos para introducir el método lancasteriano en la educación, etc., así lo testifican.

Sólo gradualmente, conforme la dominación liberal logra alguna estabilización, se introducirán cambios de fondo. De momento, en esa primera etapa, lo que ocurre es prácticamente un cambio de nombres: municipalidades por ayuntamientos, cortes territoriales de justicia por audiencias reales, los prelados reciben el nombre de Padres, etc. Bajo el gobierno liberal guatemalteco de Juan Barrundia hubo un primer intento de introducir cambios radicales, que afectaron principalmente a los intereses de la Iglesia, y que provocaron la caída de dicho gobierno. Es a partir de 1829, con el inicio de la segunda etapa en la dominación liberal, cuando se intentará un verdadero cambio, tanto en el orden institucional como en el económico.

La unidad: una meta difícil

Conscientes de su papel histórico y dueños absolutos del poder, pues la eliminación de la metrópoli había puesto fin a su compartimiento dual, los grupos dominantes centroamericanos prepararon a partir de los años 1821-1823 las bases políticas, económicas y sociales que permitirían transitar de la antigua colonia hacia un Estado nacional independiente. Sin embargo, una matriz fraccionada en regiones o provincias con grupos dominantes celosos de sus prerrogativas coloniales no podía constituir el mejor punto de partida. Este elemento original que aportaba el saldo de la dominación española no desaparecería a lo largo del período y haría el marco del proyecto sumamente conflictivo, con elites divididas por encontrados intereses; pues los años 1821-1823 no significaron un triunfo decisivo para ninguna de las fuerzas en pugna.

Se llegaba a la Independencia en esas condiciones, con una elite dirigente que encontró grandes dificultades para imponer su hegemonía sobre el territorio que heredaba, como lo acababa de evidenciar la pérdida de la provincia de Chiapas. El proceso erosivo parecía no detenerse allí, pues amenazaba con fraccionar totalmente la unidad de la antigua colonia. Producto de todo tipo de rivalidades, que se trataba de limar con la adopción del sistema federativo de gobierno, las tendencias disgregantes existían principalmente en las provincias centrales y aflorarían con toda su fuerza en los años de guerra civil.

Debido a grandes vacíos en la actividad productiva, se trató de un territorio pésimamente comunicado entre sí —la proclamación independentista de Guatemala de 1821 se supo oficialmente en Costa Rica sólo un mes más tarde— y, por lo tanto, difícil de supeditar bajo el mando de un poder central. En una buena parte, el territorio se encontraba habitado por núcleos poblacionales de economías autosuficientes, con las consiguientes tendencias al aislamiento. El tipo de intercambio comercial predominante, que perpetuaba relaciones de dependencia en una región o en un grupo frente a otro —a última hora continuación local de la establecida entre metrópoli y colonia— y el sistema de jerarquías propio de la dominación española, crearon un clima sumamente tirante entre las provincias. A la cabeza de dicho sistema se encontraba Guatemala, que obtenía los mayores beneficios; pero el sistema se extendía con sus mismas características y secuelas conflictivas hasta las zonas periféricas, como sucedía entre Nicaragua y Costa Rica, donde la primera trataba de descargar en la segunda su situación desventajosa ante Guatemala.

En tal situación se llegó a la Independencia; la elite que asumió el poder tenía como meta primordial crear un nuevo tipo de mando político que neutralizara las tendencias disgregantes para mantener la antigua unidad. Dos regiones contaban entonces con algunos elementos para encabezar un proceso de centralización: Guatemala y El Salvador. En realidad, todo el intento de unificación que culmina en 1840 giró alrededor de ellas. Pero, en esos años, se presentó una situación sumamente contradictoria que condenaría el proyecto al fracaso.

Debido a su ascendente económico, la provincia de Guatemala estaba especialmente en condiciones de encabezar un proceso unionista; pero tales condiciones de prepotencia eran las que al mismo tiempo despertaban desconfianza, ya que el precedente colonial de Guatemala con función dirigente todavía estaba fresco y mucho más aún su papel desempeñado en la anexión a México. Esto alimentó una aversión general de las provincias frente a Guatemala que no desaparecería después. La desconfianza tenía raíces profundas y se acentuarían aún más en los años de 1826 a 1829, cuando el grupo oligarca del lugar quiso imponer en Centroamérica un régimen político de corte centralista. Todavía en el período de Gálvez se le siguieron atribuyendo a Guatemala tendencias hegemónicas, como lo denunció una exposición en 1832: «Se insinúa, con motivo de la causa de los reos del Salvador ventilada por desgracia en el Congreso, que en Guatemala se ejerce una influencia indebida sobre la Federación, que refluye contra los hijos de los otros estados, y que la opinión de los que no quieren la impunidad de aquel crimen es efecto de su prevención contra ellos, que a la vez se ejercerá sobre los demás Estados, y que tiende a una usurpación central de sus poderes» [38]. Para poder darle vida al proyecto federal de unificación que se inicia en 1823 se debía contar, en primer lugar, con un aparato estatal medianamente constituido, que fuera canal a través de donde el poder central ejerciera soberanía nacional a lo largo del territorio. Orden institucional como portador de centralización y funcionamiento efectivo del sistema de finanzas públicas se volvía, en estas circunstancias, una exigencia de primer orden. La existencia del aparato administrativo y, por consiguiente del propio Estado, tenían aquí su base, y así lo vieron estadistas de ese entonces: «El primer y más grande interés de un Estado naciente es su seguridad y defensa. En este estado están las provincias del Centro de América. De su seguridad pende su existencia social, no menos que la estabilidad del nuevo destino a que han sido elevadas. La hacienda es uno de los primeros elementos de su existencia; para que haya hacienda es necesario un sistema en que marchen a la par el orden, la economía, la claridad; al paso que la desaparición de la hacienda, repite la comisión, es el peor sistema de la ruina de Estados constituidos» [39]. En otras palabras, para poder cumplir con sus funciones más elementales, se tratara al nivel defensivo-represivo del ejército, del ideológico con la implantación del sistema educativo, o bien el relativo a las políticas laborales —aspecto crucial para la elite debido al escaso desarrollo del mercado de trabajo—, el nuevo Estado debía poseer como base un sistema de finanzas públicas debidamente organizado.

Una de las primeras necesidades sería, entonces, crear un cuerpo de empleados públicos apropiado al orden político que se proyectaba implantar. Con todas sus deficiencias, el aparato burocrático español pudo cumplir su función a lo largo de tres siglos, debido a que descansaba en una red de funcionarios con algún grado de profesionalización. La proclamación de Independencia y la posterior agudización de guerras civiles provocó —entre sus efectos— que muchos viejos cuadros administrativos desaparecieran, sin que al mismo tiempo fueran sustituidos por otros con similar eficiencia. La ruptura del «pacto colonial» estuvo también acompañada por una ruptura en el ramo administrativo; implantar la forma federativa de gobierno significó un sistema estatal mucho más complejo, compuesto prácticamente por dos administraciones, lo que hizo necesario un mayor número de funcionarios. Según Francisco Córdova, uno de los políticos que se opusieron a la forma federativa de gobierno, sólo las autoridades superiores de la Federación y las de los Estados absorberían la cantidad de 286 funcionarios: «¿Los habrá que reúnan la aptitud, ilustración, honradez, y demás circunstancias copulativas, que exige el desempeño de tamaños cargos? Y aun cuando los haya en la primera vez ¿quedarán quienes los reemplacen en las frecuentes renovaciones que establece la constitución?»[40].

En esos años no se dieron condiciones ni hubo tiempo para llenar en forma adecuada la repentina demanda de nuevos funcionarios; las convulsiones políticas crearon principalmente inestabilidad administrativa, lo que obstaculizó por su lado la formación de un empleado público con alguna capacidad. Una forma de llenar la creciente demanda del aparato administrativo fue a través de la improvisación del funcionariado, lo cual vino a constituir una de las «innovaciones» de la Independencia.

El oportunismo y favoritismo político fueron otras formas de improvisación del empleado público. Por lo regular, cada nuevo gobernante llegaba al poder acompañado de una sarta de «amigos» que le habían ayudado a conquistarlo, ante los cuales se sentía comprometido y de cuya «fidelidad» dependía muchas veces su estancia en el mando. Después del triunfo liberal de 1829, por ejemplo, muchos militares vacantes fueron simplemente absorbidos por la administración federal, ya que se consideró «incivil» prescindir de sus servicios.

Otro hecho que dificultó enormemente el surgimiento de un empleado público con alguna capacidad y seriedad, fue el de los malos e irregulares sueldos que se devengaban. Con la Independencia el aparato estatal creció, pero no las entradas fiscales. Una de las herencias de la colonia había sido un fuerte déficit fiscal, que en 1818 alcanzaba la suma de 260.957 pesos. La situación deficitaria persistió y se ahondó aún más. A finales de 1837 sólo el estado de Guatemala tenía un déficit de 157.000 pesos, el cual venía arrastrándose años atrás y había obligado a reducir sueldos y suprimir plazas en el presupuesto anual de 1835 a 1836. La emisión descontrolada de libranzas para salvar penurias fiscales trajo también al empleado público graves consecuencias, pues los sueldos se pagaban en tales circunstancias con papel moneda devaluado.

Además del aparato propiamente administrativo, en la vida y funcionamiento de todo Estado la fuerza armada desempeña una función especial. Por excelencia es la institución más estrechamente vinculada con el poder; internamente coadyuva a mantener inalterable un orden de clase; al mismo tiempo —ésta es originalmente su función más importante— debe garantizar la integridad física del espacio territorial donde el Estado ejerce soberanía política.

De la colonia a la Independencia se dio en la institución castrense una evolución no libre de contradicciones. Por el lado organizativo hubo continuidad: la antigua ordenanza militar siguió con vigencia; igualmente se adoptó, por considerarlo apropiado a las condiciones republicanas del nuevo Estado, el sistema español de la milicia cívica. Además muchos decretos que buscaban institucionalizar un nuevo tipo de ejército no pudieron llevarse de inmediato a la práctica, como sucedió, según parece, con el decreto sobre la milicia cívica y otro de 1823 que disponía la creación de un colegio militar. Al igual que con el proyecto reformista en general, será sólo después de 1829 que se harán cambios de consideración en la organización castrense, favorecidos en este caso por el triunfo militar liberal de ese año.

A la par de la relativa inmovilidad del lado organizativo, es innegable que hubo un cambio profundo que se reflejó en el crecimiento numérico del ejército y en la importancia extraordinaria que adquiere la institución como factor político. En 1821 las fuerzas permanentes del Reyno de Guatemala ocupaban 1.500 hombres, repartidos en las principales provincias y puntos fronterizos. Además, existían milicias provinciales con diez mil a doce mil miembros, que tenían por función apoyar a las fuerzas permanentes en casos de emergencia. De un presupuesto anual de 723.902 pesos, la fuerza armada absorbía en 1818 la cantidad de 329.960 pesos; debido al clima de insurgencia anticolonial de esos años, fue tal vez uno de los presupuestos militares más altos.

Como ya se ha dicho, internamente el orden de explotación lograba mantenerse a través de un sistema de terror generalizado contra la población indígena, donde el alcalde mayor y el funcionario eclesiástico constituían figuras clave. Es decir, al no tratarse de casos extraordinarios, las fuerzas militares permanentes no tenían en el aparato represivo mayor participación; su función era más que nada de carácter defensivo, y estaban ubicadas principalmente en lugares estratégicos como el Golfo Dulce de Guatemala.

El año de 1811 marcó un cambio considerable que anunció el papel que jugaría después el ejército. El clima de insurgencia anticolonial hizo necesarios grandes movimientos de tropa; las acantonadas en Nicaragua en 1812 para reprimir el levantamiento popular le costaron a la real hacienda la cantidad de 200.000 pesos; también fue necesario desplazar tropas a otros lugares donde la estabilidad colonial peligró seriamente: «Se pusieron sobre las armas cuerpos de milicia en diversos tiempos y según se creyó necesario para guarnecer algunos puntos del Reyno; vinieron también destacamentos a esta capital... ha causado su permanencia en los puntos en que sucesivamente se han destinado, y los abonos en sus marchas, y conducción de artillería, casi de unos a otros extremos del Reyno, crecidos desembolsos a la Real Hacienda» [41]. Pero es a partir de 1821 cuando la situación cambia radicalmente; de ese momento en adelante las actividades militares crecen en espiral; sea frente a la metrópoli, México, o ante el adversario local, la intervención de la fuerza armada se vuelve la regla en la solución del conflicto político. De la noche a la mañana proliferaron los ejércitos, y la sociedad empezó a vivir un creciente proceso de militarización. Los conflictos que provocó la anexión a México entre 1822 y 1823 pusieron en movimiento cerca de cinco mil hombres en ambos lados; según un informe de 1830, en los últimos diez años la cantidad de armas de fuego en manos de la población civil había aumentado por lo menos cincuenta veces.

La génesis del Estado en Centroamérica y su posterior fragmentación es inseparable de la evolución que vive la institución armada en los años independentistas. El hecho de que la emancipación no ocurrió como resultado de una guerra anticolonial general, que sólo fuera producto final de presiones, maniobras y actuaciones separadas de las distintas provincias o grupos sociales, impidió el surgimiento de un ejército verdaderamente nacional que pudiera fungir como cuerpo armado del nuevo estado centroamericano. Es decir, la ausencia de enfrenta-

2.4.   RETRATO DE FRANCISCO MORAZÁN.

miento frontal entre metrópoli y colonia por la decisión independentista, eliminó desde un principio la presión del factor externo que pudo haber llevado a los grupos locales a la unidad y formación de un ejército de este tipo.

No obstante la dispersión del poder, profundizada por la guerra civil de 1826 a 1829, este año de 1829 constituyó un momento importante para crear una institución castrense con vigencia a nivel centroamericano. Producto de una lucha común, sostenida a lo largo de tres años, se contaba a la fecha con considerable grado de unidad entre las fuerzas liberales que encabezaba el hondureño Francisco Morazán, caudillo unionista que, en corto tiempo, adquiriría popularidad a lo largo de todo el istmo. En este hombre se reunían algunas condiciones que lo capacitaban para ejercer un liderazgo político. Además de su indiscutible ideario liberal, poseía, como lo acababa de demostrar el triunfo de 1829, altas cualidades militares que constituían entonces un factor determinante en la lucha por el poder.

Originario de la provincia hondureña —que no había sobresalido en los conflictos de la época—, hasta 1826 Morazán era, según Alejandro Marure, «...un hombre oscuro y solamente conocido como un hábil plumista, con cuyo carácter servía en los juzgados de Comayagua». Sin embargo, Marure también le atribuye a Morazán, en parte producto de formación autodidacta, las siguientes cualidades: «La intrepidez, la actividad y la constancia son en él prendas naturales, así como la cultura de su entendimiento y su tino político y militar son obra de su estudio privado y de la elevación de su genio, pues en ninguna carrera ha tenido maestros ni directores, y sus primeras ocupaciones tampoco fueron las más a propósito para desarrollar sus talentos»[42]. La circunstancia de tratarse de un político relativamente nuevo, cuyo prestigio no había sufrido el desgaste de las guerras civiles que se iniciaron en 1821, sumada a su indiscutible habilidad de militar, favoreció sin duda la aceptación o imposición de Morazán como líder del proyecto federal que se reinicia en 1829.

Una de las primeras preocupaciones del grupo político que asume el poder en 1829 fue la creación definitiva de una fuerza armada que cumpliera con las funciones típicas de tal institución: «Era, pues, necesaria la defensa común, y ésta no era posible sin el gran recurso de la fuerza armada, cuyo objeto fuese contener los abusos de los súbditos, o bien suprimir la animosidad y ataques de un poder extraño»[43].

El ejército federal se compondría, en tiempos de paz, de una brigada de artillería, tres batallones de infantería y un regimiento de caballería, con un total de 2.000 hombres, al que Guatemala aportaría 829, El Salvador 439, Honduras y Nicaragua 316, respectivamente, y 100 Costa Rica. Las bases para el nuevo ejército federal las aportaba en realidad el «Ejército Aliado Protector de la Ley»; es decir, la fuerza armada que había triunfado en 1829; en cuya estructuración habían participado, aunque bajo hegemonía salvadoreña, elementos militares de casi todos los Estados. Este origen interestatal constituía sin duda el aporte más sobresaliente; a la vez, se trataba de fuerzas más o menos disciplinadas, ya que la presencia de militares extranjeros —destacan principalmente los franceses Nicolás Raoul e Isidoro Saget— había contribuido a imprimirles algunas características propias de un ejército profesional de la época.

Para un proceso de centralización política, en el que el ejército debería ser instrumento clave, el año de 1829 constituía, sin embargo, un punto de partida no exento de dificultades. Si bien es cierto que se contaba con el saldo positivo de la unidad liberal lograda alrededor de la última lucha: «Los Estados que dieron decretos no conformes a las leyes federales los han revocado a la luz de reclamaciones justas de parte del Gobierno, y por el íntimo convencimiento de la Unión» [44], esto no eliminaba en forma automática la base estructural que alimentaba a las fuerzas disgregantes que seguía siendo el principal escollo en cualquier intento de centralización política, fuera éste de corte liberal o conservador.

Diversos factores dificultaron la formación de un ejército federal permanente. Como en lo demás, el saldo colonial fue aquí negativo, pues como lo señala Montúfar y Coronado —uno de los cuadros militares de la época— la carrera militar como tal prácticamente no existía: «El influjo militar fue desconocido en Centro América; antes de la Independencia no había carrera militar...» [45]. Es decir, la metrópoli proporcionaba no sólo la legislación castrense, sino también la mayor parte de los cuadros militares. Con excepción de la ordenanza militar y la milicia cívica, que con algunas variaciones siguieron utilizándose, no se contaba a la fecha con mayores tradiciones que pudieran haber servido de base para crear un ejército permanente. Este vacío tampoco lo suplió una guerra anticolonial que pudo haber dado origen a un ejército así, pues como lo resaltábamos, y también confirma Montúfar y Coronado, ese componente estuvo ausente en Centroamérica: «...la emancipación no fue el resultado de una guerra; los primeros tiros se dispararon después de la Independencia por unos hermanos contra otros...» [46]. Al contrario, el fraccionamiento en la clase dominante encontró de inmediato también expresión en la institución armada; después de 1821 el ejército se convierte en principal instrumento de las luchas por el poder. La desconfianza general de los Estados ante todo aquello que llevara a un fortalecimiento del poder central motivó, por ejemplo, que los efectivos militares de la Federación fueran limitados a 2.000 hombres.

En esas condiciones de guerra civil, en que la conquista del poder pasaba regularmente por la vía de las armas, fue lógico que la institución armada cobrara una importancia extraordinaria. La proliferación de actividades militares trajo, entre otras consecuencias, una profunda dispersión del poder, en algunos lugares de por sí aguda —por ejemplo Nicaragua— donde dos o más tendencias políticas llegaron a disputarse el mando. El clima de guerra civil provocó el surgimiento de distintos ejércitos, necesarios no sólo en su sentido tradicional de brazo armado del Estado para mantener el orden de explotación vigente, como sucedió varias veces frente a levantamientos de masas con metas reivindicativas, y donde la institución castrense empezó a destacar como fuerza de ocupación interna, sino también para zanjar rivalidades interoligárquicas, especialmente frecuentes en la Centroamérica de esos años: «...mayormente en la crisis en que se halla toda Centro América; en donde el desconcierto y la inestabilidad hacen que cada Estado se mantenga en atalaya sobre su vecino, y cada Gobierno sobre sus propios súbditos» [47].

Dentro del ejército federal se hizo especialmente evidente la fuerte contradicción que se dio entonces entre superestructura política y base económica. Al contrario de los ejércitos estatales que tenían base de sustentación directa en las economías locales, el federal no tuvo una base económica fuerte ni un grupo social que le sirviera de apoyo continuo. El poder central fue siempre un poder pobre, incapaz de financiar de forma permanente su propia fuerza armada. De 4.000 efectivos con que llegó a contar en 1829, no le quedaban más que 800 a finales de 1831. En 1836, según un informe de Francisco Morazán, las penurias fiscales habían reducido el ejército federal: «...a un puñado de antiguos veteranos que han sobrevivido a los mayores peligros...» [48]. La milicia cívica de la Federación se encontraba también a la fecha sin organización apropiada debido a la falta de fondos financieros.

Los Estados, por el contrario, contaron siempre con algún número de fuerza armada, destacando principalmente el de Guatemala, que tenía el ejército mejor organizado. En esas circunstancias, contando con base económica propia, fue lógico que en momentos de conflicto entre el poder central y los Estados, la fuerza armada de éstos tendiera a sobrepasar a la federal: «...porque las fuerzas federales son insignificantes, y las de los Estados, aunque reducidas a milicias y a reuniones de circunstancias, lo son todo en tiempos de discordia» [49]. La capacidad de organizar sus propias milicias le daría a los Estados poder que fortalecería su posesión frente a la Federación.

La supremacía militar federal dependió, por lo regular, de la disciplina de su tropa y pericia de su caudillo, el unionista Francisco Morazán: «Se había levantado y sostenido por su pericia militar y su valor personal; siempre conducía él mismo sus tropas y había estado en muchos combates, siendo muchas veces herido pero nunca derrotado» [50]. Otro factor que le daba superioridad a las fuerzas federales fue la fidelidad de cuadros militares capaces —los generales Carlos Salazar, Diego Vigil, Juan Prem, los franceses Nicolas Raoul, Isidoro Saget, etc.— que habían destacado en la contienda de 1826 a 1829 y que acompañarían a Morazán hasta el final de su carrera.

Además de las pronunciadas tendencias disgregantes, que hacían a la clase dominante centroamericana incapaz de implantar proyectos políticos unionistas de largo alcance, la debilidad de la base económica se reflejó en general en el sistema administrativo estatal, particularmente el aparato hacendario. Como es el caso de toda colonia, cuyas riquezas se trata de fiscalizar cuidadosamente, el aparato hacendario funcionaba con alguna regularidad en el Reyno de Guatemala. El grado de centralización de dicho aparato parece que incluso fue reforzado a finales del siglo XVIII con la implantación del régimen de intendencias; igualmente la importancia de Ciudad de Guatemala como cabeza administrativa. Al iniciarse las guerras civiles independentistas, ese aparato perdió gran parte de su funcionalidad, sobre todo en lo referente a centralización del control fiscal. La anexión a México no sólo ocasionó desembolsos extraordinarios a la maltrecha hacienda pública del istmo —los fondos de rescates de la casa de moneda, cerca de 400.000 pesos, fueron consumidos por las tropas leales a Iturbide en la guerra que se le hizo a El Salvador— sino que también produjo trastornos administrativos, así, como primer paso, la Contaduría mayor del Reyno, con asiento en Guatemala, fue suprimida y sus funciones fueron absorbidas por la de México.

En el tiempo que duró la anexión al imperio mexicano se exacerbaron rencores locales, y la hacienda pública contrajo sus primeras deudas en la época independentista; además, el aparato hacendario quedó prácticamente acéfalo, pues la capital mexicana no pudo sustituir a Guatemala. Provincias importantes se niegan a seguir el paso anexionista y toman posesión directa de sus respectivas administraciones, incluyendo el ramo hacendario como lo denunció por ejemplo Gálvez en 1830 cuando se refirió a la renta del tabaco. Para poder sostener los gastos que ocasiona la guerra civil, uno de los primeros pasos que toman los grupos locales es el control del aparato hacendario; esto constituiría un precedente que se repetiría posteriormente en los períodos de conflicto entre el poder federal y los Estados, lo cual profundizaría el caos y desorden administrativo de esos años y le dificultaría al poder central imponer su hegemonía hacendaria.

En tales circunstancias —a pesar de la argumentación en favor del centralismo, «una sola autoridad que sea como la clave de todo el sistema»— se creó al final, bajo presión de las provincias, una administración hacendaria prácticamente descentralizada.

Con el ánimo de evitar roces o conflictos entre provincias celosas de sus prerrogativas, se implantó un sistema hacendario sumamente

ambiguo y costoso para aquella economía poco productiva, que produjo precisamente lo contrario, pues introdujo el forcejeo por controlar
exiguas fuentes fiscales. El producto de las rentas de alcabalas, pólvora, tabaco y correos pasaría a disposición del gobierno federal; sin embargo, su control y administración quedaría en manos de los Estados.
En tiempos de crisis política y penuria, que fueron los predominantes,
los Estados simplemente se apropiaron de las rentas federales.

Según cálculos de esa época sobre las cuatro rentas que le fueron
asignadas a la Federación, las del tabaco y la alcabala marítima, bien
organizada y bajo supervisión, hubieran sido suficientes para llenar el
presupuesto anual federal. El presupuesto federal de 1826 había sido
de 804.889 pesos; el de 1830-1831 de 810.498 pesos, pero a través de
ahorros fue reducido a 694.548 pesos; el presupuesto del año siguiente
fue de 862.541 pesos, pero fue igualmente reducido a 600.000 pesos, que
fue la cantidad tope del presupuesto federal: «...pero en atención a las
economías que el Gobierno se ha propuesto hacer, y en el supuesto de
que no haya incidentes extraordinarios que alteren la paz y el orden,
bastará por ahora la cantidad de 600.000 pesos para cubrir los gastos
y atenciones más precarias de la administración. Ésta es la suma que
más indispensablemente necesita el Gobierno, para llenar el presupuesto del año económico...» [51]. Se trataba de presupuestos para épocas
normales, para tiempos de «paz y orden», que en realidad fueron la
excepción. De 1830 a 1832, tiempos relativamente tranquilos para el
gobierno federal, sólo los gastos militares consumieron anualmente la
cantidad de 490.782 pesos del total del presupuesto.

Los Estados tenían también asignados cupos para el sostenimiento
de las autoridades federales; pero, con excepción de Guatemala, parece
que estos cupos nunca se llenaron con regularidad. El presupuesto nacional fue así casi siempre deficitario. En 1831 el déficit federal era de
90.755 pesos; situación que se pensó resolver en el futuro a través de
economías y continuidad en las entradas fiscales; pero sucedió todo lo
contrario, pues las guerras civiles continuaron y con ellas los desembolsos que se trataron de llenar a través del endeudamiento. En 1821
la deuda interna había sido de 3.138.451 pesos, diez años después era
de 4.748.965 pesos, situación que se agravaría en los últimos años de
la Federación. Como el federal, también los gobiernos locales se enfren-
taron a fuertes penurias presupuestarias que buscaron resolver con el
endeudamiento, emitiendo moneda fuera de la ley, pero ante todo a
costa de las rentas federales. En momentos de conflicto, la ocupación
de esas rentas constituiría una forma de sustraerse al mando federal o
de sabotearlo.

Con todos sus altibajos, la alcabala marítima, o sea el impuesto de
importación/exportación, constituía la mejor renta. En sus mejores
tiempos durante la colonia la renta había producido entre 150.000 y

200.000 pesos. Con la implantación del comercio libre después de 1821 la renta aumentó, pero no considerablemente, debido al trastorno general administrativo de la época. En los años de 1830 y 1831 las alcabalas produjeron aproximadamente de 250.000 a 300.000 pesos, respectivamente. Mariano Gálvez aseguró en 1830 que la renta bien organizada podía llegar a producir hasta 400.000 pesos; sin embargo, esa cifra parece que nunca llegó a alcanzarse.

El gobierno federal trató de incrementar esta renta de distintas formas: aumentando el porcentaje de impuesto; ampliando el radio de las relaciones comerciales; derogando privilegios de exportación a ciertos productos; pero, ante todo, tratando de mantener un control estricto sobre los puertos de la República. La capacidad administrativa federal de la época era demasiado débil. con empleados mal pagados y, por consiguiente, ineficaces y susceptibles al soborno. No obstante todos los esfuerzos federales por controlar la renta, en tiempos de crisis los Estados simplemente se la apropiaron: «Pero la causa que más ha influido en la escasez a que se ha visto reducido el Gobierno en circunstancias que había que hacer erogaciones considerables ha sido la ocupación de los puertos que ilegalmente hicieron los Estados de El Salvador, Honduras, Costa Rica y Nicaragua, permitiendo aún este último sin devolverlos a pesar de las repetidas reclamaciones que con la mayor energía se han dirigido a aquella Asamblea» [52].

El contrabando fue también una forma de burlar el pago de la alcabala marítima; por ese tiempo creció el interés externo, principalmente el inglés, en productos de la región como añil, café, palo brasil, etc. En los últimos años de la colonia, Belice jugaba ya un papel importante en el comercio centroamericano, pero dicho intercambio crecería especialmente a partir de 1821. Para el comercio centroamericano, realizado por las vías legales o del contrabando, la posesión inglesa llegó a convertirse en los próximos años en su contacto más importante: «...Belice es hoy por el norte, el almacén general de Centro América, y de él se proveen todos nuestros comerciantes y los contrabandistas, y las circunstancias reducen a nuestro comercio, a recibir la ley de precios, de cuatro almacenistas que sacrifican nuestros frutos» [53]. La presencia de contrabandistas ingleses se hacía sentir también en otros lugares de la República; en las costas del Pacífico de Costa Rica, por ejemplo, fue apresado el 30 de mayo de 1835 un barco de éstos: «...en donde había embarcado ya 1.300 quintales de palo brasil, y trataba de introducir clandestinamente los efectos extranjeros que traía a su bordo» [54].

Si bien el sistema federal de gobierno no fue el más propicio para mantener la unidad que había existido hasta 1821, tampoco las condiciones de intensa guerra civil que se viven hasta 1840 permitieron el fortalecimiento de las tendencias económicas que le hubieran servido de base. Al contrario de lo que sucede en el segundo período liberal que se inicia por los años de 1871 —cuando el café proporcionaría estabilidad al nuevo régimen— en la década y media que dura el gobierno federal los agudos conflictos armados ocasionaron una destrucción general de las fuerzas productivas, tal como lo señala una fuente para los años de 1826 a 1829: «Cegados todos los manantiales de las rentas, interrumpida la agricultura y destruido el comercio, anulado el crédito interior y exterior, depredadas las haciendas y labores; inseguros o alejados los propietarios principales; ningún ingreso existía ni era de esperarse cuando se reinstaló el Gobierno de la República» [55].

En ese clima de guerra civil, sobre los escombros que deja como secuela, resultaba difícil edificar una economía de exportación que aportara sustentación fiscal al gobierno federal. Economía vinculada con el exterior había sido hasta ese entonces el añil, pero en esos años El Salvador —en la época colonial, principal productor— se transformó en teatro central de conflictos bélicos, y la producción decayó considerablemente. La depresión económica de los primeros años del siglo había disminuido ya la producción de añil a cerca de 400.000 libras anuales; en 1820 se volvió a producir nuevamente un millón de libras, pero con las guerras civiles que desencadena la anexión a México la producción vuelve a decaer a los niveles de los peores años de la colonia; en 1846 la cantidad cosechada apenas llegaba a las 180.000 libras.

Otros productos de exportación apenas surgían entonces, como sucedía con la cochinilla en Guatemala; aunque este producto brindó ya alguna estabilidad económica al gobierno de Gálvez, su verdadero apogeo se daría en el período conservador. Iguales intentos en búsqueda de un producto para exportación se daban también en los otros Estados alrededor del cacao, añil, ganado, maderas preciosas, café, etc.

De todos estos intentos parece que sólo los de Guatemala y Costa Rica obtuvieron algún éxito; el segundo, principalmente debido a que logra mantenerse en parte alejado del conflicto político que en ese tiempo agitaba al resto del istmo. Ese aislamiento le permitió a Costa Rica continuidad en su actividad productiva. En los años de 1826 a 1829, cuando desconoce las autoridades federales, el tabaco siguió cultivándose, y en 1830 el Estado costarricense pudo entregar al gobierno central la cantidad de 43.630 pesos como producto de tal renta. Pero el despegue económico se dio principalmente alrededor del café. En 1832 Costa Rica producía cerca de quinientos quintales; en 1839, como informó Stephens, la producción era ya más de noventa mil quintales.

Guatemala también tuvo cierto éxito económico con la cochinilla. Durante la colonia este colorante había sido el cultivo prácticamente marginal en el Reyno de Guatemala; en los últimos años había logrado alguna prosperidad en Chiapas, lo cual contribuyó a fomentar su cultivo en la provincia de Guatemala en los inicios de la administración de Bustamante y Guerra. La sustitución del añil por la cochinilla como artículo de exportación mostró rápido frutos positivos; en 1826 se producían ya cerca de 92.000 libras del colorante; en 1834 la cantidad anual alcanzó casi el medio millón de libras. El cultivo creciente de ese producto, tal y como lo informó García Granados, contribuyó en esos años a darle alguna estabilidad al régimen galvista.

Los anteriores intentos por estabilizar la actividad productiva —donde sobresalen principalmente los casos de Guatemala y Costa Rica— tuvieron efecto sólo a nivel local; es decir, sus frutos son aprovechados por los Estados, pero no por la Federación, que a la fecha no contaba con suficiente capacidad institucional para fiscalizar tales actividades económicas.

El obstáculo mayor, donde se originaban los demás, consistió en que el gobierno federal no dispuso nunca de base económico-social sobre la cual descansara su poder. En un mensaje de principios de 1830, cuando la Federación iniciaba su segunda y última etapa, se enumeran algunas consideraciones que debían darse para que el poder federal lograra consolidarse en los siguientes como institución nacional. Entre otras, la Federación debía de contar con su propio cuerpo de funcionarios dedicados a la aplicación exclusiva de las leyes federales, libres del influjo de autoridades estatales. Los puertos de la república, lugares donde regularmente se recaudaba la alcabala marítima, tenían que estar, «en lo político, militar y de hacienda», bajo el control jurisdiccional de la Federación. Ésta debía contar también con su propia capital: «Que un Distrito Federal importante y productivo se destine para su resistencia con los demás poderes federales, donde ejerza con plenitud toda la autoridad administrativa»[56]. Además, decretos y leyes de la Federación debían ser obedecidos por todos los Estados.

El intento centroamericano por preservar la unidad que se había heredado en 1821 fracasó, en última instancia, debido a que no existió un grupo dominante lo suficientemente fuerte que se identificara con el Estado federal como institución representativa de intereses nacionales: «En realidad, ésta es la roca en que se estrellan todos los políticos de Centro América: no hay tal cosa de sentimiento nacional»; fue la terminante conclusión de Stephens en 1839, cuando comentaba el acendrado separatismo de Braulio Carrillo en Costa Rica[57].

En tales condiciones, las bases sociales y materiales en favor de la Federación tenían que devenir en indeterminadas y ocasionales; por ejemplo, sólo se logró el apoyo guatemalteco durante el régimen galvista, mientras pudo neutralizarse al poderoso grupo oligarca del lugar. Aunque no libre de contradicciones, El Salvador también tuvo participación decisiva en el sostenimiento del proyecto unionista. Hasta 1829 fue el baluarte del federalismo centroamericano, como lo demostró con claridad el triunfo liberal de ese año encabezado práctica-

2.5.   RETRATO DE BRAULIO CARRILLO.

2.6.   TÚMULO A LOS CAÍDOS DE OMOA.

mente por dicho Estado. Pero, a partir de entonces, El Salvador fue
presa de situaciones conflictivas que desembocan en cruentas guerras
civiles, las cuales no sólo dividen a su elite, sino que arrasan con especial fuerza el territorio, afectando al desenvolvimiento de las actividades productivas. En 1834, con el traslado de la capital federal a San
Salvador, se logró de nuevo estabilidad política y la federación tuvo
un fiel aliado, «...y al primero toque de alarma marchan a sellar con
su muerte que sabrán corresponder a la elevada confianza de la nación...» [58]. La fidelidad salvadoreña para la causa federal se mantendría hasta el final; sin embargo, el soporte económico —factor de vida
o muerte para la Federación— no pudo aportarlo El Salvador, pero sí
Guatemala. En un mensaje de 1836, por ejemplo, Mariano Gálvez denominó a Guatemala: «...principal y fuerte apoyo de la Federación...»,
lo que fue parcialmente cierto por esos años. A partir de 1829 es en
Guatemala donde la Federación encontró menos dificultades, e incluso
más apoyo en general, debido a la relativa estabilidad de que gozó el
régimen galvista hacia 1837. En el triunfo federal contra la extensa
conspiración conservadora de 1832, Guatemala jugó un papel especial;
igualmente cuando se combate en los años de 1833-1834 a la facción
salvadoreña, que cuestionaba la existencia del poder central. Como lo
destacan memorias federales de 1830 y 1831, parece ser que Guatemala
cumplió regularmente con sus obligaciones económicas para con el gobierno federal. A principios de 1836, Guatemala informó que estaba
cumpliendo puntualmente con sus dietas para sostener al Senado y
Congresos federales; lo cual según parece no sucedía con los otros Estados.

Pero las relaciones entre Guatemala y la Federación tampoco estuvieron exentas de conflictos. Al gobierno central se le miraba con desconfianza no sólo porque consumía rentas estatales, sino porque pretendía sobreponerse a intereses localistas. Como los otros Estados, en
1833 Gálvez también se opuso al movimiento reformista que buscaba
fortalecer el poder federal. Es decir, el liberalismo guatemalteco también padeció, aunque tal vez en menor medida, la enfermedad del localismo en que se consumió Centroamérica por esos años: «Cada Estado
querría ser un imperio; los funcionarios del Estado no pueden tolerar
superiores; un Jefe de Estado no puede sufrir a un Presidente» [59]. Hacia
1833, después del triunfo militar sobre el levantamiento conservador,
pareció presentarse la coyuntura para intensificar un proceso de centralización política; la victoria de 1829 aún estaba cercana y la Federación había contado con todos los Estados —excepto El Salvador— en
su lucha contra la extensa conspiración antifederal. Alentado por esa
situación, el Congreso federal quiso imponer un amplio proyecto de
reformas que le dieran al poder central bases más amplias y sólidas,
disminuyendo así la de los Estados. Sin embargo, el proyecto fracasó,
pues encontró oposición cerrada desde Guatemala hasta Costa Rica.

El final de la Federación centroamericana

Ya desde 1832 oscuros nubarrones se cernían sobre la vida política centroamericana; al contrario de lo esperado con el triunfo de 1829, las autoridades federales no habían podido fortalecerse como poder nacional; en más de una oportunidad se había llegado al extremo de verse desconocidas por uno o más Estados. Ocupación de rentas federales, negativa a aceptar decretos, utilización creciente de medios violentos para zanjar diferencias, etc., eran sólo las manifestaciones de un poder central en deterioro. Coincidencia o producto de las mismas causas, la crisis federal alcanzó su punto culminante en el momento que el gobierno galvista en Guatemala era objeto de un cuestionamiento general que lo llevaría, en menos de un año, a su final.

La caída del gobierno galvista se ha atribuido a su reformismo radical; hoy todavía se sostiene que contra su movimiento hubo rechazo general, en el cual el proveniente de los sectores pobres del campo y la ciudad habría sido especialmente determinante. Es innegable que las causas son varias y complejas; también resulta difícil determinar el peso o participación que tuvo cada una en el colapso liberal. Aquel cuestionamiento que vivió el gobierno de Gálvez provino de distintos sectores y perseguía, por consiguiente, distintos objetivos. Algunas medidas, como la creación de cementerios fuera de poblado, venían planteándose desde antes de la Independencia y los liberales, presionados por una posible invasión de cólera por el lado mexicano de Chiapas, no hicieron otra cosa que intentar ponerla en práctica. En algunos lugares, sin embargo, esa innovación creó descontento al herirse costumbres ancestrales, como sucedió en San Miguel Totonicapán donde la creación de un cementerio casi dio lugar a una sublevación indígena.

La ley del matrimonio civil y divorcio no pudo haber despertado la oposición que sostiene la historiografía tradicional. Entre los sectores pobres la relación matrimonial no era entonces la predominante; en zonas rurales y aisladas, con población mestiza, el control administrativo incluyendo el eclesiástico, era casi inexistente, como lo constató Cortés y Larraz para varias localidades que visitó en la segunda mitad del siglo XVIII. En estas condiciones, la unión matrimonial no era cosa corriente; llevarla a cabo costaba también desembolsos que no siempre podían realizarse. En una sola localidad, por ejemplo, Cortés y Larraz pudo constatar treinta y seis casos de concubinato.

Al campesinado indígena el vínculo matrimonial se le había impuesto con fines tributarios; se trataba de una institución prácticamente externa y no pudo haber despertado el alboroto que se le atribuye. En la propia jurisdicción del valle de Guatemala —territorio de los mejor controlados por la Iglesia católica— se dieron en la época colonial altos porcentajes de concubinato. Entre los miembros de la elite la situación fue distinta; hubo oposición a la implantación del matrimonio civil, porque daba la oportunidad de ser utilizada con fines políticos en contra de la dominación liberal; de inmediato se señaló como dañina a las mejores costumbres de la generalidad guatemalteca.

La caída del régimen galvista sólo podemos comprenderla como parte de aquella crisis general que vivió toda Centroamérica en los últimos años de la década del treinta. Como suele suceder en tales casos, esa crisis era producto de varias circunstancias conflictivas: movilidad política introducida por los cambios efectuados a partir de 1823, inestabilidad social resultante de la depresión económica y nuevas cargas tributarias impuestas a la población, de la lucha interfraccional, pues los cambios habían afectado a unos y favorecido a otros, etc. Es decir, había conflictos con raíces inmediatas; pero también los había de orden estructural con orígenes más remotos, que es, por ejemplo, donde se enmarca el levantamiento montañés de oriente que el reformismo liberal sólo había sacado a la superficie.

El levantamiento campesino que daría por tierra el régimen galvista —y al final con la propia Federación centroamericana— tuvo su inicio en el oriente guatemalteco, territorio habitado primordialmente por mestizos, en condiciones de poblamiento similares a las predominantes en los Estados de El Salvador y Honduras.

La región oriental había sido una de las más pobres del Reyno de Guatemala, pobreza condicionada en mucho por una escabrosa geografía, donde el proceso latifundista ya había absorbido parte de las mejores tierras en forma de grandes haciendas. Las comunidades indígenas y el campesinado pobre mestizo fueron relegados de esta forma a las peores tierras, donde tenían que subsistir en condiciones de suma miseria: «La gente anda sumamente desnuda y muchas familias viven en los valles y vegas que forman las montañas que rodean al pueblo en las que hacen sus siembras de caña, cacao, plátanos y milpas; y las que están a mayor distancia es tres leguas... a lo que puedo aumentar que he visto con mis propios ojos varios jacales de indios en dichos valles y vegas y esparcidos por las alturas de los montes» [60].

Como en la época colonial, también en la década de los treinta la región seguía siendo un territorio sumamente pobre: «..sin fomento ni energía y abandonada enteramente su agricultura e industria» [61], donde el Estado liberal había encontrado especialmente dificultades para poder imponer su política tributaria. En ese clima de pobreza, era lógico que las reformas liberales fueran recibidas con gran descontento; sin haber aumentado su capacidad productiva, la población se vio de repente recargada con nuevos impuestos, como sucedió principalmente con el de capitación. Por ello, otra de las reivindicaciones del levantamiento de la Montaña estaría dirigida contra la política tributaria de Gálvez.

La política agraria fue otro factor que creó descontento general; y uno de los proyectos de colonización con inmigración extranjera afectó precisamente al departamento de Chiquimula. La medida encontró de inmediato oposición en varias municipalidades del lugar, pues temíase la pérdida de tierras y la extracción desmedida de madera. Sin embargo, la contrata sólo fue anulada, bajo presión de la amenazante guerra civil, a principios de 1837. Como elite de origen colonial con marcadas tendencias extranjerizantes, liberales y conservadores adoptaron prácticamente la misma ideología sobre la inmigración de población extranjera como factor de modernización, pero en ese momento la medida brindó oportunidad de ser utilizada contra el régimen galvista, y así se hizo: «Publicaron las especies más absurdas e improbables para indisponer los ánimos contra la contrata de colonización, atribuyéndole al Gobierno que la celebró miras antinacionales. Se propagó la alarma hasta el punto de persuadir a aquellos habitantes que estaban reducidos al miserable estado de esclavos, por la venta que se había hecho de ellos a los ingleses»[62]. Rápidamente se extendió por todo el departamento una xenofobia alarmante, la cual sólo menguó cuando el grupo oligarca canalizó a su favor el movimiento campesino.

Aunque las reformas liberales aportaron un último motivo, el levantamiento de la Montaña no se dio contra la administración galvista en particular, sino contra la clase dominante guatemalteca como conjunto. El Estado guatemalteco, débil por encontrarse en una fase de estructuración, fue perdiendo rápidamente uno a uno, en el transcurso de la crisis, todos aquellos atributos que lo colocaban supuestamente sobre los conflictos de la sociedad, y que le concedían su calidad de mediador entre las fuerzas en pugna. El punto más alto de la crisis se produjo sin duda con el levantamiento agrarista, pues fue cuando el Estado liberal perdió su atributo más importante, como lo es el control sobre la población explotada. A partir de ese momento se entró en una etapa verdaderamente difícil, en la que el pavor alcanzó a todos por igual, incluyendo al grupo oligarca que aún no controlaba totalmente el movimiento insurgente. En su desesperación, este grupo llegó a ver en Morazán —su peor enemigo— una posible tabla de salvación: «Que se llame al Presidente sin pérdida de tiempo»[63], igualmente se pensó abandonar Ciudad de Guatemala, «lugar donde todo lo arriesgan»[64].

La situación centroamericana alcanzó en 1837 una etapa decisiva para la consolidación o el fracaso del proyecto estatal reformista que venía ensayándose desde 1823. El estallido de la crisis promovió el surgimiento de nuevas fuerzas políticas y la restauración de viejos grupos, los cuales presionaron para que la crisis encontrara rápida solución. Amenazado seriamente en sus bases tradicionales de elite dirigente, al grupo oligarca a la fecha no sólo le sobraban motivos para oponerse al proyecto reformista, sino también se le presentó finalmente una coyuntura favorable para combatirlo en forma abierta. La crisis había creado una profunda división en la dirigencia liberal que le impedía hacer frente a la situación debidamente, por otro lado, el levantamiento de La Montaña parecía contar, si se le dirigía acertadamente, con fuerza suficiente para terminar con un adversario, contra el cual, por una de esas paradojas de la historia, campesinos pobres y terratenientes ricos cerraban filas.

Desde finales de 1837 el levantamiento montañés sumiría a personas e instituciones vinculadas con el poder en un continuo proceso de deterioro. Entre momentos de verdadero pavor alternados con pausas de respiro, logradas a través del compromiso y manipulación política donde Rivera Paz sería figura clave, la fuerza del movimiento campesino fue utilizada para derrocar al régimen galvista y, a la postre, a la propia Federación centroamericana.

El Estado galvista poco o nada pudo hacer para hacer frente a la situación conflictiva que se le presentó a mediados de 1837 con el levantamiento de Santa Rosa, en el oriente de Guatemala. Desde ese momento las disensiones internas en el grupo liberal fueron en aumento, minando considerablemente su poder político. El grupo oligarca, por el contrario, encontró condiciones favorables que le permitieron recobrar su capacidad política para convertirse rápidamente en una posible alternativa de mando. Políticos conservadores sumamente hábiles, como Pedro y José de Aycinena, Luis Batres, Manuel Pavón, etc., empezaron a jugar un papel decisivo en el desenvolvimiento de la crisis.

La situación conflictiva era generalizada en todo el Estado de Guatemala, al extremo de que Gálvez llegó a temer —como lo había anunciado el levantamiento de San Juan Ostuncalco ocurrido sólo dos meses antes del de Santa Rosa— también una sublevación indígena en la región del occidente. Por otro lado, no se contaba todavía con un sistema de dominación estatal lo suficientemente sólido como para hacer frente a tales situaciones. Hasta el momento, el Estado liberal había contado con bases sociales sumamente exiguas; su principal soporte era Ciudad de Guatemala, donde tenía su asiento un fuerte núcleo artesanal con peso político desde los años independentistas, y que parece llegó a darle apoyo al régimen galvista. Según un escrito de ese tiempo, en los siete años de dominación liberal veintitrés artesanos habían sido miembros de la Asamblea legislativa de Guatemala.

Las autoridades federales tampoco pudieron hacer mayor cosa para salvar al régimen galvista. Como lo hizo Napoléon en una oportunidad al final de su carrera, Morazán también podía asegurar entonces que seguía conservando las mismas cualidades militares que lo habían llevado al poder en 1829. Especialmente, tenía seguidores en las filas castrenses; así lo demuestra el levantamiento de los sargentos ocurrido en la Ciudad de Guatemala a principios de 1838; el cual, tratando de darle soporte militar al tambaleante gobierno galvista, se puso directamente bajo las órdenes de Morazán. Si por un lado era cierto que Morazán seguía conservando las mismas cualidades militares, por el otro también era innegable que la escena política centroamericana había sufrido cambios de consideración entre 1829 y 1838.

En 1829 Morazán encabezó un movimiento ascendente de fuerzas jóvenes que al fragor de la guerra civil había llegado a constituir un bloque político, en cuya unidad se vislumbraba capacidad de gobernar. Encabezado por Morazán, este bloque contaba con estadistas capaces cuya actuación política y popularidad trascendía uno o más Estados, como sucedía con el jefe de Estado salvadoreño Mariano Prado que logró unificar contra Arce oposición con «carácter de nacionalidad», o con el hondureño Dionisio Herrera cuyo papel relevante en los acontecimientos políticos de 1826 a 1829 lo mantendría después como pacificador y hombre de Estado en Nicaragua. Los hermanos Juan y José Francisco Barrundia, Pedro Molina y el doctor Mariano Gálvez, originarios de la provincia de Guatemala, eran otros hombres de significación en el bando liberal. Este último sería la figura más descollante; Gálvez ya había sobresalido en los acontecimientos de 1821, y a partir de entonces mantendría un papel central en la política centroamericana. En esos años ocupó el difícil cargo de la Secretaría de Hacienda en la Federación; de 1831 a 1838 fungiría como Jefe de Estado de Guatemala, época en que intentó implantar un profundo programa de reformas.

La guerra civil de 1826-1829 había demostrado a los políticos liberales muchas cosas; entre otras, que el proyecto estatal federal contaba con enemigos poderosos. La derrota del gobierno liberal guatemalteco en 1826 había sido precedida por un intento casi exitoso de implantar un sistema político de corte centralista, tal y como lo advirtió el Congreso Federal en una de sus últimas sesiones antes de ser disuelto por Arce: «...todo será trastornado y el sistema cambiado en central si la nación no concurre a salvarlo». El intento centralista encabezado por el grupo oligarca guatemalteco no tuvo éxito, pero eso había costado dos largos años de guerra civil, los cuales destruyeron fuerzas productivas y profundizaron rencores localistas. Una de las metas del movimiento oligarca había sido abolir la constitución federal, que trataba de mantener equilibrio político concediendo a los Estados cuota de autonomía en el ejercicio del poder, prerrogativa que se vio seriamente amenazada y le dio a los grupos locales derecho «legítimo» de hacerle la guerra al poder central encabezado por Arce.

Con tal precedente, el año de 1829 replanteaba, como en 1823, la necesidad de un proyecto reformista que minara las bases de viejos sectores oligarcas, medida que se completaría con la expulsión de sus dirigentes más señalados —Manuel José Arce, ex presidente federal;

Mariano Aycinena, ex jefe de Estado guatemalteco; el arzobispo Casaus y Torres, numerosos miembros de órdenes religiosas, etc. —así como de otros españolistas a quienes la proclamación «pacífica» de 1821 había permitido permanecer en el país: «Nunca habiendo cometido Centroamérica acto de hostilidad alguno contra la España, su revolución se efectuó de modo pacífico; y bajo los auspicios de las autoridades realistas; de esto provino que abrigaba en su seno varios enemigos de la Independencia, que su último sacudimiento ha arrojado y reducido» [65].

En esa forma la joven república reiniciaría el difícil camino de la descolonización efectiva. El sistema federal de gobierno permitiría ese reinicio a través de la modernización de la sociedad y sus instituciones; pero para ello debía crearse unidad en una sociedad profundamente dividida no sólo por concepciones políticas antagónicas —liberales y conservadores— sino por razones de mayor envergadura que tenían sus raíces en una matriz socioeconómica con fuertes fracturas, lo cual tampoco lograría borrar la década siguiente.

Como producto de continuas guerras intestinas, y de un proceso de fragmentación de la sociedad centroamericana que se tornaría incontrolable, el bloque político que asumió el mando en 1829 había vivido un intenso período de deterioro y en tanto grupo era casi inexistente hacia 1838. Dirigentes políticos de importancia, como Mariano Prado o Dionisio Herrera, habían sufrido al final desgaste en su liderazgo. En 1830 Dionisio Herrera es llamado «el Iris de la paz»; tres años después su jefatura política cae en entredicho y es calificado como «el origen de la disolución social» nicaragüense [66]. Similar cosa sucedía en Guatemala, donde la división cundió en las filas liberales, enfrentando a sus líderes más significativos, como lo eran Mariano Gálvez, José Barrundia, Pedro Molina y otros.

En lugar de fortalecer vínculos de unidad —que había sido la meta—, en esa época los intereses localistas se encontraban prácticamente entronizados; la mayor parte de las veces usurpando atribuciones propias del poder central, las administraciones locales habían legislado en los últimos años en favor de un enclaustramiento para sus respectivas economías. Así sucedió, por ejemplo, con los decretos que gravaban el comercio interestatal, o con los decretos que usurpaban a la Federación el cobro de la alcabala marítima. El control sobre la emisión de moneda era otra de las atribuciones del gobierno federal; sin embargo, la transición independentista produjo aquí también trastornos; los 400.000 pesos que constituían el fondo de rescates de la casa de la moneda se había agotado en tiempos de la anexión a México y los metales, ante la incapacidad del nuevo Estado para absorberlos, se extraían ilegalmente fuera del país a través de Belice: «...y desde entonces la casa fue en una precipitada decadencia, reducida a acuñar la plata vajilla y una u otra barra de minerales, pues faltando los caudales para el rescate, se han extraído al mercado de Belice, sin obstar la prohibición de la ley»[67]. Además, entre Guatemala y la Federación existía disputa por la propiedad sobre la antigua casa de la moneda, factores todos que le impedían a la Federación cumplir cabalmente con su función nacional de emitir moneda y que dio motivo a que la usurparan los Estados en más de una oportunidad.

Lo anterior no era más que un fiel reflejo de la creciente individualización en las economías locales. En la medida que lo permite la guerra civil —tal como lo destacó un funcionario federal: «...a pesar de las repetidas convulsiones que hemos sufrido, nuestros frutos de exportación se han aumentado considerablemente...»[68]—, un sector de las economías locales se había fortalecido y tomado muchas veces, a través del contrabando, contactos directos con el mercado exterior, lo cual profundizaría el proceso de parcelación en Centroamérica. La grana en Guatemala; el añil en El Salvador; el café en Costa Rica; metales, ganado, maderas preciosas; etc., en los otros Estados, esos productos llevarían el proceso de división hacia adelante. Grupos locales vinculados con estas economías —terratenientes, comerciantes, ganaderos, mineros, etc.—, cuentan con las asambleas, municipalidades, ejércitos, y toda una administración que se ha fortalecido al amparo y a la vez en contra de la constitución federal; con aparatos de dominación que no sólo les permiten imponer internamente su hegemonía, sino también defenderla contra un poder central que se vuelve cada vez más «molesto».

En otras palabras: independientemente de las diferencias o afinidades en relación al orden político apropiado para Centroamérica —lo cual constituía piedra de toque de las acerbas disputas de entonces— se habían formado grupos locales que no sólo le encuentran sabor a un mando incuestionado, sino también a los medios para perpetuarse en él. Un ejemplo puede ser Braulio Carrillo en Costa Rica, o el propio Gálvez que —a través de elecciones manipuladas y por otros medios— logra ser reelegido dos veces.

Ésos fueron, sin duda, fenómenos que profundizarían el localismo centroamericano. La causa final radicó, sin embargo, en que no pudo formarse —ni hubo tiempo para ello— una economía que trascendiera las fronteras internas de los Estados y sirviera de base al poder federal nacional. La política tributaria contribuyó a estrangular un proceso semejante, pues la penuria fiscal presionó para que se gravaran productos que se intercambiaban de un Estado a otro; política que también practicaron las autoridades federales, no sólo con respecto al intercambio interno, sino también con el externo.

A medida que se fortalecen los grupos locales, sin que alrededor del poder central hubiese un proceso similar que le sirva de contrapeso, las autoridades federales van volviéndose «molestas», al extremo de que se niega la necesidad de su existencia. Sobran motivos para cuestionarla; lo que se esgrime con más frecuencia es que los poderes nacionales resultan caros, pues su administración es demasiado grande; por consiguiente debe ser recortada: «El mal es bien conocido, y la voz de la nación es muy clara y perceptible en este particular. La falta de caudales en el erario general, y de los Estados, demandan imperiosamente que la administración pública se reduzca a un plan menos dispendioso: ¿por qué pues no cede el Congreso a los Estados la administración de todas las rentas? ¿por qué no fija para cada dos años el período de las reuniones de los diputados y senadores, acordando al mismo tiempo que no lleven dietas en el tiempo de receso?... ¿por qué no deja que las asambleas reformen sus constituciones particulares sin detenerse en las trabas reglamentarias que impone la constitución federal?»[69]. Pero en realidad lo que se buscaba era socavar la autoridad federal, cuyo poder descansaba a la fecha más que todo en una red administrativa de alguna extensión, y no en bases nacionales amplias que pudiera haber aportado una economía con cierto grado de integración a lo largo del istmo.

Para dar legitimidad a la anterior argumentación, se recurrió incluso a la deformación histórica; se aseguraba, por ejemplo, que el Reyno de Guatemala nunca había constituido unidad en el orden económico, político o administrativo; que ya antes de 1821 las provincias existían como partes prácticamente independientes entre sí. Las diputaciones provinciales, creadas a partir de 1812 con las Cortes de Cádiz, le habrían dado definitivamente a las secciones del Reyno de Guatemala soberanía e independencia. Luego se ha dicho —basándose en el carácter irregular del movimiento independentista en Centroamérica— que las provincias en forma separada se habían hecho independientes, es decir, que ya tenían existencia política propia cuando se instaló la Asamblea Nacional Constituyente de 1823, la que había decretado adoptar el sistema federal como forma de gobierno.

En realidad, con la argumentación citada simplemente se retorcían hechos y vicisitudes especiales del proceso independentista, los que se habían dado también en otras regiones de la antigua América española, por ejemplo en México; pero sin que por ello se dedujera el tipo de consecuencias pretendidas para Centroamérica. El 2 de julio de 1823 la Asamblea Nacional Constituyente emitió un decreto donde se resalta claramente el carácter de los diputados centroamericanos como representantes populares, «...de los pueblos nuestros comitentes», es decir no portavoces de intereses particulares de tal o cual provincia. En el mismo decreto se subrayaba que la soberanía residía incuestionablemente en la Asamblea Constituyente.

Otro motivo —pretexto de crítica—, lo constituyó la cuestión del distrito o capital federal de la nueva república, cuya ubicación definitiva la constitución federal había dejado para resolverlo posteriormente. Mientras las autoridades federales tuvieron su asiento en Ciudad de Guatemala esto despertó celos y desconfianzas, pues se las vinculaba fácilmente a un Estado de supuestas tendencias hegemónicas. Su mayoría en el Congreso —de un total de 42 representantes había acaparado 19 en 1824— y su calidad de principal sostén económico de la Federación hacía temer que llegara a controlar a las autoridades nacionales; animosidad que los liberales guatemaltecos consideraban injusta y denunciaron en más de una oportunidad.

En 1834 el distrito federal fue trasladado a San Salvador, con ubicación equidistante de los otros Estados, lo cual había constituido una de las tantas reclamaciones de ese entonces. Entre Guatemala y la Federación parecían reinar las mejores relaciones; los funcionarios federales fueron acompañados por los locales cerca de una legua, haciendo votos porque el traslado aportara los mejores resultados para la causa nacional; efectivamente, el traslado aportó ventajas: pudo neutralizarse el clima de guerra civil predominante en El Salvador desde 1832 y las autoridades federales encontrarían también más adhesión nacional. Sin embargo, como lo señalábamos, El Salvador había sido golpeado por los conflictos bélicos, y la Federación no pudo encontrar aquí mayor apoyo económico.

Con Estados conflictivos prácticamente independientes frente a un poder central sumido en continuo proceso de deterioro, se llegó a los años difíciles en que se produce la caída de Gálvez. En esa fecha concluía el período constitucional de las supremas autoridades federales, pero el clima de guerra civil ya no permitió la realización de nuevas elecciones. La primera institución en desaparecer fue el senado federal. En forma desesperada, todavía se trató de salvar la situación; el Congreso convocó a elecciones para una Convención Nacional que debía ocuparse de promulgar reformas que fortalecieran de nuevo el pacto federativo.

La medida anterior sería inútil; la guerra civil vivía momentos agudos, y una de sus tendencias más marcadas era precisamente la que buscaba el rompimiento del pacto federativo. El 30 de mayo de 1838 el congreso federal había emitido ya su famoso decreto permitiendo a los Estados organizarse como mejor les pareciere, con la condición de que debían mantener la forma federal de gobierno.

Con la promulgación del decreto anterior, cuyos efectos disolventes se buscó atenuar con otro de 9 de junio del mismo año, se abrieron las puertas a la separación definitiva que venían buscando los Estados. En la elaboración del decreto tuvo participación decisiva el astuto político Juan José de Aycinena, hombre de la oligarquía que había combatido insistentemente la forma federativa de gobierno en artículos polémicos que circularon a lo largo del istmo bajo el nombre del «toro amarillo» [70]. Por los años de 1833 Aycinena fue el promotor intelectual del cuestionamiento que hacen los Estados hacia el poder federal; en 1834 había proclamado abiertamente: «Centroamericanos: cuando desaparezca el poder que hoy os oprime con nombre del gobierno federal, habréis dado el primer paso para dejar de ser miserables: cuando hubiereis recobrado la soberanía que corresponde a cada Estado, seréis libres» [71]. Como diputado guatemalteco formó parte del último congreso federal y, según García Granados, Morazán le habría pedido a Aycinena impedir la promulgación de cualquier decreto que diera lugar a la disolución federal: «...procuró éste hacerle ver que si se llevaba a cabo esa idea y se disolvía el pacto federal, sería muy difícil, y quizá imposible volverlo a reconstruir...» [72]. A pesar de las promesas ofrecidas a Morazán, en el congreso la actitud de Aycinena fue otra: «...pues que de ellos resultaba que don Juan José de Aycinena, lejos de oponerse a que se diese el decreto disolviendo el pacto federal, según se lo había ofrecido el día que se despidió de él, ya en San Salvador se unió a los promotores de la medida, los capitaneó, y aún, según entiendo, redactó el dictamen de la comisión que dictaminó en la proposición que al efecto se hizo» [73]. En los últimos meses de 1838 los estados de Honduras, Nicaragua y Costa Rica entran en rebelión abierta frente al poder central; ocupan sus rentas y los dos primeros vuelven sus armas contra El Salvador, último reducto de la Federación.

En 1838 la crisis centroamericana llegó a una etapa en que, por lo regular, los conflictos sólo encuentran solución final a través del uso de las armas; cerrados todos los caminos de negociación, Morazán trató de resolver la situación recurriendo a ese último recurso. Pero aquí Morazán se enfrentaría también a nuevos obstáculos que ya no podría solucionar. «En diez años de guerras Morazán nunca había sido derrotado...» Aunque la afirmación de Stephens era cierta, y el caudillo liberal como militar no sufriría ninguna derrota trascendental —a no ser la que vivió a principios de 1840 en Ciudad de Guatemala y que lo precipitaría al exilio—, con el levantamiento de La Montaña, Morazán se enfrentó a un nuevo tipo de guerra que ya no era la regular, donde él había obtenido sus mejores laureles. Se trató de una guerra muy particular: ligados al campo y la montaña, los hombres que la sostienen combinan actividades militares con faenas productivas; fue así un enemigo sumamente móvil y escurridizo, con capacidad de volver a levantarse después de cada derrota.

Compuesto de población laboral repentinamente arrinconada a tomar el camino de las armas, el levantamiento montañés no cuenta al principio con eficiencia militar, y sufre derrota tras derrota, como lo destacó García Granados, entonces oficial del ejército federal: «Pero es de advertir que... estaban todavía tan reclutas y poco aguerridos, que 100 hombres de los nuestros vencían casi siempre a 400 ó 500 de ellos; y a esta supuesta superioridad de nuestra tropa debíamos las victorias frecuentes que obteníamos...»[74]. Esa situación no durará mucho. La profundización de la crisis, más un Estado que pierde rápidamente su capacidad represiva —abandono del campo a los insurgentes, etc.— harán que el movimiento pase pronto a la ofensiva. La geografía escabrosa y el tipo de asentamiento le fueron también favorables; dispersa en condiciones de suma miseria en valles, aldeas o rancherías, la población del oriente es levantisca y apoya con rapidez la formación de fuerzas irregulares; a la vez, en momentos adversos, la geografía le permite escurrirse fácilmente al control del ejército enemigo. Frente a su adversario posee varias ventajas, porque sostiene una guerra popular y sus simpatizantes pueden encontrarse en las áreas rurales más lejanas, pero también en las cercanías o en el propio valle de la ciudad capital, lugar de asiento de extensos ingenios azucareros, labores de trigo y haciendas de ganado, donde mozos jornaleros llevan una vida de opresión y miseria. Este hecho dificulta la derrota del movimiento, pues cada campesino o mozo jornalero puede ser simpatizante, colaborador o guerrillero montañés.

Otra ventaja del movimiento montañés es que puede autoabastecerse a través del pillaje o de la propia labor productiva; Rafael Carrera, su líder —él mismo en otros tiempos peón de hacienda— conoce bien la región y las costumbres de su población campesina y procura continuar la guerra sin menoscabar las actividades agrícolas. A no ser las penurias que se resuelven con la improvisación de armamento —utilizando masivamente la lanza— y las que se le arrebatan al enemigo, es un ejército que soluciona sus problemas de aprovisionamiento con relativa facilidad. El ejército federal, por el contrario, debe ser sostenido con medios regulares en tiempos que el grupo pudiente vuélvese reacio a la contribución; por ello es un ejército mal pagado que en condiciones adversas puede ser víctima fácil del desaliento.

La caída del régimen galvista se produjo en medio de una crisis sumamente aguda, en la cual participaron factores de diversa índole: cuestionamientos del orden social, rupturas en la elite, sustitución de formas de mando, etc.; todo ello en un lapso relativamente corto, que abarcó desde mediados de 1837 a principios de 1840, en un clima de extrema violencia. El principal actor de esos acontecimientos lo fue el movimiento montañés, pues introdujo en el seno de la clase dominantes guatemalteca todo tipo de alianzas y rupturas que minarían rápidamente su capacidad de mando. Finalmente es en Guatemala, con el triunfo del levantamiento montañés —instrumentalizado por la fracción oligarquía— donde la crisis centroamericana debía encontrar su solución definitiva.

En realidad, la sociedad centroamericana era entonces un cuerpo todavía mal ajustado en sus distintas partes; con profundas grietas en tanto formación socioeconómica, tal y como lo vino a demostrar su posterior fragmentación estatal. A esto se debió que por momentos la agudización de la lucha de clases parecía desarticular totalmente esa sociedad. Sumidas en plena crisis, sociedad e instituciones llegaron a encontrarse «disueltas»; el principio de autoridad completamente «desprestigiado», «desvirtuado» según juicio de Mariano Rivera Paz, hombre sumamente hábil del bando conservador, que con el apoyo valioso de Rafael Carrera —catalizador del movimiento campesino— le prestaría grandes servicios a la oligarquía guatemalteca en sus momentos más difíciles. El grupo que surgiera triunfante de la crisis tendría la difícil tarea de reorganizar la sociedad, para darle de nuevo «prestigio» a la autoridad, según sus propios intereses de clase.

La solución se encontraría al implantar un gobierno dictatorial, «un ejecutivo enérgico y expedito» —como lo exigió Rivera Paz— el cual tendría por base viejas instituciones que demostraron su efectividad a lo largo de trescientos años de dominación colonial: «...os recomiendo que adoptéis, con las modificaciones indispensables, la antigua división del territorio, a que estaban acostumbrados los pueblos, y, en cuanto fuese adaptable, la forma que establecían las leyes españolas para el Gobierno político. Éstos son los deseos que oigo por todas partes, y que son en mi concepto justos... ¿qué podemos hacer, sino buscar bajo la forma antigua la paz y seguridad que ella nos daba»[75]. El control directo a nivel local se restablecería implantando corregidores al estilo colonial. Éstas y otras medidas, además del apoyo de un ejército considerablemente fortalecido en la última contienda, se encargarían de darle al nuevo régimen político estabilidad y «prestigio».

Deterioro de instituciones estatales, «desprestigio» sufrido por el

2.7.   RETRATO DE RAFAEL CARRERA.

principio de autoridad, etc., todo ello se manifestó en forma simultánea con la aversión general hacia Ciudad de Guatemala; lugar de residencia para una elite terrateniente, y centro emisor de leyes agrarias que habían contrariado los ánimos: «La Capital, como residencia del Gobierno, había venido a ser, por mil equivocaciones, objeto de odio de los pueblos», se lamentaría después Rivera Paz. Por ello, una de las metas del movimiento sería ocupar la ciudad, lo que se llevaría a cabo a principios de 1838. Entonando la Salve como himno de guerra, una enorme masa campesina, acompañada de «...dos o tres mil mujeres con sacos y alforjas para llevar los productos del saqueo prometido», y armados con «...mosquetes oxidados, viejas pistolas, escopetas, algunas con gato y otras sin él, palos en forma de fusil atados», se hizo entonces dueña de la ciudad sembrando el pavor entre sus habitantes [76].

A no ser un botín de ocasión, la supresión de guardas encargados de recaudar impuestos, y la obtención de armas con las que se combatiría después al Gobierno federal, el acto no tendría posteriormente mayor significación para la causa campesina. Para el grupo oligárquico sucedería lo contrario; con ello se presentó finalmente la oportunidad para desalojar al adversario del poder y revocar una a una todas las reformas que amenazaban un *status* de privilegios que cuidadosamente se venía construyendo desde tres siglos atrás. Sin embargo, la situación no era fácil de manejar; si bien es cierto que la oligarquía se aprovecharía de sus frutos, el levantamiento no había sido obra suya, sino respuesta espontánea a la explotación secular agudizada en los últimos años. Antes de tener el movimiento totalmente bajo su control, la élite vivió momentos de verdadero pavor, en que las «masas salvajes», con «la hacha de los bárbaros», amenazaba barrer con todo. Fue en ese trance difícil donde empezó a destacar como posible hombre de la oligarquía la figura de Rafael, quien no sólo podía mediar en el levantamiento, sino que brindaba también la posibilidad de poder encauzarlo en favor de los propios intereses oligárquicos «...y que causó tanto más admiración, cuanta que no siendo sus tropas regularizadas sólo una grande autoridad sobre ellas pudo reducirlas a olvidar los odios que había producido una lucha sangrienta. La paz quedó en el acto restablecida; los pueblos deponiendo las armas a la voz del caudillo» [77].

Sin base programática propia —más bien formando parte de una crisis general donde prevalecieron intereses de las fracciones dominantes en pugna— el levantamiento de La Montaña caería rápidamente bajo la influencia del grupo oligárquico. Si al inicio el levantamiento había sido alimentado por los sectores más pobres del campo, poco tiempo después se le unirían propietarios medianos acomodados —también afectados por la política tributaria de Gálvez— que contribuyeron a mediatizarlo. En las memorias de Carrera se mencionan varios de estos propietarios en la dirección del levantamiento, lo que provocó pugnas con el ala radical encabezada por Mangandí y el indígena Zapeta. El factor religioso fue otro elemento que contribuyó a mediatizar el movimiento campesino; curas sumamente beligerantes, en el fondo enemigos de la causa campesina —los padres Lobo, Durán y Aqueche—, lo utilizaron astutamente para darle al conflicto un cariz religioso, política practicada ya con éxito en la caída del gobierno liberal de Juan Barrundia en 1826. El proceso de mediatización lo vino a completar la participación directa de la elite de Ciudad de Guatemala en el levantamiento. Es así como al lado de reivindicaciones netamente populares y agraristas —abolición de la política agraria liberal, fin de las arbitrariedades del Estado galvista, etc.— fueron apareciendo otras de contenido político-religioso que eran propias del grupo oligárquico: retorno del viejo arzobispo Casaus y Torres, revocación de los nuevos códigos liberales, «y demás leyes que atacan la moralidad pública», destitución inmediata de Gálvez, retorno de los exiliados en 1829, celebración de nuevas elecciones, etc. En dos palabras: guerra abierta a las instituciones políticas y al proyecto reformista implantado a partir de 1823. Ahora bien, si las verdaderas raíces del movimiento se encontraban antes de 1837, era ilógico que perdiera su contenido agrarista de la noche a la mañana; en realidad— aunque deformados o confundidos en luchas interoligárquicas de aquella época— los levantamientos campesinos se repetirían de forma intermitente en las dos décadas siguientes, y en 1848 expulsarían temporalmente del poder al propio Carrera.

CONCLUSIONES

Con la caída del régimen galvista y el consiguiente colapso federal, culminó un período trascendental de la historia centroamericana. Con sus causas más cercanas en los inicios del siglo, dicho período tuvo un momento decisivo en los años de 1811 a 1814, cuando las luchas populares prepararon la proclamación independentista de 1821-1823. A partir de entonces la meta fue construir un nuevo tipo de sociedad y de orden político, lo cual se lograría haciendo reformas profundas que no sólo harían irreversible el paso independentista, sino también colocarían al antiguo territorio colonial a la par de las naciones modernas que en esa época parecían marcar las líneas de desarrollo que debía seguir el nuevo Estado. Esto, sin embargo, no iba a ser una tarea fácil, pues en esos años se inició una etapa tumultuosa en la historia centroamericana; situaciones conflictivas con raíces anteriores a 1800 saldrían a la superficie y, buscando su propia solución, iban a convertirse en escollo para la implantación del proyecto. El legado colonial, como punto de partida, presentaba hacia 1800 profundos desniveles en lo económico e institucional; su grieta más pronunciada lo era una clase dominante dispersa y conflictiva que el proceso independentista logró aglutinar en un solo frente, y por ello constituiría a lo largo del período uno de los principales déficit del proyecto estatal liberal-reformista.

El intento por mantener la antigua unidad colonial a través de una nueva organización política tuvo su etapa más significativa en la década de 1829 a 1839; pero la guerra civil de 1826 a 1829 profundizó ciertas situaciones conflictivas que se extienden peligrosamente a todo el cuerpo social, acentuando la fragmentación local. Es decir, en esa etapa convulsiva, al amparo del sistema federal de gobierno y dentro de un creciente proceso de distanciamiento frente al poder central, los intereses locales consolidan definitivamente su posición construyendo sus propios aparatos estatales y sus cuerpos militares.

Con la cochinilla, el café y otros artículos agrícolas, se empiezan a sentar las bases para un despegue económico, pero sólo producen efectos a nivel local, para los cuales el poder central no cuenta con medios apropiados de encauzarlos a su favor. En tales condiciones, el poder central fue siempre pobre, con un aparato estatal insuficiente para hacer frente a las tendencias autonomistas de unos estados que ven cada vez más en la Federación —la cual trató de sobreponerse a una soberanía local que se defiende hasta con la fuerza de las armas— un poder extraño y «molesto», que al final resultaba innecesario. Aunque a lo largo de esos años se mantiene la unidad, esto se debe más que todo a la ascendencia militar del caudillo unionista Francisco Morazán y además porque Guatemala —que era en ese tiempo el Estado más poderoso de la Federación— logra siete años de estabilidad política que repercuten a favor del mantenimiento de la hegemonía federal.

El proyecto reformista —columna vertebral del proceso federal— iniciado en 1823 e interrumpido de 1826 a 1829; se reinicia con nuevo vigor en ese último año, teniendo como principal escenario al Estado de Guatemala. Éste era el Estado con mayor potencial económico, pero al mismo tiempo —según los liberales— uno de los territorios más atrasados de la nueva república federal, esto debido a la presencia de una oligarquía ultraconservadora, la influencia del clero, y al peso numérico de la población indígena. Para superar dicha situación contradictoria, era necesario implantar reformas profundas que llevarán rápidamente a una modernización de la sociedad y sus instituciones.

Calificado de «utópico» por la historiografía tradicional, sin embargo, el proyecto liberal fue bastante realista, y el propio Gálvez cosecharía ya algunos frutos de su labor reformista. El cultivo de la grana, por ejemplo, se fomentó en forma rápida a través de la exención de impuestos y otros incentivos, y Gálvez pudo obtener así una base de sustentación para su régimen. Gálvez fue también político sumamente hábil; en un peligroso clima de guerra civil, sin detener la implantación de su proyecto reformista, logró neutralizar por siete años consecutivos la beligerante oligarquía derrotada en 1829. Aunque el liberalismo guatemalteco no estuvo exento de tendencias localistas —enfermedad que finalmente acabaría con la unidad—, empero, en momentos de crisis el poder central encontró, por lo regular, en el régimen galvista apoyo seguro.

Como estadista, Gálvez contribuyó a llevar a cabo un intenso proceso renovador por todo lo largo del ámbito de la nueva república; una de sus principales preocupaciones fue el ramo hacendario, no sólo porque éste sufrió fuertes trastornos en el transcurso de la guerra civil, sino porque se le consideraba, con razón, una de las bases imprescindibles del Estado. Por ello, Gálvez llegó a ocupar uno de los cargos más difíciles de la Federación centroamericana, como lo era la secretaría de Hacienda. En realidad, él fue uno de los precursores del estado moderno en Guatemala y Centroamérica; se esforzó especialmente por crear un sistema jurídico apropiado a la nueva época y, efectivamente, el aparato estatal creció y se modernizó considerablemente durante su gestión administrativa. Su capacidad y visión de estadista se comprueban con el simple hecho de que muchas de sus reformas —en ese momento utilizadas para provocar su caída— no fueron anuladas totalmente. La ley orgánica de hacienda emitida a mediados de 1832, por ejemplo, seguía vigente más de un cuarto de siglo después de ser promulgada.

Como a la oligarquía que tomó el poder con Rafael Carrera le interesaba proseguir un proceso que debía cimentar su propia dominación —sobre todo a nivel del Estado que constituía una de las metas inmediatas de la América española recién emancipada— sólo se eliminarían aquellas reformas que se consideraron demasiado modernizantes, principalmente las que daban lugar a una igualdad social considerada peligrosa por una elite fuertemente apegada a los viejos privilegios coloniales.

Aunque al final los resultados no fueron los esperados, Centroamérica había vivido de 1821 a 1840 años epopéyicos en que se luchó con tesón por mantener la unidad; se buscaron también caminos para la modernización que produjera, además de bonanza económica, una sociedad más democrática y justa, al estilo de los Estados Unidos de América, Francia o Inglaterra, como antítesis del sistema español y como ejemplos vivientes a seguirse en Centroamérica. Si los resultados fueron otros; si la desigualdad social y la pobreza sólo se profundizarían, esto tampoco pudieron evitarlo aquellos dirigentes que veían en el sistema burgués de dominación política el régimen más apropiado para encauzar la vida del nuevo Estado. En las personalidades de Gálvez, Morazán y de otros dirigentes políticos, Centroamérica produjo en esos años estadistas capaces y de espíritu heroico; primero sucumbirían en su empresa antes que abandonar la meta unionista. Pero aquel período también produjo otro tipo de hombres: un Francisco Ferrera en Honduras, un Francisco Malespín en El Salvador, un Braulio Carrillo en Costa Rica y un Rafael Carrera en Guatemala, quienes serían los bastiones de intereses localistas e implantadores definitivos de la forma oligárquica de mando político. La figura de Rafael Carrera destaca significativamente, porque aprovechándose de la fuerza del movimiento campesino para favorecer los intereses de una oligarquía poderosa, echó por tierra la unidad centroamericana e impidió para las próximas décadas todo intento de reunificación.

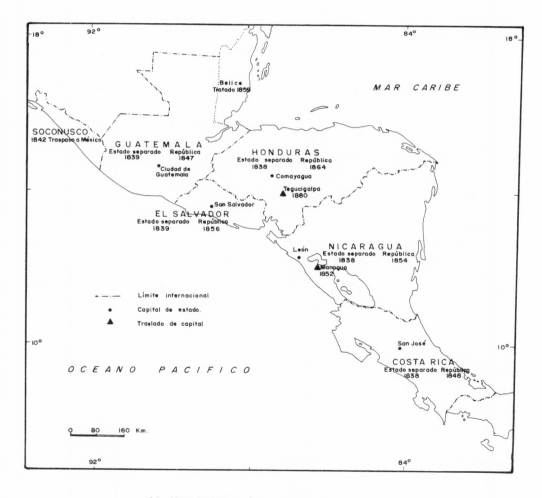

2.8. MAPA DE LAS REPÚBLICAS SEPARADAS, 1840-1864.

NOTAS

1. Gutiérrez y Ulloa, A., *Estado General de la provincia de San Salvador, Reyno de Guatemala (año de 1807)*. (San Salvador: Ministerio de Educación, 1962.)

2. Informe reservado del presidente de la Audiencia de Guatemala José de Bustamante. Guatemala, 30 de enero de 1821. AGI/AG. Leg. 631.

3. *Escritos del Licenciado José Cecilio del Valle*. (Guatemala: Ed. Ministerio de Educación Pública, 1969), tomo I, pág. 44.

4. Don Mateo Ibarra Síndico del Real Consulado de Guatemala, Guatemala, 27 de enero de 1815. AGI/AG. Leg. 631.

5. Marure, A., *Bosquejo Histórico de las Revoluciones de Centroamérica desde 1811 hasta 1834*. (Guatemala: Editorial del Ministerio de Educación Pública —José de Pineda Ibarra—, 1960), tomo I, págs. 43-44.

6. Sala Capitular de Guatemala, 12 de noviembre de 1811, AGI/AG. Leg. 631. El escrito lo firmaban: Lorenzo Moreno, Domingo José Pabón, José María Peinado, Antonio Isidro Palomo, Gregorio de Urruela, Pedro José de Beltranena, Juan Bautista de Marticorena, José Aycinena, Juan Francisco Toboada, Manuel José de Lara, Juan Payes y Font, Antonio de Arrivillaga, Francisco Pacheco y Beteta, Julián Batres y Juan Bautista de Asturias.

7. Ibid.

8. Marure, A., 1960, tomo I., págs. 50-51

9. Citado por César Brañas: 1969, pág. 100. Las «Instrucciones» de 1811 fueron firmadas por José María Peinado y llevadas a Cádiz por Larrazábal en representación del Cabildo guatemalteco.

10. Sala Capitular de Comayagua, 11 de febrero de 1814. AGI/AG. Leg. 631.

11. Informe reservado del Presidente de Guatemala, José de Bustamante y Guerra. Guatemala, 30 de enero de 1812. AGI/AG. Leg. 631.

12. Escrito del Gobernador, Justicias y Común del Pueblo de Comalapam, sin fecha, AGI/AG. 502.

13. Durón, R. E., *La provincia de Tegucigalpa bajo el Gobierno de Mallol (1817-1821)*. (Tegucigalpa: Tipografía Nacional, 1904), pág. 10.

14. Nueva Guatemala, 16 de agosto de 1809. AGI/AG. Leg. 417.

15. El intendente Jefe Político de San Salvador da parte a Vuestra Alteza de la conmoción acaecida en la Capital de la provincia del mismo nombre, el día 24 de enero último. San Salvador, 9 de marzo de 1814. AGI/AG. Leg. 631

16. Houdaille, J., «Negros franceses en América Central a fines del siglo XVIII» en *Revista de Antropología e Historia de Guatemala*, vol. VI, No. 1 (enero): 1954, pág. 66.

17. Del mismo documento citado en la nota 15.

18. El capitán general de Guatemala da parte documentada, véase la nota 5.

19. Martínez Peláez, S., *La Patria del Criollo; Ensayo de interpretación de la realidad colonial guatemalteca*, 2.ª ed. (San José: EDUCA, 1973), pág. 717.

20. Informe reservado del capitán general de Guatemala, José de Bustamante y Guerra. Guatemala, 20 de marzo de 1812. AGI/AG. Leg. 631.

21. Memoria presentada por el Secretario de Estado y del Despacho de relaciones interiores y exteriores, justicia y negocios eclesiásticos, a la Legislatura del año de 1832, Pedro Molina. Guatemala, 26 de marzo de 1832. F. O. 254/4, fols. 86-98.

22. Exposición presentada al Congreso Federal al comenzar la sesión ordinaria del año de 1826, por el Secretario de Estado y del Despacho de Relaciones Exteriores e Interiores, Justicia y Negocios Eclesiásticos, Juan Francisco de Sosa. Guatemala, 3 de marzo de 1826. Guatemala. Imprenta Mayor.

23. Breve idea del ramo de Hacienda presentada por el Secretario del Despacho Mariano Gálvez a la Asamblea del Estado al continuar las sesiones interrumpidas en 1826. Mariano Gálvez. (Guatemala: Imprenta de la Unión, sin fecha.)

24. Decreto del Estado de Guatemala del 27 de enero de 1825. Antigua Guatemala, Juan Barrundia, diputado presidente.

25. Decreto del Estado de Guatemala del 9 de junio de 1830. Ciudad Guatemala, José Bernardo Escobar; diputado presidente.

26. Salazar, R. A., *Historia de Veintiún Años; la Independencia de Guatemala*, 2.ª ed. (Guatemala: Ministerio de Educación Pública, 1956), tomo II, pág. 237.

27. Ibid.

28. Así concluía textualmente el primer artículo del Acta de la Independencia, citada por Salazar, R.; ibid., págs. 283-286.

29. Artículo 10.º, ibid., pág. 285.

30. García, M. A., *Diccionario Enciclopédico de la República de El Salvador*. (San Salvador: Imprenta Nacional 1958), tomo 3, pág. 371.

31. Valle, R. H., *La anexión de Centro América a México (Documentos y escritos de 1821-1822)*. (México: Secretaría de Relaciones Exteriores, 1928), tomo II, págs. 51 y 52.

32. Valenzuela, G.: 1961, tomo III, pág. 18

33. Valle, R. H.: 1928, tomo II, pág. 260.

34. *Textos fundamentales de la Independencia centroamericana*. Selección, introducción y notas de Carlos Meléndez. (San José , C. R.: EDUCA, 1971.)

35. Valenzuela, G., *Bibliografía Guatemalteca*. (Guatemala: Ed. José de Pineda Ibarra, 1961), tomo III, pág. 17.

36.   Citado por Tobar Cruz, P., *Los Montañeses, la Fracción de los Lucíos*. (Guatemala: Editorial Universitaria, 1961), pág. 60.

37.   García, M. A.: 1958, pág. 372.

38.   Para que los reos detenidos en San Francisco sean juzgados fuera de Guatemala, exposición de la Asamblea guatemalteca al Congreso Federal. Boletín Oficial, año de 1832, págs. 182-187.

39.   La Comisión de Hacienda de la Asamblea Nacional Constituyente. Guatemala, 20 de abril de 1824. F. O. 254/2, fols. 16-18.

40.   Córdova, J. F., *Voto del ciudadano José Francisco Córdova, Diputado por Santa Ana y Metapam, dado en la sesión de la A.N.C. del 7 de julio de 1824, sobre el proyecto de Constitución presentado por la comisión respectiva, y comenzado a discutir en 5 del mismo mes*. (Guatemala por Beteta, año de 1824), pág. 11.

41.   Real Tribunal de Cuentas, Antonio M. de Rivas. Guatemala, 9 de junio de 1818. AGI/AG. Leg. 498. El dato sobre las tropas acantonadas en Nicaragua en 1812: Informe de Real Hacienda. Nueva Guatemala, 3 de mayo de 1813. AGI/AG. Leg. 743.

42.   Marure, A.: 1960, tomo II, págs. 592-593.

43.   Memoria presentada al Congreso Federal de Centro América al comenzar sus sesiones ordinarias del año de 1832 por el Secretario provisional de Estado y del Despacho de guerra y marina, Pedro José Valenzuela. Guatemala, 15 de mayo de 1832.

44.   Mensaje presentado al Congreso Federal al abrir las sesiones ordinarias el 12 de abril del año de 1830 por el Senador Presidente de la República, José Barrundia. Guatemala, Imprenta Nueva.

45.   Montúfar y Coronado, M., *Memorias para la Historia de la Revolución de Centroamérica (Memorias de Jalapa), recuerdos y anécdotas*. (Guatemala: Biblioteca Guatemalteca de Cultura Popular, Ministerio de Educación Pública, 1963), tomo II, pág. 286.

46.   Ibid.

47.   Memoria que leyó en la Cámara del Senado el Señor Secretario del Despacho del Despacho de Hacienda Licenciado Francisco Castellón. Managua, 13 de mayo de 1847.

48.   Mensaje del Presidente de la República, leído en la apertura de la misma sesión, Francisco Morazán. San Salvador, 21 de marzo de 1836. Imprenta Mayor.

49.   Montúfar y Coronado, M.: 1963, tomo II, pág. 286.

50.   Stephens, J. L., *Incidentes de viaje en Centroamérica, Chiapas y Yucatán*. (Costa Rica: EDUCA, 1982), tomo II, pág. 77.

51.   Memoria que presentó al Congreso federal de Centro América el Secretario de Estado y del Despacho de hacienda del Supremo gobierno de la República el 26 de marzo de 1831 en la Legislatura ordinaria del mismo año Pedro José Valenzuela. Guatemala, Imprenta Nueva.

52.   Mensaje del vicepresidente de la República leído en la apertura de las sesiones ordinarias del Congreso de este año. Gaceta del Gobierno Federal. San Salvador, 8 de mayo de 1835. F. O. 254/1, fols, 388-392.

53.   Exposición que al comenzar la actual Legislatura ordinaria hizo al Congreso Federal de esta República, el Secretario de Estado y del Despacho de Hacienda, sobre los negocios de su respectivo cargo: leída por partes en las sesiones de los días 20 y 23 de abril y 4 de mayo del corriente año de 1830, Mariano Gálvez. Guatemala, Imprenta Nueva.

54. Del mensaje de la nota 52.

55. Mensaje presentado al Congreso Federal al abrir sus sesiones ordinarias el 12 de abril de 1830 por el Senador Presidente de la República, José Barrundia. Guatemala, 12 de abril de 1830. Imprenta Nueva.

56. Del mensaje citado en la nota 44.

57. Stephens, J. L.: 1982, tomo I, pág. 330.

58. Del mensaje de Morazán de 1836.

59. Stephens, J. L.: 1982, tomo I, pág. 330.

60. Arbitraje de Límites entre Guatemala y Honduras, Alegato, sección anexos: 1932, págs. 56-62.

61. Boletín Oficial n.º 64. Guatemala, 1.º de septiembre de 1834.

62. Memoria que el Secretario General del Despacho presenta a la novena Legislatura del Estado, leída el 12 de febrero de 1836. Carlos Salazar. Guatemala, Imprenta de la Nueva Academia de Ciencias.

63. Minuta de las peticiones que la comisión [de propietarios] presentó al Gobierno. Guatemala, 25 de febrero de 1838. F. O. 254/2, fol. 145-146. Sobre esto véase también García Granados, M.: 1952, tomo IV, pág. 496.

64. Exposición presentada al Gobierno por algunos propietarios. Guatemala 25 de febrero de 1838. F. 0. 254/2, fol. 145. La exposición la firmaban, entre otros, Pedro de Aycinena, José de Nájera, Manuel José Piñol, Carlos Klée, Jorge Skinner, Luis Batres, etc.

65. Nota que le pasó el teniente coronel Juan Galindo encargado de la conducción del P. Arzobispo de Guatemala y varios religiosos desterrados de allí al capitán general de Cuba, La Habana, agosto 20 de 1829, citado en Vela, D. *Barrundia ante el espejo de su tiempo.* (Guatemala: Editorial Universitaria, 1956-1957), tomo I, pág. 196.

66. Al Ciudadano Jefe del Estado Dionisio Herrera, Villa de Rivas 24 de mayo de 1833. Boletín Oficial n.º 36. Guatemala, 22 de junio de 1833.

67. De la exposición citada en la nota 53.

68. Mensaje del vicepresidente de la República leído en la apertura de las sesiones ordinarias del Congreso de este año José Gregorio Salazar. San Salvador, 8 de mayo de 1835. Gaceta del Gobierno federal. F. O. 254/5, fols. 98-101.

69. Dictamen de una comisión de la Asamblea [de Guatemala] sobre no admitir el decreto del Congreso en que convocó a una Asamblea Constituyente. Boletín Oficial n.º 39. Guatemala, 15 de julio de 1833.

70. Sobre esto véase especialmente Vela, D.: 1957, tomo II, págs. 109 y siguientes.

71. Ibid., pág. 130.

72. García Granados, M. *Memorias del general Miguel García Granados.* (Guatemala: Ed. del Min. de Educación Pública, 1952), tomo IV, pág. 506.

73. Ibid, pág. 514.

74. Ibid, pág. 497.

75. Memoria que presentó a la Asamblea Constituyente, en su primera sesión, el Consejero Jefe del Estado de Guatemala, por medio del secretario del Despacho de relaciones, Mariano Rivera Paz. Guatemala, 31 de mayo de 1839. Imprenta del Gobierno del Estado a cargo de Anselmo España.

76. Stephens, J. L.: 1982, tomo I, pág. 221.

77. Informe dado a la Asamblea Constituyente por el Presidente del Estado de Guatemala sobre los sucesos ocurridos desde que la misma Asamblea suspendió sus sesiones, y sobre el estado en que se halla la administración pública. Leído en sesión pública del día 14 de julio de 1840, Mariano Rivera Paz, Imprenta de la Antigua Academia de Estudios.

Capítulo 3

ECONOMÍA Y SOCIEDAD
(1810-1870)

Héctor Lindo Fuentes

Existe un consenso entre los historiadores en el sentido de que el rápido aumento en las exportaciones agrícolas que se dio en el siglo XIX dejó una marca indeleble en las sociedades y las economías de Centroamérica. Entre los ejemplos más recientes de este consenso se encuentra Héctor Pérez Brignoli, quien dice que la expansión del cultivo del café que se dio en esa época «introdujo cambios estructurales fundamentales en el mercado de la tierra, las relaciones laborales, los negocios y la organización financiera»[1]. Victor Bulmer-Thomas comparte a grandes rasgos esta interpretación cuando nos dice que el rápido aumento de las exportaciones en el medio siglo que precedió a 1920:

> Transformó las relaciones sociales de la región. La elite tradicional, que consistía en una pequeña clase mercantil y en terratenientes con grandes intereses ganaderos, comenzó a ser reemplazada por un poderoso grupo asociado con el sector de exportación, ya sea como agricultores, comerciantes o financieros[2].

Las citas anteriores nos sugieren que una forma útil de ver las transformaciones económicas del siglo XIX es a través del prisma de su legado, y que nuestra atención debe enfocarse principalmente en el estudio del impacto de la expansión de las exportaciones sobre la formación de la sociedad y del Estado. Es posible preguntarse, sin embargo, exactamente cuándo se dio ese rápido aumento de las exportaciones y se introdujeron los cambios estructurales fundamentales a los que se refiere Pérez Brignoli. En el resto de este trabajo se sostendrá que el cambio de dirección de la economía de Centroamérica empezó a acelerarse después de la inauguración del ferrocarril de Panamá en 1855 y no después de las reformas liberales como lo sostiene Bulmer-Thomas.

La expansión de las economías no se realizó en el vacío sino sobre un sistema anterior. Es importante comprender qué herramientas tenían los nuevos países para adaptarse a nuevas realidades. Entonces, el punto de partida de este ensayo será una breve discusión de aquellos aspectos de la herencia colonial que tenían influencia directa sobre la economía. Nos interesa la correspondencia entre recursos heredados de la colonia y necesidades impuestas por el crecimiento de la producción en la segunda mitad del siglo. El propósito es explorar cómo esta interacción entre el estímulo externo y la respuesta interna, entre el legado del pasado y la promesa del futuro, imprimió un carácter específico a cada uno de los países del istmo.

LA HERENCIA COLONIAL

El primer paso es discutir el significado del legado colonial a la luz de la forma en que reaccionó a la presión de la expansión de las exportaciones. Es una idea ampliamente aceptada que desde el punto de vista económico para América Latina la principal herencia de la colonia fue la hacienda. Una de las formulaciones más conocidas de esta posición es la de Stanley y Barbara Stein quienes dicen que:

> La herencia más significativa del colonialismo ibérico fue la tradición de la gran propiedad agrícola, que producía alimentos y materias primas para el consumo local o para exportar a Europa Occidental. Representaba un tipo de organización social, una fuente de prestigio social y poder político así como de riqueza e ingreso. Hasta el siglo XX, la base de la oligarquía de América Latina ha sido el monopolio y acceso a la propiedad de la tierra [3].

Lo primero que haremos es descartar esta noción para el caso de Centroamérica, donde entre todos los factores de producción (capital, trabajo, tierra y capacidad empresarial) la tierra era, con mucho, el más abundante. ¿Cómo es posible que el control del factor más abundante fuera la clave de la riqueza? Las haciendas eran algo más que la simple propiedad de tierra, eran un complejo económico en el que se organizaban todos los factores de producción para llevar a cabo una actividad productiva; lo que importaba era la capacidad de adquirir y organizar todos los factores.

Ciertamente la hacienda era la localización física y visible de estas actividades, pero identificar la riqueza con la tierra es un error. Había otras formas de propiedad de la tierra (ejidos, tierras comunales) donde se llevaban a cabo actividades productivas con más o menos éxito.

Había, además, vastas tierras realengas sin dueño. Dada su abundancia relativa, la tierra no era el factor más difícil de adquirir; la capacidad empresarial, el crédito y la mano de obra eran, en ese orden, los factores más escasos. No es sorprendente, por lo tanto, observar que durante el período colonial las mayores fortunas fueron hechas por los comerciantes guatemaltecos, quienes, aprovechando las regulaciones impuestas y los privilegios otorgados por el régimen español, mostraron la mayor capacidad para organizar actividades económicas complejas y eran la príncipal fuente de crédito. Cabe señalar que era mucho más fácil empezar de comerciante y terminar con propiedad territorial que empezar de terrateniente y terminar de comerciante exitoso. (Es difícil hablar de comerciantes o de productores en abstracto; una de las características de la vida económica de la época era la poca división del trabajo, lo que se quiere decir es que para algunos individuos la principal ocupación era la de comerciante y para otros la de productor.)

La discusión, por supuesto, no se puede limitar a la comparación de factores de producción. El régimen colonial implicaba una serie de regulaciones que garantizaban el acceso desigual a cada uno de los factores, el limitado sistema educativo reducía el universo del cual podían surgir los empresarios exitosos, las restricciones comerciales hacían que el comercio internacional (la principal fuente de acumulación de capital) quedara en las manos de españoles y criollos. Es más, la esencia misma de la situación colonial hacía que la población indígena estuviera reducida a la posición de mano de obra y que las formas de reclutamiento de ésta fueran, con frecuencia, de tipo forzoso y, por último, que el acceso a la tierra estuviera asimismo determinado por regulaciones coloniales que crearon un mosaico de unidades con diferente *status* legal, amén de las vastas cantidades de tierras realengas. Esta situación creó una clara división de la sociedad en la que la dimensión étnica y el grado de vinculación a las autoridades coloniales jugaban un papel de enorme importancia.

Las restricciones comerciales que imperaron durante la mayor parte del período colonial tuvieron otra consecuencia notoria: determinaron la dirección de las exportaciones y de la red de transportes (por limitada que fuera). Había dos salidas para los productos de la región, por un lado el llamado Golfo Dulce, que salía al Golfo de Honduras, a donde se dirigía la actividad comercial controlada por los comerciantes guatemaltecos e incluía las exportaciones de Guatemala, El Salvador y Honduras principalmente. Por otro lado, los países del sur, que escapaban con más facilidad al control central, dirigían su limitado comercio al contrabando o a los mercados de Suramérica.

La actividad económica se veía limitada no sólo por la dotación de factores de producción o por la red de transportes. El tamaño de la demanda se mantenía reducido principalmente debido a la falta de desarrollo de los mercados internos y a que el sector externo afrontaba la gran barrera de altísimos costes de transporte. La pequeñez del sector externo era resultado, pues, no sólo de la existencia de una situación colonial, sino también de la falta de mercados para los productos de Centroamérica y los altos costes de transporte para productos que se producían en la costa del Pacífico y se debían exportar a mercados que estaban del otro lado del Atlántico. En la siguiente sección se discutirá, a manera de ilustración, la economía del añil y luego se evaluará la herencia colonial de acuerdo con los criterios recién esbozados: papel de los factores de producción, mercados y rutas comerciales.

Producción y comercialización del añil

A principios del XIX, aparte de la pequeña cantidad de habitantes que se dedicaban al comercio, pequeñas artesanías y la burocracia civil y militar, la gran mayoría de los centroamericanos se dedicaba a la agricultura de subsistencia. La agricultura de exportación, por otro lado, era una parte relativamente pequeña de la actividad económica. No obstante, vale la pena analizarla con detenimiento pues constituyó la principal fuente de ingresos para la elite colonial y, además, con el correr del tiempo, sirvió de base para el sector más dinámico de la economía. Sin lugar a dudas el añil era el principal vínculo comercial con la metrópoli; su cultivo y comercialización constituían la actividad económica más compleja de la colonia, y sus cultivadores y comerciantes eran los ciudadanos más influyentes. Es más, la comercialización del añil servía de base para que un pequeño grupo ejerciera control sobre gran parte de las relaciones mercantiles a lo largo de la colonia.

Una breve discusión de su cultivo, procesamiento y comercialización deja en claro tres características de la economía colonial: la persistencia de formas de cultivo tradicional que permanecieron inalteradas por siglos, el impacto de la agricultura comercial sobre la mano de obra y el papel crucial que jugaron el crédito y los contactos comerciales para que la elite mercantil guatemalteca se apoderara de la mayor parte de sus beneficios. Cabe enfatizar este último punto: el ejemplo del añil muestra que el control del crédito y de los mecanismos de comercialización y no la propiedad de la tierra eran la clave para obtener poder económico.

Aunque la zona de cultivo del jiquilite, la planta de la que se extraía el añil, abarcaba desde el occidente de Guatemala hasta las costas del lago de Nicaragua, la mayor parte se cultivaba en El Salvador. Tanto su cultivo como su procesamiento eran sencillos y se llevaban a cabo de acuerdo con técnicas que permanecieron prácticamente inalteradas desde el siglo XVII. A finales del siglo XVIII el método de cultivo se

3.1. HACIENDA DE AÑIL.

describió de la forma siguiente: en enero y febrero se desbrozaba el terreno, en marzo se quemaban los campos y se esparcía la semilla, la cual germinaba con las lluvias de abril. Al llegar mayo y junio se deshierbaba, procedimiento que se repetía a finales de agosto o a principios de septiembre, y a finales de ese mes, o en octubre, se cosechaban las hojas y se procesaban.

Los obrajes en los que se procesaban las hojas consistían en dos pilas de ladrillo contiguas y escalonadas. Las hojas recién cortadas se ponían a remojar en la pila más alta, la cual estaba llena de agua. Después de unas 10 o 12 horas, cuando las hojas se habían fermentado lo suficiente (el punto de fermentación se reconocía porque el líquido cobraba un color verde pálido) se pasaba todo al tanque inferior. Dicho tanque contaba con una rueda de paletas que se operaba manualmente o con la ayuda de animales y cuyo objeto era agitar el líquido. La rueda se mantenía en movimiento hasta que el líquido cambiaba de color primero a celeste y luego a un azul más profundo. El color era importante para determinar el «punto» en el que la concentración de añil llegaba al máximo; esta determinación correspondía al «puntero». Una vez satisfecho con el color del líquido fermentado, el puntero paraba la rueda. Al suspenderse el movimiento un sedimento azul se depositaba lentamente en el fondo del tanque. Durante la sedimentación el agua recuperaba su transparencia natural. Terminada esta etapa, se dejaba correr el agua y se sacaba el sedimento al sol para que se secara. Una vez seco, el añil estaba listo para envolverlo en esteras de palma o «petates» y luego en «zurrones» o bolsas de cuero de 150 libras de capacidad en los que habría de viajar a Europa. Ni el conocimiento necesario para llevar a cabo estas actividades, ni la inversión de capital, ni las demandas de mano de obra, que se limitaban a la época de la cosecha, imponían barreras que llevaran a una estructura monopolística. De hecho, hasta finales del siglo XIX buena parte de la producción estuvo en manos de pequeños productores conocidos como «poquiteros».

Durante la época de la cosecha las haciendas de añil siempre estaban cortas de brazos, de tal forma que sus propietarios, con la complicidad de las autoridades, buscaban cualquier artimaña para obtener mano de obra. A finales del período colonial el repartimiento, el endeudamiento y el pago de salarios eran las formas principales para obtener la fuerza de trabajo necesaria para la agricultura comercial. La escasez de brazos era tal que a finales del siglo XVIII la Corona autorizó el repartimiento de ladinos, mulatos, mestizos, zambos y negros para trabajar en los obrajes de añil. A pesar de que las Cortes de Cádiz abolieron todo tipo de trabajo forzado, el repartimiento continuó junto con el peonaje por deudas. Los imperativos de la vida económica siempre tuvieron prioridad sobre la legislación de autoridades distantes.

Las principales redes de distribución se articulaban alrededor del comercio del añil «fruto casi único que sostiene las relaciones del comercio con la metrópoli» como decían las instrucciones del diputado del Reyno de Guatemala a las Cortes de Cádiz [4]. Los comerciantes guatemaltecos eran los árbitros de dicho comercio; ellos constituían, en las palabras de Troy Floyd, «un monopolio compuesto de una falange de criollos y peninsulares estrechamente entrelazados por vínculos matrimoniales, de sangre y comerciales» [5].

El poder de los comerciantes residía en sus vínculos con las casas comerciales españolas (las cuales compraban el tinte y, a cambio, vendían artículos manufacturados), su papel como proveedores de crédito, y su habilidad al crear un sistema prácticamente inexpugnable para sus competidores. El sistema funcionaba aproximadamente de la siguiente forma: los pequeños productores de añil llevaban su producto a las ferias locales si podían transportarlo, si no, lo vendían a buhoneros o a grandes productores, quienes tenían acceso a mulas. En las ferias locales los principales compradores eran grandes productores que contaban con recuas de mulas para hacer el viaje hasta la gran feria anual de Guatemala. Ahí esperaban los comerciantes guatemaltecos, quienes estaban listos para practicar el triple papel de exportadores de añil, importadores de manufacturas europeas y prestamistas. Los productores, después de interminables regateos, salían de la feria con préstamos en dinero o en productos importados o locales, todos recibidos de los comerciantes, y al llegar a sus localidades se convertían en distribuidores para los comerciantes vendiendo en las ferias o colocando la mercancía a través de terceros. De esta forma la suerte de los comerciantes guatemaltecos estaba íntimamente ligada a la de los productores salvadoreños, nicaragüenses y hondureños, y las ferias eran el escenario de las principales transacciones comerciales.

Tal como lo describe Juan Carlos Solórzano en el capítulo 1 de este volumen, el control del crédito también permitía a los comerciantes controlar la actividad comercial generada por el repartimiento de bienes. Los alcaldes mayores, necesitados de una fuerte suma para depositar la fianza exigida por las autoridades coloniales, recibían un adelanto de parte de un comerciante. El objetivo de este último no era inocente: el alcalde mayor quedaba así atado para repartir las mercancías que le facilitaba el comerciante empezando así el ciclo del repartimiento de bienes.

El sistema estaba lleno de fricciones; la relación entre productores de añil y comerciantes, por ejemplo, era poco armoniosa; los primeros tenían incontables quejas para con los segundos, quienes tenían la última palabra a la hora de discutir los precios y los términos de los créditos. A fin de mediar en estos conflictos, las autoridades coloniales hacían esfuerzos intermitentes para regular los precios del añil y decretaron la creación del «Montepío de Cosecheros de Añil», una institución diseñada para sustituir a los comerciantes en el mercado del crédito.

El poder de los comerciantes, sin embargo, era difícil de contener. Después de todo, gracias a sus conexiones en España, ellos tenían la llave del comercio con Europa y, gracias a su capacidad de otorgar crédito, podían controlar las redes de distribución internas. Algunos de estos comerciantes eran hábiles hombres de negocio peninsulares que habían visto las posibilidades comerciales del añil y se habían instalado en Guatemala, donde rápidamente se vincularon a las familias más establecidas de la capital. En fin, tenían el conocimiento de prácticas comerciales a ambos lados del Atlántico, cosa que pocos tenían en la colonia.

Los principales participantes en este intercambio eran los guatemaltecos y los salvadoreños. Honduras y Nicaragua participaban en menor medida con un poco de añil o con ganado que se vendía en las ferias para carne y para que sus cueros se usaran para fabricar zurrones. La vinculación entre los mercados internos y el comercio del añil a través del crédito permitía que los mercados tuvieran un alcance que, dadas las dificultades en el transporte, no hubiera sido posible de otra forma. El margen de beneficio del añil, un producto de alto valor por unidad de volumen, permitía absorber los altos costos de transporte y es por eso que los productores estaban dispuestos a hacer los largos viajes desde Honduras y El Salvador hasta Guatemala. Luego, en el camino de regreso a sus lugares de origen, llevaban productos importados y artesanías locales que no siempre hubieran justificado el viaje por sí mismos. Costa Rica se encontraba prácticamente aislada de este intercambio; más bien participaba, junto con Nicaragua, en otra red comercial que se vinculaba a los mercados de Panamá y América del Sur.

Las redes comerciales de Centroamérica, entonces, recibían su lógica del sistema colonial: de las restricciones que privilegiaban a aquellos con vínculos comerciales en Cádiz, de exacciones tributarias que obligaban a los indígenas a participar en el mercado, y del papel de los alcaldes mayores. Después de 1821, una vez desaparecida su lógica, las redes comerciales de la época colonial estaban condenadas a desmoronarse.

Crédito

Una parte clave del monopolio ejercido por los comerciantes guatemaltecos era la escasez de crédito. La principal modalidad de crédito eran las «habilitaciones», que consistían en préstamos, parte en dinero parte en mercadería pagaderos en especies a un año. Como se describió, anteriormente, el productor de añil, en su papel de comerciante de provincias, recibía mercancías y dinero y se comprometía a pagar al año siguiente con la cosecha de añil. El interés nominal era del 5%, pero en la realidad era mucho más alto pues el mayorista recibía el añil a precios negociados a su favor además de valuar la mercancía otorgada a su mayor conveniencia. El sistema de habilitaciones se repetía a diferentes niveles de la actividad comercial. Existía una jerarquía de crédito; en primera instancia se daba la transacción recién descrita entre comerciantes mayoristas y vendedores al por menor en la capital y en las provincias. Éstos, en una segunda instancia, extendían crédito a pulperos y buhoneros, quienes hacían llegar la mercancía importada hasta los últimos rincones de la colonia. A nivel provincial se daba una variante en la que los alcaldes mayores funcionaban como agentes de los comerciantes guatemaltecos y daban habilitaciones a añileros en grande y en pequeño (poquiteros).

Además de los comerciantes guatemaltecos había otras dos fuentes de crédito: la Iglesia y el Montepío de Cosecheros de Añil. Estas fuentes de crédito, de por sí limitadas, estaban en seria crisis al terminar el período colonial. Primero, la guerra entre España e Inglaterra interrumpió el comercio; entre 1798 y 1802 las cosechas de añil tuvieron que esperar en bodega hasta que se restableció el comercio en ese último año. En segundo lugar, la consolidación de vales reales, decretada por Godoy en 1803 para financiar sus actividades bélicas, causó un daño incalculable a la capacidad de la Iglesia y de las cofradías para participar en el mercado crediticio. Por último, el Montepío fue víctima de las mismas presiones puesto que sus deudores, quienes encontraban serias dificultades para exportar su añil y habían tenido que pagar sus otras deudas en 1804, pagaban impuntualmente. La situación era tan precaria que cuando llegó la Independencia el préstamo promedio del Montepío tenía un retraso de siete años en el pago de intereses.

No es exagerado decir que cuando llegó la Independencia las fuentes de crédito tradicionales estaban en crisis: los comerciantes guatemaltecos, que habían contribuido a las guerras europeas con «donativos patrióticos», afrontaban la creciente competencia de comerciantes ingleses del lado del Atlántico, la Iglesia había caído víctima de la consolidación de vales, y el Montepío estaba descapitalizado.

Mano de obra

El acceso a la mano de obra estaba directamente vinculado a la estratificación social establecida por el régimen colonial. Pero éste no era el único determinante. En primer lugar, se puede señalar que había claras diferencias en la densidad de población de las diferentes regiones, las cuales reflejaban con bastante exactitud el grado de vinculación con la metrópoli. El Salvador y Guatemala, los centros de producción y distribución del añil, tenían la mayor densidad de población y las elites más poderosas. El primer país tenía casi 12 habitantes por kilómetro cuadrado y el segundo alrededor de 5,5. En el resto del istmo la densidad de población no llegaba a 2 habitantes por kilómetro cuadrado (Cuadro 3.1). Las diferencias, dicho sea de paso, son lo suficientemente grandes como para superar las imperfecciones de los datos de la época y se ven corroboradas por pruebas cualitativas.

Además, dentro de cada estado de la Federación se daban marcadas desigualdades en la distribución poblacional. En Honduras, ya de por sí despoblado, las provincias del oriente estaban casi vacías y la población se dispersaba en las zonas central y occidental en asentamientos aislados por la dificultad del terreno montañoso. En El Salvador la distribución era mejor a pesar de que las provincias centrales contenían casi la mitad de la población, había concentraciones importantes

Cuadro 3.1

Población estimada de Centroamérica en 1820

País	Habitantes	Habitantes por km²
Costa Rica	63.000	1,2
El Salvador	248.000	11,9
Guatemala	595.000	5,5
Honduras	135.000	1,2
Nicaragua	186.000	1,3
Centroamérica	1.227.000	2,8

alrededor de Sonsonate, Santa Ana y San Miguel. En Nicaragua la mayoría de los habitantes vivía entre los lagos y el Pacífico, mientras que la mayor parte de los habitantes de Costa Rica vivía en pequeños pueblos en el Valle Central. Finalmente, en Guatemala la mayor concentración de población se daba alrededor de la capital. En términos generales se puede decir que los centroamericanos preferían los fértiles valles cercanos al Pacífico y se concentraban en la parte noroeste del istmo.

La población se concentraba, como ya hemos dicho, en aquellas zonas donde tenía más importancia la producción para la exportación. Era ahí donde había más demanda de mano de obra, y donde eran más frecuentes las formas de reclutamiento forzoso. Éstas estaban profundamente enraizadas en la situación colonial, eran producto de relaciones entre población dominante y dominada. El repartimiento, el tributo, ciertas formas de supervivencia de la encomienda, el peonaje y el colonato indígena operaban a través de los mecanismos establecidos para controlar a los indígenas. El reclutamiento se llevaba a cabo en pueblos de indios con la cooperación de corregidores y alcaldes (estos mismos eran con frecuencia de origen indígena, razón por la cual gozaban de gran autoridad en sus comunidades). Es así que la importancia relativa de la población indígena y la persistencia de su organización de acuerdo a patrones coloniales contribuía a determinar la permanencia de formas de reclutamiento forzoso de la mano de obra. Y éstas tenían mayor sentido ahí donde el auge de la agricultura comercial creaba demandas de mano de obra.

Aunque es imposible tener cifras muy precisas de la importancia relativa de la población indígena a finales de la colonia, no hay dudas de que ésta era mayor en Guatemala (en 1770 alrededor del 68% de los tributarios de Centroamérica vivían en el territorio que hoy comprende Guatemala) y menor en Costa Rica (menos del 1% de los tributarios en 1770). Aun entre los dos países con mayor densidad de población había diferencias considerables; a finales de la colonia el proceso de «ladinización» en El Salvador, Honduras y Nicaragua estaba avanzado mientras que en Guatemala la mayoría de la población era indígena y mantenía su lenguaje y sus costumbres.

Es así que a finales del período colonial la presencia de la agricultura de exportación y la abundante población indígena de Guatemala hicieron que este país tuviera las condiciones más propicias para que persistieran con vigor las formas de reclutamiento forzoso de la mano de obra y, por lo tanto, cuando más adelante las demandas de la expansión del cultivo del café pusieron mayor presión sobre el mercado de trabajo, fue en Guatemala donde se recurrió con más facilidad al control directo de esa población.

Como se ve en la exposición del caso del añil, el uso de las formas de trabajo forzoso cobraba importancia ante la presencia de la agricultura de exportación y, por lo tanto, era más frecuente en Guatemala y El Salvador que en el resto de Centroamérica. El polo opuesto es el caso de Costa Rica donde la escasez de mano de obra, la poca importancia de la agricultura de exportación y el predominio de criollos y ladinos en el total de la población tuvo como resultado la expansión de la pequeña propiedad en el Valle Central, el uso de mano de obra asalariada en las haciendas ganaderas y un muy limitado uso de esclavos en las mismas. El uso de diferentes formas de coacción para el reclutamiento de mano de obra, entonces, fue más poderoso en los países con mayor población y donde la agricultura de exportación tenía más peso.

Tierra

Vale la pena insistir en que la agricultura de exportación no era preocupación de la mayor parte de la población; las principales actividades económicas eran la agricultura y la ganadería para satisfacer las necesidades de una economía que Adriaan van Oss calificó con propiedad como «autosuficiente». Estas actividades se desarrollaban en tierra cuyo acceso se regulaba de acuerdo con tres principales modalidades que se desarrollaron a lo largo de la colonia: 1) las haciendas, herederas más o menos directas de las mercedes de tierras y de las composiciones; 2) los ejidos, las tierras que se daban a los pueblos para sus cultivos; y 3) las tierras comunales que se daban a los pueblos de indios. Además había grandes extensiones sin dueño que se conocían como «tierras realengas» y que después de la independencia se llamaron «terrenos baldíos». La Iglesia, por otro lado, poseía vastas cantidades de tierra, principalmente en Guatemala. Sin embargo, hay que tener en mente que antes de la expansión de las exportaciones durante la segunda mitad del siglo XIX, dada la poca densidad demográfica la competencia por la tierra se limitaba a terrenos cerca de las ciudades o particularmente aptos para la agricultura comercial (fértiles y de fácil acceso).

Con todo, lo más importante aquí es, primero, la variedad de arreglos de propiedad; segundo, la incertidumbre con respecto a los límites de las propiedades y los títulos de las mismas, y por último, la localización geográfica de los asentamientos de población los cuales no necesariamente coincidían con las zonas donde se expandió la agricultura comercial en la segunda mitad del siglo XIX. La confusión con respecto a regímenes de propiedad y la falta de claridad de los títulos había sido fuente constante de conflictos durante la colonia y tuvo un gran impacto cuando se expandió la agricultura comercial, la del café en particular. Como la creación de fincas de café implicaba inversiones de largo plazo (el árbol de café era un cultivo permanente de lento crecimiento), no tenía sentido llevar a cabo estas inversiones sin tener un título seguro sobre la propiedad. Más aún, no se podía desarrollar un sistema crediticio basado en hipotecas si los títulos no estaban claros.

El último punto, el de la localización de los asentamientos, tuvo influencia sobre el acceso a la mano de obra y sobre la competencia por la tierra. En Guatemala, por ejemplo, las comunidades indígenas se concentraban en zonas lejanas a las tierras más propicias para el cultivo del café, lo cual creó dificultades para el reclutamiento de la mano de obra pero permitió que, al menos durante el período en consideración, los pueblos de indios conservaran y aun aumentaran sus tierras. En El Salvador el caso fue completamente diferente, pues las zonas propicias para el cultivo del café coincidían con frecuencia con la localización de ejidos y tierras comunales. En este caso se dio un proceso lento de erosión de la propiedad indígena que culminó con las llamadas Reformas Liberales de la década de los ochenta. En Costa Rica la población se concentraba desde un principio en una zona ideal para el cultivo del café, con acceso relativamente fácil al Pacífico y con abundancia relativa de tierra, de tal forma que el problema que se planteó cuando se impuso la agricultura de exportación fue el de expandir la frontera agrícola. Esta variedad de respuestas muestra con claridad que la herencia colonial de Centroamérica en lo que respecta a la tierra no era la hacienda, sino la interacción entre diferentes formas de propiedad, los patrones de asentamiento y las necesidades de mano de obra.

Mercados internos y rutas comerciales

En una economía que era en gran medida autosuficiente, el comercio jugaba un papel primordial en el que participaban todos los segmentos de la población. Existía un activo comercio de alimentos y pequeñas artesanías que se basaba en la producción de comunidades indígenas y de ladinos. Los indios de Guatemala, por ejemplo, producían textiles, ollas, redes, jarcias, petates; cultivaban achiote, zarzaparrilla, copal, caña, cacao, trigo, hortalizas, pimienta; extraían sal y plomo, todo para su venta en mercados locales y regionales.

La modestia de las artesanías mencionadas no implica que no tuvieran importancia para la gente de la época que dedicaba buena parte de sus energías a su producción y distribución. Como se usaban técnicas artesanales intensivas en mano de obra, el tiempo dedicado a la producción de textiles, objetos de cerámica o de cestería era considerable. Un resumen de las actividades necesarias para producir una tela ordinaria usando las técnicas tradicionales ilustra este punto. Antes de hilar había que limpiar las semillas y las impurezas de la fibra de algodón. Se golpeaba el algodón con dos palos de madera para separar las fibras y soltar las semillas y otras impurezas. Esto se hacía sobre una almohadilla de cuero rellena de hojas de maíz. Las fibras, una vez limpias, estaban listas para el hilado, trabajo que estaba a cargo de mujeres, quienes usualmente se sentaban en el suelo y hacían girar una simple rueca de madera con volantes de arcilla sobre una escudilla o «guacal» del mismo material o de calabaza. Cualquier tiempo libre se dedicaba a esta tediosa tarea. Una vez hilado el algodón había que devanarlo, teñirlo, y colocarlo en la urdimbre hasta que por fin era posible empezar a tejer la tela en telares de mano. La extracción de tintes para dar color al hilo era otra ocupación intensiva en mano de obra. Ya fuera el morado que se extraía de moluscos, el azul del añil, el negro de los caracoles o el amarillo del palo de Campeche, no había tinte que no requiriera un largo y tedioso proceso de elaboración. Todas estas actividades tenían que suplir una gran cantidad de telares. José Cecilio del Valle, el estadista y autor del acta de Independencia, estimó que a finales del siglo XVIII Guatemala contaba con mil telares aproximadamente. Para cada actividad artesanal el lector puede imaginar una similar variedad de pasos simples pero que ocupaban una gran cantidad de tiempo. Ciertamente no es inexacto hablar de economías autosuficientes y de poblaciones dedicadas a actividades de subsistencia, pero estos simples términos esconden la riqueza y variedad de las actividades que ocupaban la vida diaria de la población en general.

Buena parte de la diligencia de los indígenas para participar en el mercado se debía a las obligaciones impuestas por los tributos y los repartimientos de bienes que los obligaban a monetizar su economía.

En la producción de textiles, en particular, el repartimiento de bienes jugaba un papel primordial; ésta era una industria estructurada alrededor de las peculiaridades del sistema colonial en que la habilidad de los comerciantes para usar el aparato coercitivo del Estado y las restricciones comerciales eran esenciales.

Los mercados internos eran pequeños y se articulaban alrededor de regulaciones ineficaces e injustas que daban grandes ventajas a unos cuantos comerciantes y obligaban a muchos a trabajar por muy poco. El acceso a los mercados externos, por otro lado, estaba limitado por la geografía y por regulaciones coloniales. El principal obstáculo para transportar los productos de la colonia al mercado europeo no era atravesar el océano Atlántico sino llegar a él. Las zonas agrícolas más productivas estaban situadas cerca de la costa del Pacífico y separadas de la costa atlántica por un cerco de montañas. El transporte a los puertos representó siempre la parte más grande de los costes de transporte. En años malos, cuando los bucaneros o los ataques directos de potencias extranjeras introducían un elemento de peligro al comercio a través del Golfo de Honduras, era necesario enviar los trenes de mulas cargados de mercancías hasta el puerto de Veracruz. Los principales puertos del Atlántico eran Izabal, que sustituyó a Bodegas de Golfo Dulce en 1803 y Santo Tomás en Guatemala; Omoa y Trujillo en Honduras, que se dedicaban en buena medida al contrabando.

Nicaragua, por su parte, tenía su salida al Atlántico a través de San Juan del Norte que estaba vinculado con la zona agrícola de Granada gracias al lago de Nicaragua y el río San Juan. En la costa atlántica de Costa Rica se encontraba Matina. Los puertos del Pacífico tenían una actividad marginal. Acajutla, en la costa de El Salvador, Realejo en Nicaragua y Puntarenas en Costa Rica recibían entre dos y tres barcos al año que hacían comercio con Perú y Chile. El transporte terrestre se hacía principalmente en recuas de mulas a través de difíciles veredas que en la estación lluviosa sufrían constantemente de erosión. Dados los altos costes de transporte, lo que permitía una cierta integración de los mercados de Centroamérica era la peculiar organización que habían impuesto los comerciantes guatemaltecos, pero una vez que ésta desapareció los mercados se fragmentaron rápidamente.

En resumen, Centroamérica empezó su vida independiente con un cierto bagaje colonial que iba a pesar fuertemente en su futuro. Los dos recursos más escasos eran la mano de obra y el crédito, mientras que la tierra abundaba. La mano de obra se organizaba frecuentemente de acuerdo con sistemas coercitivos; éstos habrían de tener más relevancia ahí donde predominaba la población indígena organizada alrededor de pueblos y donde la agricultura de exportación incrementaba la demanda por sus servicios. Así, en Guatemala el repartimiento era una institución particularmente viable que habría de sobrevivir (con

3.2.   VISTA DE LEÓN, NICARAGUA.

3.3.   VISTA DEL MERCADO DE GRANADA, NICARAGUA.

sustanciales modificaciones) por muchos años después de la Independencia, mientras que en Costa Rica habría de tener poca importancia.

Los peculiares arreglos crediticios de la colonia, por otro lado, dependían de la existencia de una metrópoli con la capacidad de hacer cumplir sus políticas comerciales y estaban destinados a desaparecer. La crisis de los años que precedieron a la Independencia habían dado un serio golpe a la Iglesia y al Montepío; el papel de los comerciantes guatemaltecos, además, estaba destinado a debilitarse al entrar en escena, después de la Independencia, los comerciantes ingleses y las casas comerciales de Belice. Las peculiaridades del sistema colonial habían contribuido a que en Guatemala un número pequeño de casas comerciales tuviera fuerte control sobre el crédito y el comercio exterior, lo cual, a su vez, contribuía a determinar rutas específicas para el transporte.

El papel de la propiedad de la tierra era mucho más complejo de lo que sugiere el énfasis en la hacienda como núcleo de la actividad económica. La variedad de arreglos de tenencia y explotación de la tierra y el patrón de los asentamientos dejó una herencia llena de ambigüedades.

Las actividades económicas más importantes eran las de subsistencia, las pequeñas artesanías y el comercio. El comercio exterior, todavía una actividad minoritaria, estaba pasando por una crisis en la víspera de la Independencia. Pero a pesar de ser una parte relativamente pequeña del total de la economía, indicaba el camino a seguir.

DE UNA AGRICULTURA TRADICIONAL A UNA AGRICULTURA DE EXPORTACIÓN

El impacto de la Independencia

La Independencia, a fin de cuentas, representó un corte drástico con el pasado, a pesar de que para 1821 la capacidad del Estado colonial para recaudar impuestos y para regular el comercio se había debilitado grandemente y de que el movimiento de la Independencia en sí tuvo el objetivo de mantener intacto el viejo orden.

En primer lugar, las relaciones comerciales se liberalizaron y empezaron a cambiar de dirección. Las actividades de los comerciantes ingleses, los de Belice en particular, erosionaron el poder de los guatemaltecos. Cuando se generalizó el uso del crédito ofrecido por los comerciantes de Belice se empezó a desmadejar la red comercial que se había formado alrededor del sistema de habilitaciones. La desorganización del aparato burocrático que siguió a la Independencia contribuyó a liberalizar la actividad comercial y a disminuir los impuestos más allá de las intenciones de las nuevas autoridades. A partir de la convocatoria de la Asamblea Constituyente de 1823-24 las leyes de la Federación y de los diferentes Estados seguían, en general, los principios del liberalismo económico. El impacto de la liberalización del comercio internacional no se hizo esperar; el mercado se vio inundado de importaciones baratas que abrieron el apetito por productos importados al mismo tiempo que hicieron grave daño a la actividad artesanal, especialmente a la producción textil. José Cecilio del Valle estimó que sólo cien de los mil telares que existían en Guatemala pudieron sobrevivir a la competencia de las importaciones. Manuel Montúfar resumió estos cambios cuando comentó que el antiguo régimen comercial comenzó a recibir golpes mortales, ya por algunas importaciones extranjeras que se hicieron con privilegio exclusivo, ya por las clandestinas, que tomaron un grande incremento en lo sucesivo, especialmente por el establecimiento británico de Belice en la costa de Honduras, que insensiblemente absorbió la riqueza de Guatemala, y de consiguiente, lejos de mejorarse, la industria fabril, tuvo un retroceso [6].

Las tensiones entre el atractivo de importaciones baratas, la necesidad de aumentar los ingresos fiscales y el daño causado a los artesanos llevó a frecuentes cambios en las tarifas aduaneras y en la composición de los impuestos internos. Pero siempre hubo una diferencia considerable entre el contenido de la ley y la práctica; tanto en la Federación como en los Estados se debilitaron los mecanismos para hacer cumplir la legislación económica y para controlar el contrabando. El resultado fue un *laissez faire* virtual que tuvo un alcance mucho mayor de lo que tenían en mente las autoridades.

El estímulo positivo de una actividad comercial más libre y con más fuentes de crédito se vio contrarrestado por un ambiente de inestabilidad política que tuvo un impacto negativo sobre la inversión. El período de la Federación fue notorio por la tensión entre los Estados que culminó con la fragmentación de Centroamérica en cinco países diferentes. Es ya bien conocido el cuadro estadístico preparado por el historiador del siglo pasado Alejandro Marure. Según este cuadro, entre 1824 y 1842 el ejército del Estado de Guatemala se vio envuelto en cincuenta y una batallas, el de El Salvador en cuarenta, el de Honduras en veintisiete y el de Costa Rica en cinco. Estas cifras dan una idea de la actividad bélica de la época, aunque no toman en cuenta los conflictos internos dentro de cada país. Indudablemente esta inestabilidad tuvo un gran impacto sobre la economía. Las guerras con frecuencia destruyeron instalaciones como edificios gubernamentales u obrajes de añil. El clima de inestabilidad destruía también el incentivo para invertir, pues a la incertidumbre sobre la rentabilidad de cualquier actividad se unía la certidumbre de los préstamos forzosos que solicitaban los caudillos de turno. A las dificultades de inversión hay que añadir los problemas que implicaba el hecho de que los ejércitos ocupaban a jóvenes en la edad más productiva. Es más, en época de guerra era difícil encontrar trabajadores porque aun los que no estaban peleando se escondían para evitar el reclutamiento forzoso. En fin, en los años de la Federación las disrupciones a la inversión, mano de obra y actividades comerciales retrasaron el crecimiento de la economía.

¿Quiere esto decir que la época de la Federación coincide con el período que Tulio Halperin Donghi denominó como de «la larga espera»? Hasta cierto punto, pero hay que advertir que los efectos negativos de la inestabilidad no fueron uniformes ni en el tiempo ni en el espacio. En la época de Gálvez en Guatemala hubo la suficiente estabilidad para que prosperara la producción de cochinilla. Costa Rica, gracias a su posición geográfica y relativa poca importancia, estuvo aislada de la mayoría de las guerras y pudo dedicarse desde temprano al cultivo del café. En Honduras la dispersión geográfica de la actividad económica amortiguaba el impacto de la actividad bélica. En El Salvador y Nicaragua, en cambio, los efectos negativos de la inestabilidad política fueron más persistentes. La mayoría de los viajeros que visitaron la región durante esa época comentaron los efectos visibles de la destrucción y decadencia económica.

Pero la larga espera no era únicamente la espera de la paz sino también de nuevas oportunidades económicas. A pesar de los problemas mencionados, en la época de la Federación se perfilaron las tendencias que iban a definir a la economía en el futuro. La desintegración política de Centroamérica y la pérdida del poder aglutinador del monopolio del crédito de los comerciantes guatemaltecos contribuyeron a debilitar los vínculos que existían entre las economías de las diferentes regiones y, con la liberalización del comercio exterior, a reorientar la actividad productiva hacia las exportaciones. Ambas tendencias se pueden observar en la dirección que tomaron los caminos construidos a partir de la década de los cuarenta. Como se verá más adelante, cuando los nuevos países pudieron ocuparse de las obras públicas, la primera prioridad fue construir caminos de los centros de producción a los puertos mientras se descuidaba el antiguo camino real que vinculaba a los cinco estados de la antigua Federación.

Una vez estabilizada la situación política después del rompimiento del pacto federal, el fenómeno económico más importante, con mucho, fue la reorientación de las economías hacia la exportación. En el pasado la agricultura de exportación había sido importante para las elites dirigentes, pero desde un punto de vista global la agricultura de la colonia era primordialmente de subsistencia.

La rapidez y el grado de reorientación de las economías dependió de: a) el clima para la inversión, b) los costes de transporte, y c) la existencia de alternativas. En los países más aislados de la inestabilidad política y, por lo tanto, con mejor clima para la inversión (Costa Rica) la expansión de la agricultura de exportación fue más fácil que en países de constante inestabilidad (Nicaragua o El Salvador). Asimismo, donde la geografía dificultaba el desarrollo de los transportes (Honduras) o existían productos alternativos para exportar (oro y plata en Honduras y maderas en Nicaragua) la agricultura de exportación se desarrolló con lentitud. Los casos intermedios, Guatemala y El Salvador, confirman este cuadro; al recuperar su estabilidad ambos países vieron un cambio claro en el clima de inversión y cambiaron su estructura de producción sin perder de vista la rentabilidad de productos alternativos (cochinilla, añil y café). Veamos, pues, de qué forma evolucionaron el clima para la inversión, los costes de transporte y los productos alternativos.

Clima para la inversión

El sistema de crédito era la red que usaban los comerciantes guatemaltecos para establecer su control sobre el comercio de Centroamérica, pero los turbulentos años veinte hicieron mucho para cambiar la situación. Tal como se menciona en la sección anterior, la inestabilidad imperante creó un ambiente hostil para el inversionista y retrasó el desarrollo de instituciones de crédito.

El limitado crédito que existía siguió directamente vinculado a la actividad comercial. El enviado inglés Thompson observó en 1825 que: «Como no hay un Banco Nacional y no se paga interés por el dinero, todos los capitalistas son, por necesidad, comerciantes o agricultores. En consecuencia, casi no hay casa en la ciudad de Guatemala, sin importar lo noble o respetable que sea, que no tenga una bodega o, con más frecuencia, una tienda añadida a ella para la venta de productos europeos que el propietario ha tomado a cambio del añil o cochinilla u otro producto de su hacienda o propiedad rural» [7]. Esta característica se iba mantener hasta la fundación de los primeros bancos y todavía más adelante.

La principal forma de crédito eran las «habilitaciones», mecanismo que describió un panfleto del Board of Trade de Gran Bretaña en 1855:

Los importadores llevan a cabo sus negocios de la forma siguiente: venden a los comerciantes residentes a aproximadamente 80 por ciento del precio de facturas pagaderas en doce meses, ya sea parte en efectivo y parte en añil, o todo en añil, al precio en curso de dicho artículo cuando se venza la factura, o a su precio de mercado al momento de la compra. Éstos, a su vez, distribuyen pequeñas facturas a tenderos minoristas, también con un plazo largo, de tal forma que todos los negocios se hacen al fiado; rara vez se oye hablar de ventas en efectivo de más de 3.000 dólares [8].

Este sistema de crédito a un año de plazo, a pesar de los altos intereses, era esencial para el funcionamiento de la actividad económica; se decía que no había productor o comerciante en Centroamérica que no estuviera endeudado. Las tasas de interés, como se observa en la cita anterior, eran sumamente altas. En nuestro ejemplo la tasa era de 20%, aunque siempre existía el riesgo (o la buena fortuna) de que al terminar el año los precios de añil hubieran bajado o subido. Los pocos datos disponibles sugieren que las tasas de interés se mantuvieron altas durante todo el período bajo consideración. Las altas tasas de interés que tanto retrasaban la inversión no se debían necesariamente a una escasez absoluta de crédito; indudablemente los comerciantes ingleses alemanes y franceses que otorgaban habilitaciones tenían acceso a más dinero en sus casas matrices, pero el sistema estaba tan plagado de riesgos y los costos de transacción eran tan altos que era difícil que bajaran los intereses.

El sistema de habilitaciones se usó con pocas variantes en toda Centroamérica y para cualquier actividad. En Guatemala la cochinilla se financiaba con adelantos concedidos por los exportadores. En Nicaragua, asimismo, los adelantos eran la principal forma de obtener crédito. Al aumentar la estabilidad política y con el estímulo de la actividad de exportación que se dio después de 1855 mejoró la situación crediticia. El aumento de la actividad comercial a lo largo del Pacífico y las mayores facilidades de transporte atrajeron a un mayor número de comerciantes que visitaban las ferias anuales dispuestos a otorgar habilitaciones. Además el ingenio local puso algo de su parte; en Guatemala, por ejemplo, las autoridades locales de Alta Verapaz usaron los fondos de las comunidades indígenas para conceder créditos para comenzar fincas de café. En El Salvador aumentó el uso de hipotecas, especialmente para actividades con poco riesgo como el pago de la fianza que requería el gobierno a los administradores del monopolio de aguardiente. También se combinaron hipotecas con habilitaciones como lo muestra la cita siguiente:

El añilero vende anticipadamente el fruto (al principio de año) a razón de cuatro o seis reales libra, para entregarlo antes de la época de feria, entrega garantizada por la hipoteca de la finca. Mas si por una de las mil eventualidades de que se ha hecho mérito, el habilitado no puede cumplir, en el todo o en parte, su compromiso, está obligado a pagar la tinta, al precio a que vendió el habilitador, que es lo mismo que reconocer el 30% mínimum [9].

Todas estas operaciones crediticias tenían sentido en la medida en que existiera confianza de que al terminar los doce meses iba a haber un producto para la venta. Esto no siempre había sido el caso durante la época de la Federación. Cuando aún se lograba recoger la cosecha ésta se podía perder en el camino a la feria debido a robos o exacciones de parte de personas con pretensiones de autoridad (que no siempre eran justificadas).

No es sorprendente entonces que el país que tuvo menos inestabilidad, Costa Rica, fuese el primero en desarrollar un sistema crediticio. Ya desde 1824 empezaron a cimentarse prácticas de crédito que permitieron la inversión inicial en el cultivo del café. En un principio, algunas entidades públicas como las municipalidades y hospitales, y entidades privadas prestaban dinero. Las sumas, aunque modestas, permitieron la inversión en actividades productivas que más adelante iban a permitir un incremento sustancial en la actividad económica. Mientras en los otros países de Centroamérica la inversión era nula o negativa, Costa Rica ponía las bases de su economía. Cualquiera que esté familiarizado con la simple aritmética del interés compuesto comprende la importancia de empezar temprano y cómo se acumulan los beneficios.

Aun tomando en cuenta la excepción de Costa Rica se puede decir que la moneda y la banca se desarrollaron con lentitud. Un intento de establecer un banco federal en 1826 no llegó a ningún lado. Los esfuerzos de la Federación y de los Estados para acuñar moneda nunca fueron suficientes, la mayoría del circulante consistía en monedas mexicanas y de América del Sur, amén del producto de las labores de más de un monedero falso. Durante todo este período se mantuvo la denominación del «peso», el cual estaba dividido en ocho reales.

A pesar de la variedad de monedas disponible, las quejas de escasez de circulante eran constantes. El trueque siguió en vigencia y, en ausencia de moneda fraccionaria, se usaba el cacao, pues aún los medios reales eran demasiado para las transacciones de poco valor. Según relataba el viajero alemán Von Scherzer al hablar de sus experiencias en El Salvador, las papas y las yucas eran tan baratas que «uno puede desear comprar una cantidad como para satisfacer las necesidades semanales de una familia con unas pocas docenas de granos de cacao que aquí, así como en Nicaragua y Costa Rica, sirve de medio de cambio para artículos de poco valor» [10].

El impulso más fuerte para el establecimiento de la banca comercial fue el avance del cultivo del café con sus necesidades de financiamiento de largo plazo. La evolución de los bancos es un buen indicador de la importancia de la agricultura de exportación. El primer banco de Costa Rica se fundó en 1864 (después de un intento fallido en 1857), el primero de Guatemala en 1874, en El Salvador en 1880, en Nicaragua en 1887, y en Honduras en 1889.

Transportes

Después de la Independencia las rutas de transporte que imponían las regulaciones de la Corona española y los monopolios comerciales perdieron su justificación y fueron abandonados gradualmente. El libre comercio y el acceso al crédito proporcionado por comerciantes extranjeros, principalmente ingleses, liberó a los productores de las provincias de su dependencia de los comerciantes de Guatemala, lo cual descentralizó la actividad comercial. Los comerciantes salvadoreños, por ejemplo, empezaron a exportar su añil a través del puerto pacífico de Acajutla. Además, el comercio del Pacífico empezó a cobrar vida, tímidamente primero gracias a la actividad de comerciantes extranjeros en la costa de América del Sur, y con más fuerza después de la incorporación de California a Estados Unidos.

Hubo, pues, una reorientación de rutas comerciales que en primera instancia implicó el desarrollo de puertos y caminos hacia el Pacífico, fenómeno que se repitió más tarde del lado del Atlántico.

Más adelante, a este cambio en las rutas comerciales se habría de unir una disminución significativa de los costes de transporte. Ambos fenómenos reorientaron la actividad económica de Centroamérica y estimularon la producción para la exportación a expensas a veces de la producción para el mercado interno. Con sus centros productivos cara al Pacífico y sus principales clientes del lado del Atlántico, el objetivo de los productores de Centroamérica era siempre, en última instancia, llevar sus productos al Atlántico. Pero dados los obstáculos que presentaba la montañosa geografía, la primera etapa en la búsqueda de mercados consistió en mejorar los puertos del Pacífico y construir caminos hacia ellos.

Era más económico dar la vuelta al cabo de Hornos que cruzar las montañas para llegar a la costa atlántica. La construcción de caminos y ferrocarriles a esta última implicaban grandes gastos y no fue posible hacerlos hasta que los ingresos de las exportaciones se incrementaron lo suficiente como para financiar proyectos más ambiciosos. Es más, aun a finales de siglo, la búsqueda del Atlántico resultó costosa: fue en la urgencia por llegar a este océano que los líderes de la región cometieron los errores económicos más graves. (Los proyectos ferrocarrileros del último cuarto del siglo dejaron como herencia contratos onero-

3.4. CAMINO, HACIA 1839.

sos y deudas extraordinarias que habrían de ser una carga pesada para las débiles economías de Centroamérica.)

Puertos, navegación y ferrocarriles

El desarrollo portuario constituyó la primera fase de los cambios en el transporte esbozados en los párrafos anteriores. Durante el período colonial y los primeros años que siguieron a la Independencia la mayoría de las exportaciones salía por los puertos del Caribe. Belice era, en última instancia, el vínculo con los puertos de Europa. Izabal, Omoa y Trujillo funcionaban principalmente como puntos de transbordo para mercadería que los barcos de cabotaje llevaban a Belice. Pero desde la época de la Federación se tomaron medidas para aumentar el desarrollo de la actividad comercial a lo largo de la costa del Pacífico. Tres años después de la Independencia, la Asamblea Nacional Constituyente autorizó el funcionamiento de los puertos de Iztapa en Guatemala y La Libertad y La Unión en El Salvador. Éstos vinieron a complementar a los antiguos puertos coloniales de Acajutla en El Salvador,

Realejo en Nicaragua y Puntarenas en Costa Rica. Ni la autorización por decreto ni la concesión de generosas exenciones tributarias tuvieron efecto inmediato. En un principio el uso de los nuevos puertos era esporádico: sólo se usaban durante la estación seca debido a la falta de buenos caminos. El volumen de las exportaciones de la región no era suficiente como para atraer muchos barcos dispuestos a rodear el cabo de Hornos para hacer negocio. Otra consideración importante para los capitanes de barco era que la costa del Pacífico era relativamente poco conocida, lo cual añadía una nota de peligro a la actividad comercial. El comercio del lado del Pacífico empezó gradualmente con un incipiente comercio costero con América del Sur. En 1826 el cónsul inglés informaba que:

> El comercio de los puertos del Pacífico ciertamente está aumentando de forma considerable, y hay una buena cantidad de veleros ingleses que se dedican a él, pero se limitan al comercio costero [11].

Pero en realidad sólo una docena de barcos traficaban en dichos puertos mientras que Belice recibía la visita de un promedio de cien barcos al año. En este último puerto la actividad comercial era obvia; en un día cualquiera se veía una docena de barcos (principalmente veleros) agolpándose en la costa, mientras que del lado del Pacífico la visita de un barco era motivo de regocijo.

Para la tercera década del siglo era posible percibir un cierto incremento en la actividad de ciertos puertos del Pacífico. Puntarenas, en Costa Rica, más cercano a los comerciantes ingleses de Callao y Valparaíso, tomó la delantera, y ya para 1833 tenía una actividad sin precedentes. Ese mismo año los comerciantes guatemaltecos hicieron el primer ensayo de comerciar directamente con sus corresponsales en Manchester a través de Iztapa. En 1838 se decía que la mayor parte del comercio de Guatemala con Panamá y Perú se llevaba a cabo a través de Acajutla, pero era todavía un comercio muy limitado.

La fiebre del oro en California estimuló la navegación más allá de lo que ningún decreto gubernamental pudo hacer; su impacto sobre los puertos del Pacífico se hizo sentir sin ambigüedades. E. G. Squier, el diplomático norteamericano que en su afán de imitar a Alexander von Humboldt tomaba cuidadosa nota de todo lo que observaba, escribió en el Realejo:

> Recientemente el lugar ha recibido un gran impulso del comercio con California; se han construido bodegas y embarcaderos, se han instalado depósitos de carbón y hoy en día varios vapores americanos lo visitan regularmente para suplirse; en este respecto, la estación está situada favorablemente entre Panamá y Acapulco [12].

Y en 1851 la *Gaceta de El Salvador* decía en un editorial que «Los puertos del sur han adquirido con los sucesos de California una importancia que apenas puede calcularse. En miniatura comenzamos a ver el movimiento que más tarde nos sorprenderá»[13].

Después de semejante estímulo ya no cabía duda de que los puertos del Pacífico merecían más atención. En Guatemala se abrieron dos puertos en la década de los cincuenta, San José, que sustituyó al de Iztapa, y San Luis en la costa de Suchitepéquez, puerto que habría de adquirir mayor importancia en la década siguiente.

Los puertos existentes que hasta entonces no eran más que fondeaderos con un mínimo de instalaciones de bodega y un documento legislativo que autorizaba su existencia empezaron a adornarse con muelles y almacenes. Veinte años después del descubrimiento de oro en California los principales puertos de Centroamérica tenían muelles no ya de madera sino de hierro importado. Los puertos advenedizos creados por decreto de la Asamblea Constituyente medio siglo antes ya justificaban su existencia y habían expandido su campo de operaciones. La Unión, un ejemplo particularmente exitoso del nuevo comercio del Pacífico, daba salida a los productos de los fértiles valles de San Miguel y San Vicente además del sur de Honduras, incluyendo Comayagua y Tegucigalpa.

Los acontecimientos que cristalizaron los cambios introducidos por la fiebre del oro y la incorporación de California a Estados Unidos y cambiaron la dirección de la actividad portuaria del Atlántico al Pacífico fueron la apertura del ferrocarril de Panamá en 1855 y la inauguración, un año más tarde, de los servicios de la Pacific Mail Company (compañía conocida en Centroamérica como «las Malas del Pacífico»). Ambas compañías coordinaban sus actividades para proporcionar un servicio bimensual entre los puertos del Pacífico y Panamá, además de transbordo al ferrocarril y luego, del otro lado del istmo, a barcos destinados a Nueva York, Liverpool, Le Havre o Hamburgo, todo con una sola tarifa, en menos de la mitad del tiempo que requería la ruta del estrecho de Magallanes y con un servicio regular. (A cambio de estos servicios los gobiernos de Centroamérica se comprometieron a pagar a la Pacific Mail un subsidio anual para el transporte del correo. El valor inicial del subsidio pagado por cada país fue de 8.000 pesos al año.) Además, el crecimiento rápido de la vida económica de la costa del Pacífico centroamericano atrajo a otras compañías navieras, de tal forma que para los años setenta alrededor de cien navíos visitaban sus puertos cada año.

Estas rápidas transformaciones tuvieron un efecto singular en Nicaragua. En los primeros años de la década de los cincuenta, antes de la apertura del ferrocarril de Panamá y del transcontinental que en Estados Unidos vinculó las costas este y oeste en 1869, parte de la migración a California se hizo a través de la ruta del río San Juan y el lago de Nicaragua. Ésta era más corta que la del istmo de Panamá, y Cornelius Vanderbilt, el legendario magnate estadounidense, se apresuró en asegurarse una concesión exclusiva por parte de las autoridades nicaragüenses. Así nació la Accessory Transit Company que usando vapores especialmente diseñados para navegar el río San Juan transportó casi cien mil personas antes de 1860. En los primeros años la experiencia alimentó los viejos sueños de Nicaragua de constituirse en el vínculo entre los dos océanos y en una meca comercial. Los viajeros de esta ruta, aunque en general de muy modestos recursos, necesitaban de servicios y provisiones, lo que estimuló la actividad económica. Pero poco después el potencial económico de Nicaragua y su posición estratégica para la actividad comercial se volvieron una verdadera pesadilla cuando el país terminó bajo el control temporal del hábil e inescrupuloso filibustero William Walker.

El aumento en la importancia de los puertos del Pacífico, más cercanos a los centros productivos, implicó la decadencia de los del Atlántico, los cuales tuvieron que esperar a la construcción de ferrocarriles a finales de siglo para volver a cobrar importancia. Izabal fue destruido por un incendio en 1868 pero para ese entonces dicho puerto, que había sido el principal punto de transbordo para llevar los productos de Guatemala y El Salvador a Belice, ya no merecía mayor atención y no recibió ayuda del gobierno para su reconstrucción. Su actividad naviera se vio reducida a dos pequeñas goletas que iban y venían a Belice, que ya no era más que una sombra de lo que había sido cuatro décadas antes. Los puertos atlánticos de Honduras, Omoa, que servía a Gracias, Santa Bárbara, Comayagua y Tegucigalpa, y Trujillo, que servía a Yoro y Olancho, cambiaron de carácter. En lugar de ser puntos intermedios en el comercio de cabotaje pasaron a ser centros de exportación directa de los productos de sus regiones. Omoa tuvo un cierto auge como centro de exportación de maderas preciosas, pero decayó víctima de su propio éxito. Cuando los exportadores ingleses terminaron de deforestar los magníficos árboles de caoba que crecían a la orilla de los ríos, simplemente abandonaron la región. Trujillo pasó a ser el puerto más importante del golfo de Honduras. A partir de 1858 empezó a funcionar un servicio directo a Batabanó, Cuba, para transportar el ganado que alimentaba a la creciente población de esclavos que trabajaban en la industria azucarera de ese país. El comercio de San Juan del Norte en Nicaragua se vio favorecido por el servicio mensual de la Royal Mail Steam Packet Company, inaugurado en 1848, que hacía escala en Saint Thomas, Santa Marta, Cartagena y Chagres. Así los productos nicaragüenses contaron con fácil salida hacia el Atlántico.

La creciente actividad comercial de los puertos del Pacífico indicó la dirección de los nuevos caminos. Ya en la década de los cuarenta

CONTRATO

DE

CANALIZACION,

CELEBRADO ENTRE

EL

GOBIERNO DE NICARAGUA

Y

UNA COMPAÑIA DE CIUDADANOS

DE LOS

ESTADOS-UNIDOS DE NORTE-AMÉRICA.

LEON, AÑO DE 1849.

IMPRENTA DE LA PAZ.

3.5. CONTRATO DE CANALIZACIÓN.

Costa Rica contaba con un camino para carretas entre San José y Puntarenas que superaba a cualquier otro en Centroamérica. En Guatemala se hizo un esfuerzo especial por completar el camino de carretas de Ciudad de Guatemala a Iztapa en 1851 y luego se dio prioridad al camino a San José. En El Salvador las carretas cargadas de añil o café circulaban entre Sonsonate y Acajutla y entre San Miguel y La Unión. Nicaragua experimentó un cambio rapidísimo en su red de transportes con la inauguración de la compañía de Cornelius Vanderbilt en 1850.

Solamente Honduras, por motivos que se tratarán más adelante, no reorientó su actividad comercial hacia el Pacífico.

El paso siguiente, de acuerdo con la lógica de la época, era adquirir el gran símbolo de progreso en la segunda mitad del siglo XIX, el ferrocarril. Éste fue un sueño extraordinariamente costoso que produjo beneficios discutibles. Las expectativas siempre excedieron a la realidad y los países de Centroamérica, que carecían del capital y de la capacidad técnica para construir redes ferrocarrileras por sí mismos, no supieron negociar contratos favorables. Al final terminaron con deudas onerosas y contratos que hicieron gran daño a la economía. El desarrollo de la red ferrocarrilera fue lento, lo cual aumentó la frustración de los gobernantes, quienes, convencidos de los extraordinarios beneficios que se iban a obtener, estuvieron dispuestos a hacer concesiones cada vez más extravagantes. Costa Rica, el primer país de la región en tener un tendido de rieles, empezó con el patrón ya establecido de vincular los puertos con los centros de exportación. En los años cincuenta un grupo de especuladores ingleses construyó nueve millas de rieles desde Puntarenas al interior. Una descripción de la época nos da una idea de las limitaciones del proyecto:

> Nada más modesto ni más primitivo que la instalación de esta vía. Ni estación terminal, ni estaciones intermedias, ni empleados especiales. Una trocha de dos metros de ancho y tres leguas de largo abierta en la selva, dos rieles puestos sobre troncos de árboles sin desbastar, unos cuantos puentecitos de madera cuyas tablas no ajustaban, y media docena de coches ómnibus provistos tan sólo de bancos y cubiertos de un techo de madera barnizada. Las necesidades del servicio no exigían la locomotora, porque este pedazo de vía sin salida no podía contar con una gran circulación de viajeros. Aparte de la explotación de la madera que se sacaba por ella, tan sólo se empleaba para trenes de excursionistas o de cazadores. Sin bajar del ómnibus se podían matar venados [14].

Pero este comienzo, aun con lo incipiente que era, no tuvo éxito: los costes resultaron muy altos para la actividad de la época. Hay que tomar en cuenta que en una economía tan poco diversificada como la de Costa Rica el ferrocarril tenía una gran demanda solamente durante la estación de la cosecha.

El objetivo último de las redes ferroviarias de la época, que no se habría de alcanzar en lo que quedaba del siglo, era unir las costas del Atlántico y del Pacífico. Pero si esto no era posible había que vincular la costa con los centros productivos y, como segunda prioridad, algunos centros urbanos cercanos entre sí. De los proyectos de los años setenta se obtuvieron resultados mezquinos. Las esperanzas del ferrocarril interoceánico de Honduras se tradujeron a una realidad más modesta, una corta línea entre Puerto Cortés y San Pedro Sula. A principios de la década siguiente, Guatemala, El Salvador y Nicaragua completaron las líneas que vinculaban los principales centros productores con los puertos del Pacífico.

En fin, entre 1850 y 1880 se dio un cambio en las rutas de transporte al que se unió una disminución en los fletes y en la duración de los viajes. Para los exportadores de añil salvadoreño, por ejemplo, los costes de transporte y el tiempo de viaje se redujeron a la mitad, a pesar de que el ferrocarril de Panamá, consciente de su poder monopolista, cobraba las tarifas por kilómetro más altas del mundo y a pesar de ello trabajaba a plena capacidad. La baja en los costes de transporte implicó el aumento del margen de beneficios de la exportación de productos relativamente voluminosos como el café (en promedio, el volumen de un peso de café era aproximadamente diez veces más grande que el de un peso de añil) y, más tarde, las bananas. Estos cambios favorecieron a unos productos más que a otros y a unos países más que a otros. El impacto positivo de los costes de transporte sobre el margen de beneficios fue mayor en el caso del café que en el del añil. Asimismo, los productores de café de Costa Rica, debido a su mayor proximidad al ferrocarril de Panamá, podían. obtener un margen de beneficios mayor que los de Guatemala. Para ilustrar el caso, en 1858 los fletes por tonelada de la Pacific Mail eran de 4 pesos menos para Puntarenas que para Acajutla o San José, lo cual constituía una diferencia de entre 1% y 2% del precio de venta del café en Inglaterra. Quizás resulte exagerado hablar de una revolución en los transportes, pero durante la segunda mitad del siglo XIX Centroamérica, por primera vez en su historia, tuvo una salida regular y económica para sus productos. Esto implicó que el sector más dinámico de las economías de la región pasó a ser el de las actividades de exportación. Cabe señalar aquí que el cambio en los costos de transporte fue más importante para reorientar las economías que los cambios en los precios de los productos de exportación de Centroamérica. De hecho, los precios del café, que habían tenido un auge en los años treinta y cuarenta, estaban a niveles bajos en las décadas de los cincuenta y sesenta cuando El Salvador y Guatemala empezaron a dedicarse a su producción (aunque después volvieron a subir). La situación era todavía menos favorable para los precios de añil y cochinilla. Está claro que el aumento de las exportaciones durante la segunda mitad del siglo se debió más al cambio del clima para la inversión y a la mejora de la situación de transportes que a cambios en los mercados internacionales.

Productos alternativos

Ciertamente en todos los países de Centroamérica la baja en los costes de transporte hizo que las exportaciones fueran una actividad económica más atractiva con respecto a las otras actividades y, por lo tanto, se dedicaron más recursos de la economía a dichas actividades. Se observan, sin embargo, marcadas diferencias en la respuesta a este estímulo. El acceso a alternativas, el estado de la infraestructura y las tradiciones del pasado habrían de influenciar el tipo de productos a exportar. En este sentido tenemos que Costa Rica fue el primer país en especializarse en un solo cultivo mientras que Honduras, que contaba con una mayor cantidad de alternativas, tuvo la estructura de exportación más diferenciada. Estas diferencias son de gran importancia, pues, tal como se comentará más adelante, distintos productos tuvieron un impacto diferente sobre la formación de las instituciones económicas y políticas de cada país.

En esta sección se tratará primero el grado de diversificación del sector externo de los diferentes países y luego el impacto que los diferentes productos tuvieron sobre la infraestructura económica y la organización de las instituciones del aparato estatal. La relación entre estos dos aspectos es de gran importancia pues ésta es la época en que se definió la esfera de acción del Estado en la economía y los cimientos que se pusieron durante el período de expansión de las exportaciones tuvieron un efecto duradero.

El primer país en caer en el monocultivo, Costa Rica, fue el que en el período colonial había tenido menos éxito en encontrar un producto que ofrecer a los mercados externos (menos productos que ofrecieran una alternativa obvia) y que, al mismo tiempo, estuvo en mejores condiciones para aprovechar las posibilidades del café: más estabilidad y por lo tanto mejor clima para la inversión, más experiencia en comercio por el Pacífico y relativamente fácil acceso a sus costas y la afortunada coincidencia de que la mayoría de la población vivía desde la época colonial sobre tierra ideal para el cultivo del café. Para 1856 las exportaciones de café ya constituían casi el 90% del total.

Guatemala y El Salvador tuvieron, al principio, productos que ofrecieron alternativas más atractivas que el café. El añil y la grana ofrecían varias ventajas: eran cultivos conocidos, exigían una inversión pequeña, tenían un valor alto por unidad de volumen (los costos de transporte eran un porcentaje menor de su precio de venta) y sus demandas globales de mano de obra eran, con respecto al café, reducidas. Es más, la transición al monocultivo de café fue relativamente lenta. Aunque las exportaciones de café empezaron en El Salvador en 1855, el añil mantuvo la delantera hasta mediados de los años setenta. En

Guatemala las exportaciones de café empezaron un poco más tarde, alrededor de 1859, año en el que la cochinilla representaba casi el 80% de las exportaciones totales. En una coincidencia llena de simbolismo histórico, la producción guatemalteca de café superó en importancia a la de cochinilla alrededor de 1871, año en que los conservadores fueron derrotados definitivamente.

Honduras y Nicaragua tenían las economías más diversificadas. En los dos países la ganadería, la minería y otras actividades de extracción como las maderas y la zarzaparrilla eran actividades rentables que se podían llevar a cabo con poca inversión y poca mano de obra. Para la segunda, la ruta de transporte a través del río San Juan representó a mediados de siglo otra oportunidad económica nada despreciable. Es decir, estos países no cayeron en el monocultivo del café porque tenían alternativas más atractivas. Sus estadísticas de exportación contrastan con las del resto de Centroamérica. Por ejemplo, ninguno de los productos exportados por Nicaragua en 1864 representaba más del 30% de las exportaciones totales. Ese año hubo cuatro productos (cueros, oro en lingotes, algodón y maderas, en orden de importancia) que representaban más del 10% pero ninguno predominaba claramente sobre los demás. Para 1884 se mantenía la diversificación aunque entonces los principales productos habían pasado a ser el hule, el café y el oro. En Honduras se dio un caso similar aunque en la década de los cincuenta las exportaciones de oro y plata tuvieron singular importancia. En 1855 dichas exportaciones representaban casi la mitad del total, seguidas por exportaciones de cuero, ganado en pie y tabaco. Para 1892 se había reducido la importancia de la plata y el oro, las exportaciones de ganado eran casi de la misma importancia seguidas a cierta distancia por un producto prometedor: los bananos. Las cifras anteriores ocultan que ambos países participaban en gran medida en el comercio regional con su tráfico de ganado. Además de una cierta diversificación, las exportaciones de Nicaragua y Honduras tuvieron en común el que algunos de los rubros de exportación más importantes no caían dentro de la categoría de agricultura de exportación. Tanto la producción minera, como el hule y las maderas preciosas, eran productos de extracción destinados a agotarse.

El monocultivo, entonces, no fue un resultado uniforme de la incorporación al mercado mundial. Es más, la variedad de actividades económicas que resultó contribuyó a diferenciar la evolución de la organización de los estados de los diferentes países de la región. Esto se puede ver a través de una discusión de las características específicas de los diferentes productos de la época.

Añil

Como se plantea en la sección de la herencia colonial, el cultivo del añil se realizaba de acuerdo con técnicas que no habían cambiado en doscientos años. La inversión que se requería para su producción era en su mayor parte de corto plazo y aun los obrajes tenían una mínima complejidad. Sus requisitos de mano de obra eran estacionales y en conjunto ninguna fase de su cultivo o elaboración implicaba economías de escala y por lo tanto las unidades productivas eran de diversos tamaños. Al no requerir inversiones de largo plazo el cultivo del añil podía continuar con los mecanismos de financiamiento de corto plazo y la precaria tenencia de la tierra que se habían desarrollado a lo largo del tiempo.

Grana o cochinilla

Durante la época de la Federación la producción de grana en Guatemala cobró importancia rápidamente y llegó a constituir el principal producto de exportación en ese país hasta la década de los sesenta. Su importancia fue tal que se ha dicho que en esa época sobrepasó todas las demás exportaciones de Centroamérica juntas. La cochinilla era un insecto que se alimentaba de una variedad de nopal cuyo cultivo se concentraba en un área muy definida en las zonas de Amatitlán, Antigua, Villanueva y Petapa. A medidados de siglo, cuando la cochinilla tuvo su mayor auge, su producción parece haber ocupado un área de unas 2.800 hectáreas. Aun dentro de esta pequeña zona geográfica, había grandes diferencias en la rentabilidad de la producción: la zona de Amatitlán era, con cierta distancia, la más rentable. La producción de cochinilla fue, pues, un fenómeno localizado.

Cuando no había problemas, su producción era sumamente rentable. La *Gaceta de Guatemala* decía en 1846 que de cada peso invertido al año se obtenían 3,48 pesos al vender el tinte al exportador. Robert Dunlop, un inglés que se dedicó a la cochinilla en la década de los cuarenta, proporcionó datos que coinciden con los cálculos de la *Gaceta*. Según él, en la zona de Amatitlán de cada peso gastado se recuperaban, netos, 2,25. Pero no era actividad exenta de riesgos; un año después del optimista reportaje de la *Gaceta* una plaga de insectos destruyó buena parte de la cosecha. A pesar de las dificultades la explotación de la cochinilla fue origen de una bonanza económica durante el régimen de Mariano Gálvez (quien dicho sea de paso participó directamente en su producción).

La producción de grana era tan compleja que las explotaciones más productivas eran pequeñas y usaban principalmente mano de obra familiar. La reproducción del insecto, su traspaso a bolsas de muselina o sobres de fibra de palma para colocarlos en las hojas, el cultivo del suelo para que el nopal creciera saludable, los deshierbes en la época de lluvias, la recolección manual del insecto y luego su procesamiento en hornos eran todas labores delicadas e intensivas en mano de obra. Dunlop consideraba que en las explotaciones demasiado grandes era imposible coordinar las actividades de todos los trabajadores necesarios, la confusión e interferencia reducían la productividad.

Tanto el insecto de la cochinilla como las hojas de nopal que lo alimentaban podían ser víctimas de diferentes plagas. Una variedad de hormigas particularmente robustas y de buen apetito conocida como «zompopo» se comía los brotes del cactus, mientras que diferentes tipos de orugas competían por comerse el insecto de la cochinilla. Cuando el insecto estaba joven y acababa de ser colocado en el nopal corría el riesgo de caerse, una buena lluvia podía tirar los insectos al suelo y hacer que así se perdiera la cosecha.

A pesar de su rápido desarrollo, esta actividad económica no causó el tipo de fricciones que se iban a dar más adelante con el cultivo del café. En primer lugar, dado su tamaño, la explotación individual no requería de crédito de largo plazo y su financiamiento siguió patrones establecidos durante la época de la colonia, «habilitaciones» de los grandes productores y de comerciantes de la capital, con frecuencia extranjeros. El uso de mano de obra familiar y el empleo ocasional de mano de obra asalariada (en general ladinos), junto con la localización geográfica de las explotaciones, permitió que se evitaran presiones para el reclutamiento forzoso de mano de obra indígena. Además, buena parte de la cosecha se llevaba a cabo en tierras municipales que se alquilaban por nueve años, período de vida del nopal del que se nutría el insecto. Este peculiar arreglo, junto con el hecho de que los arreglos crediticios eran de corto plazo y que la zona cubierta fuera tan restringida desde el punto de vista geográfico, hizo que la cochinilla no estimulara cambios en la legislación que regulaba la propiedad de la tierra. Se puede decir que aunque contribuyó a la acumulación de capital que permitió el cultivo del café más tarde y estimuló la creación de grupos medios no llevó al desmantelamiento de las instituciones coloniales. Para la economía guatemalteca, que debido a la competencia de los comerciantes ingleses y a la pérdida del monopolio del crédito estaba perdiendo su papel en la comercialización del añil, la cochinilla representó una alternativa lucrativa. Fue un producto de transición.

Café

La producción de café presentaba tres problemas: no empezaba a producir antes de cuatro o cinco años, sólo se podía producir económicamente si se satisfacían ciertos requisitos ecológicos estrictos, era relativamente voluminoso y por lo tanto su transporte era difícil y caro y, por último, establecía mayores demandas de mano de obra que los cultivos que predominaban antes. Es decir, el largo período de crecimiento del árbol de café imponía necesidades de financiamiento de largo plazo lo cual implicaba la necesidad de tener títulos claros de propiedad de la tierra y de crear un sistema para otorgar crédito, sus necesidades ecológicas creaban un criterio para convertir cierta tierra en escasa, sus necesidades de mano de obra creaban tensión entre diferentes grupos sociales y el volumen del producto imponía presiones para mejorar el sistema de transporte. Además de los aspectos de la producción, la exportación de café creaba otro rango de actividades: el procesamiento y la distribución.

Como se mencionó al hablar de la herencia colonial, los problemas crediticios eran endémicos y si para empezar una finca de café había que esperar cinco años antes de ver los frutos, las presiones para establecer un sistema de crédito eran muy fuertes. No es sorprendente entonces que la creación de sistemas bancarios correspondiera exactamente al orden de adopción del café (bancos que se crearon con estímulos gubernamentales.) Tampoco sorprende el orden en que se organizaron los registros de propiedad, los cuales, al ayudar a establecer la seguridad en la propiedad de la tierra, facilitaban grandemente la inversión de largo plazo necesaria para la expansión del cultivo de café. El primer registro se organizó en Costa Rica (1867), el segundo en Guatemala (1877), y el tercero en El Salvador (1882); el orden y las fechas corresponden casi exactamente al momento cuando el cultivo del café pasó a ser la actividad más importante de la economía de los respectivos países.

La capacidad de obtener y otorgar crédito siguió siendo la clave para prosperar económicamente. El acceso al crédito determinaba el éxito o el fracaso de una nueva plantación. Empecemos analizando la excepción. En Costa Rica la abundancia de tierra, escasez de mano de obra y de tradiciones de reclutamiento forzoso de mano de obra permitió obviar, al menos en parte, el cuello de botella crediticio. La producción de café empezó en pequeño y se expandió a través de asentamientos en el Valle Central donde ya desde la época colonial se concentraba la población. Esta zona era, desde el punto de vista ecológico, estupenda para el cultivo del café y dada la escasez de la población la tierra era abundante. (Costa Rica entró a la vida independiente con una población de unos 60.000 habitantes que ocupaban un 5% del territorio del país.) El principal problema para comenzar un cafetal, el del financiamiento de largo plazo, se solucionó en parte de una forma que sigue directamente la formulación teórica del significado de la inversión: abstención de consumo presente para incrementar el ingreso futuro. Las recientes investigaciones de Mario Samper sobre los campesinos del

Valle Central muestran que éstos, al instalarse en sus nuevas propiedades, cultivaban una variedad de productos dentro de la cual se encontraba el café. Así, el campesino dedicaba parte de su trabajo y el de su familia al cuidado de unos cuantos árboles sabiendo que no iba a ver el fruto de su trabajo en varios años. Poco a poco aumentó el área destinada al cultivo del café y se redujo la destinada a cultivos de subsistencia. Este mecanismo se complementaba con habilitaciones y adelantos de los exportadores, pero éste era, como ya se ha descrito, crédito de corto plazo.

Como se puede ver, la abundancia relativa de tierra adaptada para el cultivo de café hacía muy difícil que un miembro de la elite que deseara producir el café en grande reclutara la mano de obra para este tipo de operación. Dos factores, la escasez de mano de obra y la opción para el trabajador potencial de colonizar nuevas tierras y empezar a producir por su cuenta, hacían que la mano de obra fuera cara y que el reclutamiento forzoso no fuera posible. En estas circunstancias la capacidad de la elite de controlar el crédito operó al nivel del procesamiento y comercialización del café. Las plantas procesadoras modernas (conocidas como beneficios) requerían una inversión sustancial que no se podía hacer gradualmente y la exportación requería habilidades administrativas y contactos comerciales que estaban más allá del alcance de pequeños productores poco educados que residían por fuerza en áreas rurales.

El beneficio del café y la exportación se convirtieron entonces en el terreno de acción de la elite dirigente. Aquí está el grupo social de donde saldrán los dirigentes del país, quienes durante esta época van a establecer la agenda de acción del Estado (los Mora, los Montealegre). La abundancia de la tierra y la organización de la producción de café con mano de obra familiar quitaba virulencia a dos clásicas fuentes de conflicto: la competencia por la tierra y los problemas laborales. Las principales contradicciones, entonces, se daban entre productores y procesadores-exportadores, pero el Estado comenzó bajo circunstancias en que la expansión del café era rápida y no se daba una situación de suma-cero. Como resultado de esto, la resolución de contradicciones no se dio en una atmósfera de conflicto abierto.

En El Salvador y Guatemala, en cambio, la producción de café se organizó en propiedades relativamente grandes con mano de obra asalariada bajo condiciones que enriquecían únicamente a la elite, la misma que estaba escribiendo leyes y decretando la construcción de caminos. El financiamiento no se hizo a través de la abstención del consumo, sino a través de complejos arreglos que prácticamente garantizaban que solamente los miembros de la elite tuvieran acceso a ellos. El financiamiento de los nuevos cafetales se hacía a través de ingeniosas combinaciones de habilitaciones, hipotecas de propiedades urbanas e ingresos de otros productos agrícolas, actividades comerciales, profesionales o políticas. Los que tenían éxito en arreglar un paquete crediticio suficiente para entrar en el negocio del café tenían, en general, un buen nombre (muchos de los créditos se cerraban con un apretón de manos), buenas relaciones de negocios, habilidad empresarial y suerte. La ausencia de cualquiera de estos elementos limitaba enormemente las posibilidades de éxito.

La tierra que se adquirió para el cultivo de café estaba sujeta a disputas de propiedad (parte de la herencia colonial) o eran terrenos baldíos que se podían obtener siguiendo los pasos estipulados por la ley. Esta coyuntura, nuevamente, colocaba en situación ventajosa a los miembros de la elite con acceso a abogados y con amistades influyentes. La escasez de mano de obra era un problema endémico que se dificultaba aún más debido al acceso de indígenas a la tierra. Aquí se da una variante importante con respecto al caso de Costa Rica. En Guatemala las comunidades indígenas tenían títulos de propiedad o por lo menos reclamos en sus áreas tradicionales que no estaban en zonas apropiadas para la producción del café. Esto tuvo dos implicaciones: a) a pesar de tener acceso a la tierra los indígenas no pudieron participar en el sector más dinámico de la economía, y b) los cafetaleros que necesitaban mano de obra la tenían que llevar desde lejos. El reclutamiento de mano de obra se hizo al principio con adelantos de dinero pero esto ocasionó muchísimos problemas; conocedores de su capacidad de negociación, los indígenas recibían adelantos de varios cafetaleros a sabiendas de que sólo podían cumplir con uno. Además, siempre tenían la opción de cultivar las tierras de sus propios pueblos. Los esfuerzos por atraer inmigrantes extranjeros para solucionar los problemas de mano de obra no lograron el objetivo deseado. Desde el primer intento, el que se hizo durante la época de la Federación para atraer emigrantes belgas a Guatemala, hasta los esfuerzos por traer chinos a El Salvador y a Costa Rica décadas más tarde, todos los proyectos de atraer inmigrantes en gran número estuvieron destinados al fracaso. El problema entonces no era el acceso a la tierra, ya que ésta era abundante, sino que la expansión del cultivo del café se veía frenada principalmente por la dificultad del acceso a la mano de obra. La solución a este problema contrasta con el caso de Costa Rica. Cuando la elite de cafetaleros que se formó en esta época llegó al poder en 1871 con García Granados y Barrios, echó mano a antecedentes legales y patrones de comportamiento heredados la época colonial y empezó a impulsar leyes (como el célebre Reglamento de Jornaleros de 1877) que restablecían el trabajo forzoso.

En El Salvador, donde las mejores zonas para el cultivo del café estaban bien pobladas, el avance de las fincas de café se dio gradualmente a costa con frecuencia de propiedades ejidales y tierras de comunidades indígenas. Este proceso todavía no se conoce muy bien, pero sí se puede decir que la falta de claridad de los títulos de propiedad de ejidos y comunidades, los arrendamientos de tierra, las compraventas y la reclamación de baldíos con frecuencia se mezclaban en complejos casos de transferencia de tierra en los que aquellos con acceso a abogados y al oído de las autoridades tenían las de ganar. A principios de la década de 1880, cuando el proceso de privatización de la tierra ya estaba bien avanzado, se pasaron leyes eliminando las formas de propiedad comunal de la tierra y dando plazos para completar la privatización. Además, se creó el registro de la propiedad, el cual estaba llamado a aclarar las confusiones con respecto a los títulos de propiedad facilitando la inversión y el financiamiento a través de hipotecas.

La creación de un sistema de transporte también imponía demandas sobre la organización del Estado: desde un principio todos los países de Centroamérica dieron gran prioridad a la construcción de caminos y puertos. La forma en que se llevó a cabo esto ilustra cómo las necesidades de la economía del café ayudaban a definir el tono en las relaciones entre diferentes grupos de la sociedad. En Guatemala los caminos se construían usando un tipo de trabajo obligatorio, mientras que en Costa Rica se creó una Sociedad Económica Itineraria apoyada por los principales productores de café. La Sociedad contrató mano de obra asalariada e impuso una contribución sobre la producción de café para construir el camino para carretas entre el Valle Central y el puerto de Puntarenas.

Se puede decir que la economía del café, con sus demandas crediticias, de mano de obra, de tierra y de caminos creó incentivos para que se organizaran las actividades del Estado y definió gran parte de la esfera de acción del mismo. Parece simplista establecer una relación tan directa entre la economía y el Estado y cabe preguntarse si no era posible que se diera un Estado con cierto grado de autonomía. La pregunta es válida, pero a pesar de que existían contradicciones entre diferentes grupos sociales, a medida que se expandió el cultivo del café también creció la influencia de los cafetaleros. Quienes tenían acceso a fuentes de crédito, información sobre precios internacionales, técnicas de cultivo, conocimientos de mercado y de tratos con compañías navieras, eran, en sociedades con elites minúsculas, los mismos individuos que tenían suficientes conocimientos para ser ministros, legisladores o presidentes. Los nombres de los políticos que se ocuparon de fomentar caminos y puertos y de escribir leyes eran también los nombres de individuos que se lucraban directamente de la exportación de café. Juan Rafael Mora y José María Montealegre en Costa Rica fueron, a la vez, presidentes de ese país y sus cafetaleros más importantes; lo mismo se puede decir de Justo Rufino Barrios en Guatemala y de los

3.6. CARRETAS TRANSPORTANDO CAFÉ.

líderes liberales de El Salvador. No es una simple coincidencia entonces que el político al que se le atribuye la consolidación del Estado en
Nicaragua a finales de siglo, José Santos Zelaya, representara los intereses cafetaleros de ese país.

Un punto más que se debe considerar al discutir el cultivo del café
es el del nuevo ambiente económico que creó. Al entrar en mayor contacto con los mercados internacionales los países de Centroamérica
entraron en una atmósfera de competencia con una serie de implicaciones. En primer lugar no tenían ningún control de los precios inter-

nacionales ni de los fletes de las compañías navieras. Además, las actividades económicas se hicieron más complejas a todos los niveles. En el
nuevo ambiente económico había que llevar a cabo inversiones de largo plazo, aprender complejas técnicas de cultivo, negociar con hábiles
comerciantes extranjeros y, por encima de todo, adaptarse a mercados
internacionales que estaban en un estado de cambio constante. Esta
creciente complejidad de la actividad económica habría de premiar a
un limitado número de empresarios, quienes poseían las habilidades
necesarias para sobrevivir. En este sentido, lo que sabemos acerca del
manejo de problemas de crédito o de la organización de fincas de café
en El Salvador y Costa Rica, para citar sólo dos ejemplos, confirma lo
que muestran los estudios para otras regiones como el Bajío en México
o los ingenios azucareros en Cuba: los empresarios exitosos tenían una
aguda conciencia de los cambios en el mercado y dedicaban grandes
esfuerzos y creatividad para mantener el paso y salir adelante.

Carolyn Hall, en su libro sobre la formación de la hacienda cafetalera, describe en detalle cómo un caficultor particularmente bien edu-
cado y con vocación de experimentador (dedicaba «la mayor parte de
su lectura y experimentación práctica a la solución de problemas netamente agronómicos», además, «hizo innumerables notas respecto a
la composición de suelos, los mecanismos de la vida de las plantas, las
propiedades de diferentes abonos, los beneficios del drenaje y la utilidad de la labranza» [15]) se enfrentó a innumerables vicisitudes cuando
intentó establecer una finca de café de tamaño mediano. Este hábil
caficultor, don Ezequiel, se vio en grandes dificultades para sacar el
negocio adelante, a pesar de que comenzó su actividad a finales de
siglo cuando ya había un conocimiento acumulado sobre técnicas de
producción. Los problemas empezaron desde la siembra de los almácigos; después de tener poca suerte con la siembra de semilla, el cafetalero plantó reimplantes tomados de cafetos en producción. La lluvia
excesiva y extemporánea, junto con la existencia de plagas, hizo que
sólo la tercera parte de las plantas en el almácigo se pudiera transportar al cafetal. La preparación de la tierra para el cafetal presentó otro
tipo de problemas: el cafetalero esperaba pagar los costos de mano de
obra de la limpia vendiendo la leña que se sacara en el proceso, pero
sus vecinos tenían suficiente leña, y dados los altos costos de transporte
no era factible llevar el producto a ningún otro mercado. Don Ezequiel,
siempre creativo, alquiló terrenos en esquilmo, los inquilinos no pagaban renta pero limpiaban el terreno, cultivaban maíz y frijol (lo cual
tenía la ventaja de que hidrogenaba el suelo) y luego entregaban el
terreno ya limpio y listo para recibir los arbolitos de café. Los cafetos,
una vez trasplantados, todavía estaban en grave riesgo; más de la mitad se perdieron. Esto hizo necesario que se resembraran continuamen-
te a fin de mantener una densidad rentable. Junto con todas estas la-

bores había que llevar a cabo el cultivo de rutina, la poda periódica de cafetos y de árboles de sombra, el deshierbe y la eliminación de plantas parásitas como el «matapalo».

Las tribulaciones del propietario de una finca de tamaño mediano parecían no tener fin y el fracaso siempre estaba a la vuelta de la esquina. Ciertamente no era tarea fácil y el éxito requería una rara combinación de habilidades que no estaba al alcance de todos. Es dentro de este ambiente de incertidumbre y desafíos que vemos prosperar a los empresarios creativos (y a veces poco escrupulosos) que luego formaron oligarquías cuya influencia sería sumamente duradera.

Contrastemos las demandas que imponía el café sobre los mercados de crédito, mano de obra, tierra y desarrollo de la infraestructura con los impuestos con la economía del ganado, azúcar, minería, maderas preciosas y hule, las actividades productivas de los países en que el desarrollo del Estado fue más tardío: Nicaragua y Honduras.

Ganado

El ganado hondureño y nicaragüense se llevaba regularmente a las ferias de El Salvador y Guatemala para satisfacer las necesidades de transporte (bueyes y mulas), alimentos y cueros (para empacar añil y cubrir carretas entre otras cosas). Cuba, por otro lado, necesitada de carne para alimentar a los esclavos empleados en la producción de azúcar y de bueyes para sus trapiches y carretas, fue un mercado importante para el ganado hondureño. El ganado de este último país (producido principalmente en Choluteca) ganó en importancia a lo largo del siglo; en 1855 era el tercer producto de exportación (detrás de la minería y las maderas) y representaba poco más del 10% de las exportaciones; cuatro décadas más tarde, cuando la exportación de maderas ya había decaído, seguía de cerca a la minería y representaba un tercio de las exportaciones. En Nicaragua, por el contrario, la ganadería, que se concentraba en las regiones de Chontales, Matagalpa y Segovia, decayó en importancia y en la década de los ochenta no llegaba al 10% de las exportaciones totales.

La producción ganadera no imponía mayores demandas crediticias. Era una actividad heredada de la época colonial destinada principalmente al consumo regional que no experimentó cambios de tipo tecnológico durante el siglo XIX. Como se destinaba al mercado regional y las reses se transportaban a pie, el crecimiento de esta industria no obligó a la inversión en frigoríficos ni en un sistema de transportes. El hecho de que no hiciera falta realizar grandes inversiones de largo plazo tampoco suponía presiones para que el Estado organizara el mercado de la tierra y regularizara los títulos de propiedad. La ganadería representó una alternativa atractiva en Honduras y Nicaragua precisamente porque en esos países la tierra era abundante y la mano de obra y el crédito eran particularmente escasos.

Tanto la actividad dentro de la hacienda como la comercialización del ganado no cambiaron sustancialmente con respecto a las prácticas de la época colonial. Una descripción de una hacienda ganadera nicaragüense en 1871 ilustra este último punto:

> Las haciendas de ganado se componen generalmente de un número más o menos crecido de caballerías de terrenos, cubiertos de pastos naturales, y en los cuales se mantiene un número de rebaños proporcionado a la extensión de la propiedad. Los animales están libres y sin cerco alguno; su afección particular al sitio que los ha visto nacer, es el único vínculo que los mantiene en los límites de la hacienda. Esta industria no exige otro cultivo que el cuido de quemar los zacatales a fines de verano para destruir la garrapata y otras plagas, y fertilizar el terreno [16].

Sin embargo, la ganadería era negocio lo suficientemente rentable como para que las principales fortunas de Honduras y Nicaragua estuvieran basadas en ella.

Azúcar

El azúcar, al igual que la ganadería, permitía una inversión lenta y acumulada y no dependía exclusivamente del mercado externo; en ambos casos el consumo local era considerable. Es más, ambas actividades se podían llevar a cabo a diferentes escalas y con diferentes niveles tecnológicos. En el caso del azúcar observamos en Nicaragua un crecimiento lento y sostenido. Ciertamente este producto no representaba un porcentaje considerable de las exportaciones (alrededor del 3% en 1872), pero éstas no eran medida del volumen total de producción dada la existencia de un mercado interno considerable. De hecho la producción de los cañaverales no se destinaba únicamente a los trapiches o ingenios de azúcar sino también a la fabricación de rones y aguardientes. La producción se llevaba a cabo sin mayores complicaciones técnicas. Un viajero describió cómo la caña de azúcar se cultivaba:

> ...en pequeñas propiedades, cada una de las cuales tiene campos de unos cuantos acres de caña de azúcar, la cual se muele en pequeños molinos de madera movidos por bueyes a los que los nativos llaman trapiches, y el crujir de los cilindros de madera se puede oír a una milla de distancia [17].

Aunque a mediados de siglo empezaron a verse trapiches extranje-

SUGAR-MILL.

3.7.   TRAPICHE DE AZÚCAR.

ros producidos por Tredwell y Pell y otros fabricantes de implementos agrícolas, la producción a pequeña escala siguió siendo rentable. Nuevamente tenemos un cultivo que era atractivo desde el punto de vista económico, sin mayores necesidades de inversión a largo plazo.

Oro y plata

En Honduras, en particular, la producción minera fue el principal rubro de exportación desde la época colonial. Su importancia en el comercio exterior de ese país se mantuvo durante la segunda mitad del siglo XIX período en el cual sus exportaciones oscilaron entre el 40% y el 50% del total. En Nicaragua, el otro país en el que las exportaciones de oro y plata eran significativas, su importancia era mucho menor; se mantuvieron alrededor del 10% entre los años cincuenta y ochenta.

La modernización tecnológica de la minería implicaba niveles de inversión que estaban más allá de las posibilidades de estos países. La inversión mínima para empezar la explotación de una mina mecanizada se estimaba en 20.000 pesos, suma que no estaba al alcance del promedio de los comerciantes hondureños, quienes hubieran sido los candidatos obvios para este tipo de actividad. La opción que se presentaba era mantener un nivel tecnológico precario o recurrir a la inversión extranjera. En este caso no existía, como en el caso del café o del ganado, la opción de una inversión gradual. Como resultado de esto Honduras tuvo que esperar hasta la década de los ochenta para hacer inversiones importantes en equipo minero y éstas fueron hechas por compañías extranjeras.

La extracción de oro y plata, antes de su modernización, era intensiva en mano de obra. Pero a pesar de las posibilidades, no era labor que se llevara a cabo organizando una gran fuerza de trabajo, lo que hubiera sido difícil en un país, como Honduras, donde los asentamientos de población eran sumamente dispersos. El oro se obtenía directamente de los ríos, labor que se dejaba a las mujeres y los ancianos. Un visitante estadounidense que estuvo en las zonas auríferas de Honduras en la década de los cincuenta describió cómo en Honduras una mujer «con el agua hasta las rodillas, con una batea de madera en las manos, de la cual tiraba el agua y la tierra, con la habilidad de un lavador de oro experimentado... en casi una hora [ella] había recogido suficiente

3.8. MOLINO DE PLATA HONDUREÑA.

"oro en bruto" para lograr el equivalente de setenta y cinco centavos de nuestra moneda» [18]. La actividad de estos lavadores de oro no era insignificante. En 1853, por ejemplo, llevaron a Juticalpa oro valorado en 129.600 pesos. La extracción de la plata también operaba con un mínimo de tecnología, para procesar el mineral se usaban los molinos más toscos, dos ruedas de piedra movidas por una yunta de bueyes. La importación de maquinaria tenía por un lado el obstáculo del capital y por otro el de los caminos. El movimiento de maquinaria pesada a través de tortuosos caminos y con el uso exclusivo de mulas era una labor titánica.

Cuando por fin se mejoró el nivel tecnológico de la minería los hondureños fueron desplazados por el capital extranjero, la inversión necesaria estaba más allá de las posibilidades del capitalista local. Es así que las características específicas de la principal actividad económica de Honduras impidieron una acumulación gradual de riqueza en manos de una oligarquía nacional, los beneficios del sector más moderno y dinámico de la economía habrían de caer en las manos de extranjeros. En Honduras la minería no contribuyó a la formación de una oligarquía nacional de la forma que lo hizo el café en otros países.

Hule

La extracción de hule en Nicaragua es un excelente ejemplo de una actividad económica que se podía llevar a cabo de forma perfectamente rentable sin imponer ninguna demanda sobre el Estado. Los árboles de hule se encontraban en abundancia principalmente en las selvas de la cuenca del río San Juan. La organización del negocio era simple: los comerciantes exportadores actuaban como «habilitadores», es decir, le daban adelantos a pequeños grupos de dos o tres huleros quienes iban tierra adentro en la selva y después de unos tres meses regresaban con el hule listo para la exportación. Los árboles en sí no pertenecían a nadie, no había necesidad de establecer claros derechos de propiedad ni mecanismos de crédito a largo plazo, y las necesidades de transporte las satisfacía el río San Juan. Los contratos eran verbales y a pesar de que había conflictos, éstos no se solucionaban con la ayuda del Estado. «Los habilitadores engañan a los habilitados del modo más inmoral», escribía Lévy en 1873: «pero también los habilitados corresponden a este procedimiento y pagan al habilitador lo menos frecuentemente que pueden, vendiendo su producto a otros compradores. A pesar de todo, los exportadores de hule venden, término medio, a razón de 60 dólares el quintal el mismo cauchú [sic] que no han pagado al hulero sino a 30 dólares y a veces mucho menos» [19].

Como se puede ver, mientras existieran oportunidades de hacer dinero como las que presentaba la extracción de hule, el atractivo de dedicarse a actividades más complejas como el cultivo del café era limitado. Pero volviendo a nuestro punto principal, es obvio que la organización del negocio del hule imponía menos demandas sobre la organización del Estado que el cultivo del café.

Madera

El caso de la explotación de la madera es similar. Los «cortes» de madera en la costa atlántica de Honduras y Nicaragua tuvieron su auge a mediados de siglo: en el primer país representaban poco más de un quinto de las exportaciones registradas en 1855 mientras que en el segundo llegaron a alrededor de un sexto en su mejor momento (1849). La explotación de la madera era una actividad estacional que se llevaba a cabo en la costa atlántica, lejos de los centros urbanos, principalmente a través de concesiones a extranjeros. De esta forma los gobiernos de Honduras y Nicaragua aumentaban sus ingresos sin mayores complicaciones y dejaban las labores de explotación de la industria maderera a individuos que no imponían demandas de ningún otro tipo y, francamente, preferían trabajar sin la interferencia de las autoridades nativas. Lévy describió la operación en detalle:

> Cada año se fija el punto en que tendrá lugar el corte, y se dirigen sobre él los obreros y las herramientas necesarias, así como bueyes de tiro y pares de grandes ruedas, lo que a veces es muy difícil en las veredas de los bosques o por los caudales de los ríos. Los cortadores edifican en un día un pequeño pueblo de chozas. Están divididos en compañías de 20 a 50 hombres cada una, bajo la dirección de un capitán. Éste designa todos los días los trabajos que deben hacerse y el puesto de cada uno; fija también el precio de los salarios. Cada compañía es guiada en sus trabajos por un monteador, hombre especial que mucho tiempo antes de la estación ha ido en descubrimiento de los árboles, los ha marcado, y conoce, él solo, los piquetes que ha hecho para llegar hasta ellos. Hay muy pocos buenos monteadores; es una ocupación que requiere una energía, una perspicacia particular, para dirigirse en las selvas sombrías, y llegar sin equivocación a las caobas que se han podido distinguir desde lejos, por el color de su follaje y trepando a la cima de un árbol elevado. A medida que los árboles están cortados, se limpian de las ramas delgadas, se separan las horcas de los cañones y se centralizan en un punto cómodo para embarcarlas. Ésta es una operación muy trabajosa: es necesario hacer caminos, cortando un sinnúmero de árboles, a veces muy duros, formar puentes, y arrastrar las trozas con bueyes. En diciembre, cuando las aguas crecen, se llevan, ora en pipantes, ora en balsas, los productos del corte hasta la parte baja del río, donde se amontonan, espe-

rando el buque que debe cargarlas. Los hombres se pagan a razón de 10 a 15 dólares al mes y la manutención; se comprometen por una estación y reciben su pago, parte en dinero, parte en efectos. Casi todos son Mosquitos o Caribes negros [20].

Nuevamente, por su naturaleza misma los «cortes» no exigían de inversiones de largo plazo ni de regulaciones que aseguraran la propiedad. Esta actividad se organizaba de forma similar a un safari, y una vez se conseguía lo que se buscaba se abandonaba la zona; tan pronto como se talaron los bosques las zonas madereras dejaron de recibir las visitas de los buques ingleses.

Como se puede ver en el comentario anterior, diferentes productos imponían diferentes demandas con respecto a la definición de la esfera de acción del Estado. Aun cuando la economía de exportación jugó un papel tan importante en Nicaragua y Honduras como en los otros países de la antigua Federación, el hecho de que sus economías tuvieran una variedad de alternativas rentables y se dedicaran a productos con pocos requisitos de inversión y de mano de obra retrasó la organización de las actividades del Estado. La producción de café, por otro lado, impuso demandas especiales de organización de un sistema que proporcionara crédito suficiente y permitiera la inversión de largo plazo, pero dependiendo de la dotación de factores estas presiones se podían resolver de diferentes formas. La influencia de estos primeros pasos en la expansión de la economía de exportación fue más allá de su influencia sobre las instituciones estatales; el carácter de las relaciones entre diferentes grupos iba a estar determinado por el peso de la herencia colonial en la que la población indígena era, por definición, fuerza de trabajo. Ahí donde había mayor población indígena y una tradición de administración coercitiva de la mano de obra la expansión de las exportaciones produjo regímenes más duros y uno de los papeles importantes del Estado consistió en garantizar el acceso a mano de obra para la producción del café. Tenemos que la interacción entre la expansión de las exportaciones y la herencia colonial habría de tener un fuerte impacto sobre la etapa formativa de los países de Centroamérica.

Comercio exterior

Tanto los datos de exportación como todas las descripciones de viajeros indican que en el período en consideración se establecieron las bases de la economía de exportación que habría de predominar en Centroamérica, el «modelo de crecimiento hacia afuera» del que hablan los libros de texto. Es importante entonces tener una idea del orden de magnitudes de las exportaciones y de la rapidez de su expansión.

Antes de empezar la exposición de este tema, es pertinente dedicarle unas cuantas líneas al problema de los datos de exportación que se usan. En general la principal fuente de estos datos son las cifras oficiales publicadas en periódicos y en informes presidenciales o de otros altos funcionarios. Los informes de los cónsules europeos generalmente incluían los mismos datos aunque cuando no había cifras oficiales los cónsules ingleses respondían a la presión del Foreign Office con estimaciones propias. ¿Cuán confiables eran estos datos? Basta con mencionar la disrupción en el aparato burocrático que se dio después de la Independencia y las limitaciones de los sistemas educativos para proyectar una sombra de duda sobre las estadísticas de la época. Si a esto se suma la inestabilidad política que predominaba es fácil imaginarse que las personas a cargo de recopilar la información no siempre eran las más capacitadas ni las más interesadas en mantener registros minuciosos. La impresión de que la recopilación de estadísticas de comercio exterior no había llegado a un nivel idóneo se refuerza al leer los comentarios de algunos observadores.

El geógrafo Pablo Lévy, al comentar los datos oficiales de exportación de Nicaragua en 1871, confirma las peores sospechas:

> Las cantidades de cada mercancía son probablemente inexactas en su mayor parte: lo tenemos probado por lo menos en dos puntos: 1. los cueros de res inscritos en 90.000 libras forman, a razón de 20 libras, término medio, cada uno: 4.500 cueros, y sabemos particularmente que una sola casa de Granada ha mandado, en este mismo período, más de 7.000 cueros [21].

Está claro que el registro de datos no era ideal (en general se erraba por defecto, lo cual hace que las cifras sean en general estimaciones por lo bajo). Además, la costumbre de usar precios artificiales limitaba todavía más la validez de las cifras. Las «tarifas de aforos» eran listas de precios oficiales que se usaban para valuar los productos de exportación e importación y calcular impuestos. A esto se refería Lévy cuando decía que: «Otra causa de error, es que los precios en que se ha valuado la mercancía son demasiado bajos... además, hay diferencias enormes y aun ridículas, entre los valores admitidos por cada administración» [22]. Por un lado la tarifa de aforos, al mantener los precios constantes, eliminaba el efecto de la inflación, pero, por otro lado, cambios ocasionales y perfectamente arbitrarios en la tarifa hacen difícil ajustar las series de datos. Hay razones para creer que Nicaragua, el caso al que se refiere Pablo Lévy, era el país con las peores estadísticas, pero no cabe duda de que hay que tener cuidado al usar las cifras de comercio exterior. Esto no quiere decir que haya que tirarlas al cesto de la basura. Las crónicas de viajeros y las descripciones de la economía hechas por funcionarios nacionales y cónsules extranjeros cuentan la misma historia que las estadísticas. Cuando un viajero nos dice que el año fue malo las cifras oficiales nos dicen lo mismo, cuando suben los precios y un observador habla de cientos de carretas cargadas de café levantando el polvo en el camino al puerto, las estadísticas no lo contradicen. Estas coincidencias o, más bien, correspondencias, sugieren que las imperfectas cifras disponibles todavía son útiles para señalar tendencias generales y órdenes de magnitudes.

Otro aspecto del problema que hay que tomar en cuenta al estudiar la economía de esta época es el del significado de las unidades monetarias. Durante esta época todos los países de Centroamérica usaban la misma moneda, el peso, el cual era más o menos equivalente a un dólar. El uso de monedas de los diferentes países de Centroamérica y aun de América del Sur y de Europa era frecuente, de tal forma que todas estas monedas coexistían y se intercambiaban frecuentemente. Esto aseguraba que se mantuviera la paridad en el valor del peso en toda la región. Con respecto a la tasa de cambio del peso no hay ninguna serie temporal completa que nos ayude a ajustar las cifras. Los datos disponibles indican que en el período 1825-1870 la libra esterlina se mantuvo entre 4,5 y 5,7 pesos, generalmente cerca de los 5 pesos; es decir, las fluctuaciones fueron moderadas. El índice de precios industriales de Gran Bretaña nos puede dar una idea de los cambios en el poder adquisitivo de las exportaciones valuadas en pesos; entre 1821 y 1870 dicho índice varió entre 95 y 121, nuevamente una variación que se puede considerar moderada.

Después de haber recomendado cautela en el uso de los datos pasemos a discutir qué podemos aprender de ellos. Los diferentes países de Centroamérica respondieron de forma muy diferente al estímulo del sector externo; las tendencias parecen claras. Comparemos las exportaciones totales de los países cafetaleros. De acuerdo con los datos oficiales, para 1855 Costa Rica exportaba 0,77 millones de pesos, casi lo mismo que El Salvador aunque este último país tenía cuatro veces más habitantes. Guatemala, cuya población era ocho veces mayor, exportaba 1,1 millones. Quince años más tarde las exportaciones en El Salvador se habían cuadruplicado, en Costa Rica habían aumentado 3,6 veces y en Guatemala 2,3 veces. Honduras y Nicaragua se quedaban atrás en la comparación de niveles totales de exportaciones. En 1854 el primer país tuvo un buen año y exportó alrededor de 0,8 millones de pesos, pero el crecimiento fue lento e irregular: para 1892 todavía no había alcanzado el límite de los dos millones. En Nicaragua la limitada información disponible indica que las exportaciones llegaron al millón en la década de los sesenta y se mantuvieron alrededor de ese nivel por unos diez años más.

Hay que tener en cuenta, por supuesto, que la población de los diferentes países era muy distinta. Las cifras per cápita son más indicativas de la importancia de las exportaciones en cada país. El Cuadro 3.2, en el que se comparan las exportaciones per cápita, muestra que no todos los países de Centroamérica habían tomado la misma ventaja de las oportunidades de aumentar las exportaciones. Para 1892 las exportaciones per cápita de Costa Rica eran aproximadamente cinco veces más que las de El Salvador, seis veces más que las de Honduras, y más de diez veces más que las de Guatemala y Nicaragua.

Cuadro 3.2

Exportaciones per cápita (en pesos)

País	1855	1870	1892
Costa Rica	7,11	20,04	37,47
El Salvador	1,94	6,45	7,57
Honduras	2,47	n.a.	6,21
Guatemala	1,22	2,37	3,80
Nicaragua	n.a.	n.a.	3,25

Las posiciones de Honduras y Guatemala en el cuadro parecen contradecir las nociones preconcebidas. A mediados de siglo, Guatemala, sitio de la antigua capitanía general y de la ciudad más grande de Centroamérica estaba, desde el punto de vista de las exportaciones per cápita, muy por detrás de Honduras. Aunque exista la tentación de descartar esta observación y achacar la diferencia a la imperfección de los datos de la época, hay que tomar en cuenta dos elementos importantes: 1) en Guatemala la mayor parte de la población indígena simplemente no participaba en actividades de exportación, y 2) las exportaciones de Honduras se concentraban en actividades de extracción (el oro, la plata y las maderas preciosas representaban dos tercios de las exportaciones de 1855), las cuales a mediados de siglo estaban pasando por un momento de auge, pero no podían crecer rápidamente debido a que estaban limitadas por la dotación natural del país y sus beneficios no alcanzaron al interior del país ni contribuyeron a consolidar las autoridades estatales. La mayor parte de los beneficios de las exportaciones de madera parecen haber quedado en manos de los comerciantes ingleses que las organizaban. La incorporación de Honduras al mercado mundial no fue necesariamente más lenta que la de los otros países de Centroamérica; lo que la hizo diferente fue que tuvo un impacto de largo plazo menor sobre la acumulación de capital y sobre las instituciones del Estado.

Este crecimiento de las exportaciones se dio al mismo tiempo que se variaban las combinaciones de productos exportados siguiendo muy de cerca los cambios en los mercados internacionales. Así tenemos que cuando durante la Guerra de Secesión en los Estados Unidos subieron los precios de algodón, los agricultores de Guatemala, El Salvador y Nicaragua se apresuraron a entrar en el negocio. Los agricultores de El Salvador y Guatemala se dedicaron al cultivo del café pero continuaron produciendo añil y cochinilla mientras siguió siendo rentable.

Sin ignorar las limitaciones de los datos, se puede decir que las cifras globales no dejan lugar a duda con respecto a la reorientación de las economías de Centroamérica hacia las exportaciones. Esto se observa tanto en las cifras globales como en las cifras per cápita. Durante la segunda mitad del siglo la economía de exportación pasó a ser más importante en la vida diaria de los centroamericanos. En Costa Rica y, en menor medida, en El Salvador, se observan rápidos niveles de crecimiento en las exportaciones, particularmente a partir de 1855. Aunque es frecuente en la literatura enfatizar la importancia que las reformas liberales de la década de los setenta tuvieron para promover las exportaciones, la exposición anterior muestra que el proceso empezó a mediados de siglo y para 1870 ya estaba bien encaminado.

AGRICULTURA DE EXPORTACIÓN Y COMERCIO

El rápido crecimiento de las exportaciones iba paralelo, como era de esperarse, al de las importaciones. Desde los primeros años del período republicano los centroamericanos demostraron su gusto por los productos que les llegaban de Europa, a pesar de que todavía no contaban con los medios para pagarlos. La liberalización del comercio que se dio en los años veinte dio lugar a una fiebre de importaciones que, al no ser igualada por un aumento en las exportaciones, menguó la cantidad de circulante disponible. En las zonas más aisladas había una verdadera sed de productos importados. En Costa Rica, en 1825, Hale observó que:

Las gentes miran los productos extranjeros como artículos milagrosos;

ni siquiera ha sido importada la útil carretilla, sin la cual nuestros canales y otras grandes empresas no se habrían facilitado; no tienen idea de los utensilios que fabrica el tonelero; no usan la rueca y las máquinas para sembrar el algodón y limpiar el café serían una novedad [23].

Importaciones y ferias

Inicialmente, poco después de la Independencia, la principal fuente de productos importados eran los comerciantes de Belice. El comercio que se había realizado de forma encubierta durante la época colonial empezó a hacerse a la luz del día y en una proporción cada vez mayor. Los productores de las diferentes regiones de Centroamérica llegaban a Belice cargados de añil, cochinilla o plata y ahí adquirían mercadería importada. De esta forma evitaban a los comerciantes guatemaltecos que por tanto tiempo habían tenido el monopolio de las actividades comerciales. Los comerciantes beliceños tenían tanta confianza en este sistema que por lo general no se molestaban en abrir establecimientos en las ciudades de Centroamérica; bastaba con esperar la llegada de los clientes.

Manufacturas textiles de toda índole —acolchados, adamascados, alfombras, bandanas, barraganes, cordones, calicós, estrivillas o bogotanas, lanas madapolanes con barbas y sin barbas, linos alemaniscos y un sinnúmero de otros productos hoy olvidados— constituían el rubro más importante del comercio de importación. La tarifa de aforos de El Salvador de 1849 describía 452 tipos diferentes de manufacturas textiles. En general los textiles representaron hasta finales de siglo casi la mitad del total de los productos importados. Entre las otras importaciones se encontraban productos metálicos (machetes, cuchillos, tijeras y otros por el estilo), artículos para el hogar como loza y porcelana y miscelánea que incluía químicos, jabones y libros.

La distribución de bienes importados a la población en general establecía el vínculo entre la agricultura de exportación, la actividad comercial y el crédito. Con frecuencia las habilitaciones que se llevaban a cabo en ferias anuales no eran en metálico sino en mercancía otorgada en consignación. Como en la época colonial, los papeles de importador, exportador, prestamista y distribuidor se confundían con tanta frecuencia como los de productor, comerciante, político y profesional. La pequeñez de la economía conspiraba en contra de la división del trabajo. Los empresarios exitosos eran los que sabían combinar diferentes actividades. Con frecuencia la discusión sobre la economía de Centroamérica en el siglo XIX se concentra en los efectos de la economía de la exportación y da por sentado que los bienes importados y la producción de alimentos se distribuían de alguna forma entre la población. Este énfasis en la agricultura de exportación se debe en parte a la disponibilidad de datos y en parte al hecho de que era el sector más dinámico de la economía. Ciertamente, sin un cambio en las técnicas de producción, la agricultura tradicional de productos alimenticios crecía de acuerdo con el crecimiento de la población (y a veces menos) y el mercado interno se mantenía limitado. Pero esto no quiere decir que el sector que crecía lentamente fuera de por sí insignificante ni que el mercado interno estuviera totalmente desconectado de las actividades de exportación. De hecho, había actividades que, como el cultivo del azúcar o del cacao se destinaban tanto al mercado interno como al externo. Cuando hablamos de «cafetaleros» o de «añileros» generalmente nos referimos a individuos que para mantener su equilibrio económico dedicaban buena parte de su tiempo a otras actividades. Los médicos tenían fincas y tiendas, y cuando tenían algunos excedentes no dudaban en prestar dinero. Los campesinos trabajaban en su tierra y en la finca cercana y llevaban verduras al mercado semanal.

Es necesario restablecer un cierto balance en la atención que los historiadores prestan a las actividades económicas de este período. La actividad comercial, en particular, no se puede dejar de lado. El espíritu comercial era considerable, y estaba claro para todos que para poder tener éxito en la agricultura comercial convenía ser un buen comerciante. Ahí estaban las fuentes de créditos, los contactos con los agentes de casas extranjeras que proporcionaban crédito. Se trataba de una estrategia de supervivencia en el siempre precario equilibrio de la economía.

Esta conexión entre el comercio y la agricultura de exportación resultaba clarísima para la gente de la época. Esta conexión se daba a todo nivel: los pueblos indígenas donde se reclutaba mano de obra para las fincas producían artesanías para el mercado al que acudían todas las semanas; los profesionales se cambiaban de ropa y fungían de tenderos; niños, ministros y hasta el presidente de la república participaban en la actividad comercial sin ningún empacho.

La actividad comercial no conocía fronteras sociales. En El Salvador la esposa del cónsul inglés observó que de la familia del presidente de la República para abajo todos se dedicaban al comercio. Asimismo, después de su visita a Costa Rica el escritor inglés Anthony Trollope escribió que en ese país no había aristocracia que estuviera por encima de los tenderos. En Nicaragua, según el diplomático E. G. Squier, hasta en las mejores casas se dedicaba una habitación (generalmente la que se abría a la esquina de la calle) a la tienda. Hasta el legendario general Francisco Zelaya, el hacendado más rico de la región hondureña de Olancho, dedicaba buena parte de su tiempo a las actividades mercantiles. Todos los años el general iba con sus mulas a Omoa o Trujillo y regresaba con mercadería que luego vendía personalmente en una feria dominical que improvisaba en el patio de su casa. Tampoco el sexo era una barrera para la vida comercial: mujeres de toda condición social participaban sin empacho en estas actividades.

El comercio interior se llevaba a cabo a través de una red de ferias con diferentes radios de influencia. Las grandes ferias anuales atraían comerciantes de toda Centroamérica y barcos cargados de mercadería europea. Ahí se hacían los negocios de envergadura. A la vez que se arreglaban los grandes negocios se daban innumerables transacciones crediticias y comerciales de poca monta. En los países del noroeste las principales ferias eran las de Chalatenango, San Vicente y San Miguel en El Salvador y la de Esquipulas en Guatemala. Estas ferias, que tenían un radio internacional de acción que abarcaba hasta Honduras y Nicaragua, se realizaban entre octubre y febrero, cuando la cosecha de añil estaba lista para la venta. Afortunadamente en esos meses no llovía y los caminos estaban pasables, lo que facilitaba el transporte por tierra.

El año comercial empezaba con las ferias salvadoreñas donde llegaba el añil que se procesaba en noviembre. Los capitanes de barco franceses sabían que si sus barcos salían de Le Havre alrededor del 15 de agosto llegaban a tiempo para desembarcar su mercadería en Omoa o Trujillo en octubre y alcanzar la feria de Chalatenango en la segunda mitad del mes. Luego, seguían su camino, en el que se unían a ganaderos de Honduras y Nicaragua, quienes preparaban sus hatos con semanas de anticipación para llegar a tiempo a la feria de San Miguel, en la zona oriental de El Salvador, que se celebraba durante las fiestas patronales de la virgen de la Paz. (Para los comerciantes franceses se justificaba el desembarco en Omoa porque las autoridades hondureñas cobraban menos de la mitad del impuesto de importación a los bienes destinados a las ferias salvadoreñas.) Ésta era la última feria del año y la más grande; era punto de reunión para miles de personas provenientes de toda Centroamérica. Buques europeos cargados de mercadería varia viajaban alrededor del cabo de Hornos o venían desde Chile o Perú hasta el puerto de La Unión, a unos cuantos kilómetros de la ciudad de San Miguel y regresaban a sus puertos de origen cargados con zurrones de añil. Para los añileros la feria era la ocasión para obtener las «habilitaciones», que les permitían mantenerse en el negocio. Por medio de estas transacciones, que con frecuencia se garantizaban únicamente con un apretón de manos, los comerciantes se aseguraban la provisión de añil del año siguiente.

En enero el ciclo de ferias continuaba en Guatemala alrededor de las festividades del milagroso señor de Esquipulas, cuyo templo presidía el pueblo del mismo nombre. Durante los nueve días de la feria se intercambiaban productos ingleses que entraban por Izabal, ganado hondureño que llegaba a pie a través de las montañas y pequeñas artesanías provenientes de diversos puntos de El Salvador y Guatemala. Los comerciantes europeos (principalmente ingleses) compraban la cosecha anual de añil, otorgaban las «habilitaciones» que financiaban la producción y vendían mercadería importada que estaba destinada a abastecer a la región por el resto del año.

Aunque la principal actividad de las ferias anuales era la compraventa de añiles, ganado, y productos importados, también había un tráfico considerable de manufacturas locales: rebozos multicolores procedentes de Guatemala, jícaras labradas para beber chocolate, sombreros y esteras de paja (petates), arreos del país, cohetes. El tabaco salvadoreño iba a Costa Rica; además El Salvador exportaba rebozos de algodón y hamacas. Los indígenas hondureños que vivían en el camino a San Miguel trabajaban todo el año produciendo confites y jabón para vender en la feria. A esto se añadía una gran variedad de productos importados que tenían como principal característica el ser pequeños y de poco valor: chaquetas con botones brillantes, cortaplumas, loza, tijeras, planchas de hierro, navajas de afeitar, libros selectos de religión y medicina, manuales para el cultivo de añil y nopal. Las calles cobraban vida con una variedad de actividades adicionales: músicos, soldados, estafadores, prostitutas. Cuando faltaba el entretenimiento profesional, ocasionalmente las peleas callejeras servían de sustituto. Los pueblos donde se celebraban las grandes ferias anuales aprovechaban su prestigio y localización geográfica favorable para llevar a cabo ferias menores en otras épocas del año. En San Miguel se realizaban dos más en febrero y mayo, mientras que en Esquipulas había otra en marzo o abril.

La actividad de las grandes ferias se complementaba con otras menores de carácter regional especializadas en determinados productos. En Rabinal, Guatemala, se vendían víveres; en Masatenango, ganado y cacao; en Sololá, fruta y víveres; en Quezaltenango y Chimaltenango, productos de lana; en Jocotenango, ganado caballar y mular. Ferias como las de Apastepeque, Sensuntepeque o Suchitoto en El Salvador tenían un carácter más local, aunque la última llegaba a atraer a comerciantes de algunos pueblos hondureños cercanos a la frontera. En la época de apogeo de las ferias cualquier pueblo con un mínimo de pretensiones organizaba su feria anual; en 1857 el cónsul francés contó diecinueve sólo en El Salvador.

Menos especializadas y más modestas eran las ferias semanales, orientadas a satisfacer las necesidades de las pequeñas concentraciones urbanas y sus alrededores. Los campesinos llegaban a vender frutas y flores y, a su vez, a comprar machetes y productos textiles. El viajero alemán Wilhelm Marr (quien probó su suerte como comerciante en

Puntarenas por un breve tiempo) nos dejó una descripción de la feria semanal de San José, Costa Rica, a mediados de siglo:

> Toda la ciudad se llena de vida porque la altiplanicie entera se da cita en la plaza ese día. El sábado es el de mercado y las amas de casa se proveen de legumbres para toda la semana. La gran plaza se cubre de barracas cubiertas de lienzo, en las que el pequeño comercio pone también en venta todos los productos de la industria extranjera. Campesinas jóvenes, con sus trajes pintorescos y puestas en cuclillas en el suelo, ofrecen huevos, frutas, mantequilla, etc. Vienen indios al mercado trayendo maíz y cacao. Vendedores ambulantes, muchachos de nueve a diez años, circulan con su pacotilla, la que a menudo se compone de pocos artículos, tales como agujas, hilo y cintas. Se comercia a pie y a caballo, en géneros de vil precio. La apacible e indolente población parece haberse transformado porque su índole es la del mercachifle. El día de mercado, el presidente de la República no desdeña cortar algunas varas de zaraza para el campesino; el ministro de Hacienda se queda ronco en su afán de probarle al comprador que pierde en la venta de un miserable vaso de vidrio [24].

Una escena similar, probablemente sin presidentes ni ministros, se repetía todos los jueves en la feria semanal de Cartago. Este sistema de ferias también daba lugar a un comercio interregional que, a pesar de que se había dado una cierta desarticulación de los mercados centroamericanos, parece haber sido significativo. En 1834 Mr. Chatfield, el famoso cónsul británico, informó a su gobierno de que el comercio interno de Centroamérica se realizaba con productos de lana, algodón, cueros curtidos, cerámica, café, tabaco, azúcar, productos de ferretería, ganado y algodón en bruto. La práctica continuó a lo largo del siglo; en las ferias de Guatemala se podían encontrar sombreros de palma producidos por los indígenas salvadoreños de Tenancingo. Además, en las ciudades poco a poco se multiplicaron las tiendas, almacenes, pulperías y boticas. En Sonsonate, en 1858, había tres almacenes, cuatro boticas, dieciocho pulperías, y tres platerías. Los almacenes de Sonsonate daban salida a los productos artesanales de las comunidades vecinas; en ellos se vendían sillas de cuero, canastillos de vena de palma y cedazos producidos por los agricultores de Ataco en sus ratos libres.

El último nivel en la red mercantil eran los buhoneros. Éstos, además de asistir a las ferias semanales, se encargaban de llevar productos de importación a las comunidades más remotas a las que vendían «menudencias y quincallería». En Costa Rica les llamaban «quebrantahuesos», probablemente porque les tocaba viajar en mula por los escabrosos caminos que llevaban a las poblaciones más aisladas. En Honduras, en particular, dada la escasez de concentraciones urbanas, los buhoneros jugaban un papel importante en la distribución de productos. Cientos de ellos circulaban por las pequeñas comunidades de las tierras altas vendiendo sus mercancías.

El sistema de ferias perdió importancia a medida que se ampliaron los mercados interiores, se dio una cierta división del trabajo y aumentó el número de establecimientos comerciales permanentes. Casas de exportación e importación sustituyeron a las grandes ferias anuales y mayor cantidad de comerciantes extranjeros se instaló en Centroamérica, especialmente en los puertos. En Costa Rica el comercio de exportación estaba en su mayor parte en manos de extranjeros, mientras que la distribución en el interior estaba en manos de costarricenses. En Honduras había comerciantes extranjeros en Trujillo, Omoa en el Atlántico y en Amapala en el Pacífico; los comerciantes de Tegucigalpa dependían de proveedores de mercancía y crédito en Belice.

La introducción del servicio de vapores de la compañía del ferrocarril de Panamá y la mejora de los caminos también contribuyó a restarle importancia a las grandes ferias anuales. Ya no era necesario esperar la llegada de los veleros que cargados de mercancías rodeaban el cabo de Hornos una vez al año. Cada dos semanas los vapores de «las Malas del Pacífico» podían traer y llevar diversos productos ahorrando así los costos financieros y de bodegaje que implicaba tener que llevar a cabo la mayoría de las transacciones en acontecimientos anuales. Las ferias se hicieron más frecuentes y más modestas; para los años setenta, por ejemplo, la feria de San Vicente, El Salvador, era trimestral.

Recaudación de impuestos

La rápida expansión de las exportaciones requería de cambios en la infraestructura —caminos, puertos, bodegas— y proporcionó los fondos para llevar a cabo estas mejoras. La expansión del comercio exterior y los ingresos del Estado aumentaron al unísono y no fue por casualidad. Sin embargo, la conexión entre exportaciones e ingresos del Estado no fue directa. La recaudación de impuestos implicaba una organización y una capacidad de coacción que con frecuencia estaba más allá de las autoridades de los estados respectivos.

En los años de la Federación los problemas fiscales fueron fuente de fricción constante entre las autoridades federales y las de los estados. En el entusiasmo de los primeros años de vida independiente se abolieron impuestos para estimular la economía sin tomar en cuenta la necesidad de financiar gastos administrativos. En un principio la Federación debía recibir los ingresos de la alcabala marítima (derechos de importación y exportación, generalmente entre el 4% y el 10% pero con numerosas excepciones), los productos del monopolio de tabacos y los ingresos de correos. Pero los ingresos de alcabalas se vieron reducidos debido al contrabando, los estados no mostraron ningún entusiasmo por compartir el producto del monopolio del tabaco y la renta de correos era mínima. Cuando Manuel José Arce asumió la presidencia en 1825 encontró un total de 600 pesos en la tesorería. Un empréstito negociado ese mismo año con la casa inglesa de Barclay, Herring y Richardson se disipó en la actividad bélica y dejó una deuda que más tarde, cuando se disolvió la Federación, hubo que repartir entre los nuevos países. En vista de que los Estados no compartían los ingresos del tabaco se fijó una contribución única en 1827 pero este sistema tampoco funcionó. En 1832 y 1833 todos los estados retuvieron la totalidad de las contribuciones que les correspondían para mantener el gobierno de la Federación. Los bajos impuestos de alcabala se subieron ocasionalmente en vista del impacto negativo que tuvieron las exportaciones sobre los telares locales, pero los aumentos nunca resolvían los problemas de la Federación. Los Estados individuales tampoco tuvieron un gran éxito con la recaudación de impuestos. Los esfuerzos de Guatemala y El Salvador en los años treinta por imponer impuestos directos provocaron alzamientos de la población que hubo que controlar a la fuerza. Las continuas actividades bélicas se financiaban con préstamos forzosos. La época de la Federación, en resumen, dejó un legado de desorden fiscal.

Al separarse, todos los Estados organizaron sus finanzas de forma similar. Ya que era difícil imponer impuestos directos u organizar la recaudación de impuestos por transacciones, la mejor opción era mantener los antiguos monopolios de tabaco y aguardiente y ver qué se podía obtener de otros impuestos menores como el del papel sellado para transacciones, el «tajo» por sacrificio de reses, el impuesto sobre pólvora etc. Aunque se mantuvieron los impuestos de alcabala marítima, la contribución de éstos al erario nacional no se hizo sentir sino hasta la segunda mitad del siglo.

Es una idea generalmente aceptada que la capacidad de recaudar impuestos es una indicación de la consolidación de un Estado. Esta idea parece confirmarse al observar los ingresos fiscales per cápita en el Cuadro 3.3. Si se compara este cuadro con el de las exportaciones per cápita (Cuadro 3.2) se observa que los ingresos fiscales crecieron más rápidamente que las exportaciones en todos los países, con la única excepción de Costa Rica, donde el punto de partida era relativamente alto. Esta comparación indica que en este período aumentó claramente la capacidad del Estado de imponer su autoridad en asuntos fiscales. No cabe duda de que parte de la diferencia a través del tiempo se puede atribuir a los efectos de cambios en el nivel general de precios, pero sólo parte. La diferencia entre países es más difícil de negar, sobre todo la que existe entre Costa Rica y los demás. Desde 1855 se observa

Cuadro 3.3

Ingresos fiscales 1855-1892
(en pesos)

	1855		1892	
	Total	Per cápita	Total	Per cápita
Costa Rica................	506.920	4,7	5.808.474	23,9
El Salvador..............	446.824	1,1	6.896.000	9,8
Honduras..................	286.895	1,3	2.416.620	7,3
Guatemala................	694.543	0,8	12.099.220	8,5
Nicaragua *..............	296.374	1,2	2.847.729	7,9

* *1852 y 1891, respectivamente.*

que este último país tenía una capacidad considerablemente mayor que los demás para financiar sus actividades. El Salvador y Guatemala, que todavía no habían empezado a exportar café en 1855, estaban más cerca de Nicaragua y Honduras que de Costa Rica. Para 1892 Costa Rica se mantenía a la delantera, pero ya para entonces había aumentado la capacidad de los otros países productores de café (que ya en aquel momento incluían a Nicaragua) para recaudar impuestos.

En toda Centroamérica, a mediados de siglo, aproximadamente la mitad de los ingresos del Estado se derivaba de los monopolios de tabaco y aguardiente. Éstos eran fáciles de administrar; generalmente las autoridades respectivas subastaban una vez al año el derecho de administrar los «estancos» y los favorecidos dejaban una fianza o hipoteca para garantizar su honradez. Los monopolios se complementaban con el producto de alcabalas internas, ventas de terrenos baldíos y otros ingresos menores como el de papel sellado y los derechos de organizar peleas de gallos. El segundo rubro más importante y el que habría de cobrar mayor importancia con el transcurrir del tiempo era el de los impuestos aduaneros. Su administración no era mucho más compleja que la de los monopolios, y de hecho, tan pronto como aumentaron las importaciones, los diferentes gobiernos empezaron a prestarle más atención y su porcentaje del total empezó a subir lentamente. Pero en los años ochenta los monopolios todavía tenían gran importancia como fuente de ingresos. Los impuestos aduaneros eran realmente impuestos a la importación. Era más fácil decretar impuestos a las importaciones porque en última instancia los pagaban los clientes. Las exportaciones eran otra historia, los grandes exportadores de café eran

3.9. BELICE, 1877

gente influyente capaz de dar golpes de Estado y no veían con simpatía que un burócrata de turno les mermara sus utilidades.

Durante este período los gobiernos de la región evitaron imponer onerosas cargas sobre los señores exportadores de café. No cabe duda de que la estructura impositiva era sumamente regresiva, no había impuestos directos y los ciudadanos más prósperos pagaban los mismos impuestos que los demás, los que correspondían a su consumo de aguardiente, tabaco y productos importados.

El gasto público, sin embargo, favorecía directamente a las actividades de exportación. La parte más importante de los presupuestos se dirigía al ejército para fortalecer la capacidad de acción del Estado. El segundo lugar correspondía a las obras públicas, los caminos, ferrocarriles y facilidades portuarias que se describen en una sección anterior y que tenían el objeto de llevar productos agrícolas a los puertos y manufacturas importadas de los puertos a las ciudades. La concentración de actividades de exportación en un número limitado de puertos facilitó y aumentó la recaudación de impuestos, lo cual a su vez habría de facilitar las actividades gubernamentales.

La exposición anterior indica que al llegar las reformas liberales en los años setenta y ochenta ya se habían perfilado las tendencias que generalmente se identifican con dichas reformas. El origen de la incorporación de las economías de Centroamérica al mercado mundial, la consolidación del Estado y la privatización de la tierra se encuentran en los cambios que se dieron a mediados de siglo. Asimismo es en este período cuando se comienzan a establecer claras diferencias entre los diferentes países de la región.

NOTAS

1. Héctor Pérez Brignoli, *A Brief History of Central America*. (Berkeley: California University Press, 1989), pág. 98.

2. Victor Bulmer-Thomas, *The Political Economy of Central America since 1920*. (Cambridge: Cambridge University Press, 1987), pág. 2.

3. Stanley y Barbara Stein, *The Colonial Heritage of Latin America* (New York: Oxford University Press, 1970), págs. 137-138.

4. José María Peinado, «Apuntamientos sobre la agricultura y comercio del Reyno de Guatemala», en Carlos Meléndez, compilador, *Textos fundamentales de la independencia centroamericana*. (San José: EDUCA, 1971), pág. 76.

5. Troy Floyd, «The Guatemalan Merchants, the Government and the Provincianos», *The Americas* n.º 18, (octubre 1961), pág. 90. Para entender el alcance de la influencia de los comerciantes, véase Gustavo Palma Murga, «Núcleos de poder local y relaciones familiares en la ciudad de Guatemala a finales del siglo XVIII», *Mesoamérica*, n.º 12, (diciembre 1986).

6. Manuel Montúfar, *Memorias para la historia de la revolución de Centro América*. (Jalapa, México: Aburto y Blanco, 1832), pág. xxxvi.

7. Foreign Office Series 15, vol. 1, Thompson to Foreign Office Dec. 3, 1825 fol. 175. Los documentos del Foreign Office se encuentran en el Public Record Office en Kew Gardens, Inglaterra.

8. Great Britain, *Abstracts of Reports of Various Countries and Places for the Year 1855*, pág. 167-168.

9. Esteban Castro, «Estadística de la jurisdicción municipal de San Vicente escrita por el bachiller pasante Don Esteban Castro por comisión de la Municipalidad de San Vicente, 1878» en Biblioteca Nacional, *Documentos y datos históricos y estadísticos de la República de El Salvador*. (San Salvador: Imprenta Nacional, 1926), pág. 92.

10. Carl von Scherzer, *Travels in the Free States of Central America: Nicaragua, Honduras and San Salvador*. (Londres: Longman, Brown, Green, Longmans & Roberts, 1857), 2, págs. 195-196.

11. Foreign Office Series 15, vol. 5, O'Reilly al Foreign Office, febrero 22, 1826.

12. E. G. Squier, *Nicaragua; its People, Scenery, Monuments, Resources, Condition, and Proposed Canal.* (New York: Harper & Brothers, 1860), pág. 350.

13. *Gaceta de El Salvador*, 16 de mayo de 1851.

14. Felix Belly, en Ricardo Fernández Guardia, compilador, *Costa Rica en el siglo XIX.* (San José: EDUCA, 1970) pág. 539.

15. Carolyn Hall, *La formación de una hacienda cafetalera.* (San José: Editorial Universidad de Costa Rica, 1978), pág. 16.

16. Pablo Lévy, *Notas geográficas y económicas sobre la República de Nicaragua.* (París: Librería Española de Denné Schmitz, 1873), págs. 476 y 477.

17. Robert G. Dunlop, *Travels in Central America.* (Londres: Longman, Brown, Green and Longmans, 1847), pág. 100.

18. William M. Wells, «Adventures in the Gold Fields of Central America», en *Harper's Magazine*, n.º 12, (December-May 1855-56), pág. 321.

19. Lévy, 1873: 480.

20. Ibid., págs. 481 y 482.

21. Ibid., pág. 506.

22. Ibid., pág. 506.

23. John Hale, en Ricardo Fernández Guardia, *Costa Rica en el siglo XIX*, pág. 32.

24. Wilhelm Marr, en Ricardo Fernández Guardia, *Costa Rica en el siglo XIX*, pág. 178.

Capítulo 4

SOCIEDAD Y POLÍTICA
(1840-1871)

Lowell Gudmundsun

INTRODUCCIÓN

Si es cierto que la historia de Centroamérica es una de las menos comprendidas de América Latina, es probable que pueda decirse lo mismo de los primeros años de vida independiente dentro del marco historiográfico de la región. Los registros acerca de este período han sobrevivido desigualmente, debido a sucesivas guerras civiles y cambios administrativos en la época. Es más, nuestro conocimiento sobre tal período está inevitablemente teñido tanto por las amargas batallas ocurridas entonces, como por cierto sentido de decepción experimentado por ganadores y perdedores por igual, en relación al escaso progreso material y político alcanzado.

A pesar de este contexto en general gris, tanto para las figuras históricas como para los historiadores subsiguientes, muchas de nuestras ideas sobre este período han empezado lentamente a cambiar. Esto ha ocurrido gracias no sólo a investigaciones recientes, sino también —y lo que es más importante— debido al generalizado descrédito de los esquemas modernos de «desarrollo», tanto de estirpe izquierdista como derechista, rastreables en una forma u otra en el proyecto liberal de cambio de los años setenta del siglo XIX y de ahí en adelante.

Centroamérica fue, en efecto, cambiada en forma dramática por las revoluciones cafetaleras de mediados a finales del siglo pasado, pero no de la manera como muchos del bando liberal, tanto antes como después, pudieron haber imaginado. El interludio conservador fue mucho más que una «larga espera». Las estructuras estatales centroamericanas adquirieron mayor solidez en este período, aunque ello no implicara el tipo de nacionalidad y nacionalismo que esperaban los liberales de la época. De igual forma, muchas políticas que resultaron cruciales para el éxito en última instancia de los liberales con el cultivo del café, fueron iniciadas por sus enemigos conservadores. Es más, un sustrato de procesos sociales, demográficos y étnicos continuaron durante este interludio conservador, el cual los liberales pudieron, en el mejor de los casos, influenciar, redirigir o reclasificar, pero escasamente comprender y mucho menos controlar.

Este análisis de la política y la sociedad centroamericanas durante el interludio conservador intenta sugerir de qué manera el lector puede repensar el esquema tradicional del conflicto entre liberales y conservadores, así como algunos de los procesos sociales subyacentes característicos de estas sociedades tan heterogéneas. No se intentará rescatar las anécdotas épicas de batallas y guerreros. Seguramente el ávido lector habrá de hallar la información que requiere sobre Morazán, Carrera, Chatfield y Walker en otra parte. Nuestro propósito más bien es el de alternar el análisis estructural con la interpretación sugerente e hipotética, la cual es apropiada para un campo en el que ha sido realizada escasísima investigación.

Al lector se le pedirá suspender los juicios basados en las interpretaciones tradicionales acerca de este período. El significado de términos tales como liberal y conservador, ladino y mulato, comenzará a surgir al tiempo que exploramos los reales intereses y oposiciones históricos que les dieron vida y sentido. De hecho, la aceptación acrítica de analogías con el contexto europeo decimonónico, de donde los actores políticos de entonces tomaron prestados dichos términos, es lo que ha perjudicado también a la literatura más académica y menos partidista. Por una excesiva familiaridad con las tantas veces repetidas categorías, todos aquellos acostumbrados a esta peculiar y particular realidad corren el peligro de perder de vista las obvias contradicciones entre dichas categorías y el contenido histórico real de la sociedad centroamericana. Esto es aún más lamentable, e inexplicable, ya que tan temprano como en 1768, en una de las clásicas descripciones de la sociedad y región, el arzobispo Cortés y Larraz dio aviso tanto al observador inexperto (en este caso nada menos que al Rey), como a los muy acostumbrados de que:

> Todos confiesan que... se encuentran estos Reinos en estado tan deplorable... (que) no sabe cómo hacerlas creíbles... Todos ocultan este miserable estado..., se manifiesta lo que no se puede ocultar..., en las que se pueden ocultar se ve el engaño... (y) en lo que ni se puede mentir ni engañar, se disimula... Estos conocimientos debieran retraerme de empeñarme en este escrito; (pero los lectores) han de ver necesariamente que varias de las cosas que digo son verdades, por más que a otras personas sin experiencia (aquí) parecieran ficciones... y suelo explicarlo con el siguiente ejemplo, que es preciso que se finja..., Finjo una ciudad en que hubiera muchos mágicos y que se divirtieran

muy frecuentemente con varias transformaciones; que éstos a todas horas se pusieran en las plazas y que llamaran a los muertos, salieran de las sepulturas y formaran sus contradanzas; que luego se mudara el teatro y se dejara ver una corrida de toros que embistieran al uno, derribaran al otro y acabaran con todos; que luego a una parte apareciera un bosque y que de él salieran varias fieras y que así se pasaran el día divertidamente con los monstruos, con las fieras y con los difuntos, cuando los que jamás hubieran visto tales espectros a la primera vez se morirían de susto [1].

Nuestro análisis de la Centroamérica anterior al café, por tanto, incluirá perspectivas sobre las relaciones políticas entre liberales y conservadores, sobre el inicio de las políticas de privatización de la tierra, sobre el ataque a la influencia de la Iglesia y sus propiedades, así como sobre el contraataque clerical y, finalmente, sobre la identidad étnica y la distribución espacial y económica de la población, en la medida en que esto cambió durante el primer medio siglo de vida independiente.

INTERLUDIO CONSERVADOR Y DESAFÍO LIBERAL

Es un lugar común, como lo hizo notar Marx hace ya mucho tiempo, que la sociedad humana nunca se propone metas que no pueda realizar y que cada nueva sociedad existe embrionariamente en la vieja. Sin embargo, la literatura sobre las revoluciones liberales del siglo XIX en Centroamérica, y especialmente sobre las ocurridas en los años setenta y ochenta en el norte, ha contribuido en muy poco a señalar tal continuidad y evolución. Los historiadores de la Centroamérica del siglo XIX a menudo han tomado a la letra a los teóricos iberales del cambio radical, ya sea para alabarlos o para denunciarlos. De manera similar, muchos historiadores marxistas han pagado un mayor tributo en sus trabajos a las metas revolucionarias expuestas por liberales radicales antes de 1850 —a la vez que denunciaban su traición en la práctica después de 1870— que a los más básicos principios de causación material y continuidad establecidos por su mentor intelectual.

Este énfasis exagerado que se hace del temprano radicalismo liberal y de las aparentemente cínicas políticas que se siguieron después desde las alturas del poder, pueden ser fácilmente entendidas. En parte por lo menos, resulta ser la consecuencia directa del impacto de los escritos de distintas figuras del movimiento liberal, que a menudo eran los principales historiadores del período anterior a 1950 en toda Centro-

ACTA

DE LA JUNTA GRAL. DE AUTORIDADES,

funcionarios públicos, prelados eclesiásticos, gefes militares y diputaciones de las corporaciones, en que se aclamó Presidente perpetuo de la República de Guatemala al Exmo. Sr. Capitan Gral.

DON RAFAEL CARRERA.

En Guatemala, á veintiuno de Octubre de mil ochocientos cincuenta y cuatro, reunidos en la sala del Consejo de Estado, los funcionarios públicos que suscriben esta acta, Ministros del despacho, Consejeros, Diputados á la Cámara de Representantes. Regente y Majistrados de la Suprema Corte de justicia y Jueces de primera instancia, miembros del Venerable Cabildo eclesiástico, Gefes superiores de hacienda y del ejército, Corregidores de los departamentos, Prelados de las órdenes regulares, Párrocos de la ciudad, y diputaciones de la Municipalidad, Claustro de Doctores, y Sociedad de amigos del pais, presididos por el Ilustrísimo y Reverendísimo Señor Arzobispo Metropolitano, como vocal nato del Consejo, y en virtud de exitacion especial; despues de haber abierto la sesion con un discurso relativo al objeto de la reunion, el Señor Ministro Presidente del mismo Consejo manifestó: que la reunion de tan respetables funcionarios tenia por objeto aclamar, como se habia hecho en los Departamentos, Gefe Supremo perpetuo de la nacion, al actual Presidente Exelentísimo Señor Capitan General DON RAFAEL CARRERA, pidiéndose al mismo tiempo se hagan en el Acta constitutiva las consiguientes modificaciones, segun todo consta de las actas que estan á la vista.

Que conforme al dictámen de la comision, adoptado por el Consejo, proponia á los funcionarios presentes concurriesen, si lo tenian á bien, á hacer mas general y uniforme la importante manifestacion de aprecio y de confianza hecha en los departamentos, proclamando pública y solemnemente perpetua la autoridad que tan dignamente ejerce Su Exelencia.

Y reconociéndose con general aceptacion que lo aclamado en los departamentos, es tambien lo que se desea declarar solemnemente, por constituir la benéfica autoridad de Su Exelencia el bienestar presente de la República, y las esperanzas de su futura prosperidad y engrandecimiento, se nombró una comision para que propusiese la forma en que debia espresarse; y con vista de su dictámen, fué aprobado, por unanimidad y aclamacion de todos los concurrentes, se haga constar en la presente acta: «Que la Junta general de autoridades superiores, corporaciones y funcionarios públicos, reunida en este dia, ha reconocido que la suprema autoridad que reside en la persona de Su Exelencia el GENERAL CARRERA, por favor de la Divina Providencia y voluntad de la Nacion, no debe tener limitacion de tiempo, aclamándose en consecuencia su perpetuidad; y que debe modificarse el Acta constitutiva, por el órden establecido en ella misma, para que esté en armonía con este suceso. Que al espresar este unánime sentimiento, todos los concurrentes esperan que el Todo-Poderoso, continuará su proteccion á Guatemala, y dará á Su Exelencia la fuerza necesaria para llenar los grandes deberes que le estan encomendados, y el acierto y prudencia necesarios para gobernar la República con bondad y justicia.»

Se acordó igualmente que todos los funcionarios presentes pasen á casa de Su Exelencia el Presidente á felicitarle por este suceso, dirigiéndose en seguida á la Santa Iglesia Catedral, en donde se cantará un solemne Te-Deum; y finalmente, que la presente acta, despues de firmada, se deposite en el archivo del Consejo de Estado.—Francisco, Arzobispo de Guatemala.—Manuel F. Pavon, *Ministro de Gobernacion, Justicia y Negocios eclesiásticos.*—José Nájera, *Ministro de hacienda y guerra.*—P. de Aycinena, *Ministro del interior, encargado del despacho de relaciones esteriores.*—Juan Matheu, *Consejero de Estado y Presidente de la Cámara de Representantes.*—Luis Batres, *Consejero de Estado y Representante.*—José Maria de Urruela, *Consejero de Estado y Representante.*—Basilio Zeceña, *Consejero de Estado y Rector de la Universidad.*—Manuel Cerezo, *Consejero de Estado y Contador mayor de cuentas.*—José Antonio Larrave, *Consejero de Estado y Director de la Sociedad de amigos del pais.*—Manuel Maria Bolaños, *Brigadier, consejero de Estado y Mayor Jeneral del ejército.*—Mariano Paredes, *Brigadier, consejero de Estado y corregidor de Verapaz.*—Pedro José Valenzuela, *Consejero de Estado Representante y Vice-Rector de la Universidad.*—José Maria Barrutia, *Dean electo y Provisor del Arzobispado.*—Julian Alfaro, *Maestrescuela electo y Representante.*—José Nicolas Arellano, *Canónigo electo y Presidente de la congregacion del Oratorio.*—Manuel C. Espinoza, *Canónigo electo y Rector del Colejio de Infantes.*—Prudencio Puertas, *Canónigo honorario y Cura de Candelaria.*—José Ignacio Azmitia, *Rejente de la Corte de Justicia y Representante.*—Pedro N. Arriaga, *Decano de la Corte de Justicia y Representante.*—Manuel Arrivillaga, *Majistrado y Representante.*—José Maria Saravia, *Majistrado y Representante.*—Manuel Echeverria, *Majistrado y Representante.*—Manuel Rivera, *Majistrado.*—Andres Andreu, *Fiscal y Representante.*—Atanacio Urrutia, *Juez de Alzadas del Consulado de comercio.*—Doroteo J. Arriola, *Juez de 1.ª instancia de Guatemala y Representante.*—Manuel Juaquin Dardon, *Juez de 1.ª instancia de Guatemala.*—Felipe Prado, *Juez de 1.ª instancia de Sacatepequez.*—Ignacio de Aycinena, *Corregidor de Guatemala.*—J. C. Lorenzana, *Brigadier.*—Mariano Alvarez, *Brigadier.*—Vicente Cerna, *Brigadier, corregidor y comandante jeneral de Chiquimula.*—J. Basilio Porras, *Brigadier.*—J. Ignacio Irigoyen, *Brigadier, corregidor de Quezaltenango y comandante jeneral de los Altos.*—José M. Espinola, *Coronel.*—José Alvarez Piloña, *Coronel.*—Francisco Benites, *Coronel y Representante.*—Santos Carrera, *Coronel.*—Juaquin Solares, *Coronel.*—Eusebio Murga, *Coronel.*—Serapio Cruz, *Coronel.*—Leandro Navas, *Coronel, Corregidor y comandante de Jutiapa.*—J. Victor Zavala, *Coronel y Representante.*—Guillermo Knoth, *Coronel.*—Fr. José Ignacio Mendez, *Superior del convento de Sto. Domingo.*—Fr. Julian Hurtado, *Guardian del Colejio de Cristo.*—Francisco A. Espinoza, *Cura del Sagrario.*—J. M. Mijangos, *Cura de San Sebastian.*—Manuel J. Duran, *Administrador jeneral de rentas.*—J. Maria Cortave, *Contador de la Aduana.*—Vicente Zebadúa, *Tesorero interino.*—J. Milla, *Representante y Oficial mayor del Ministerio de relaciones.*—Mariano Córdova, *Representante y Oficial mayor del Ministerio de lo interior.*—José Montufar, *Teniente coronel, Representante y Oficial mayor del Ministerio de la guerra.*—Cayetano Batres, *Auditor de guerra y Representante.*—Juan G. Parra, *Representante.*—Marcos Dardon, *Representante.*—Camilo Idalgo, *Representante.*—Pedro V. Gonzalez Batres, *Representante.*—Luis Pavon, *Representante.*—Ignacio G. Saravia, *Representante.*—Miguel Ruiz, *Representante.*—José Farfan, *Representante.*—Juan José Balcarcel, *Representante.*—Juan Andreu, *Representante.*—Pedro Montiel, *Representante.*—José Maria Escamilla, *Representante.*—Quirino Flores, *Protomédico.*—J. Maria Palomo, *Corregidor de Sacatepequez.*—Carlos A. Meany, *Alcalde 1.° diputado á la junta por la Municipalidad.*—José de Lara Pavon, *Síndico 1.° diputado á la junta por la Municipalidad.*—Manuel Larrave, *diputado á la junta por el Consulado de comercio.*—Juan B. Peralta, *diputado á la junta por el Consulado de comercio.*—José Luna, *diputado á la junta por el Claustro de Doctores.*—Mariano Padilla, *diputado á la junta por la Sociedad de amigos del pais.*—Rafael Machado, *diputado á la junta por la Sociedad de amigos del pais.*—Ramon Castellanos, *Secretario del Consejo de Estado y de la junta general.*

IMPRENTA DE LA PAZ.

4.1.   PROCLAMA DE LA PRESIDENCIA VITALICIA DE RAFAEL CARRERA.

américa. Mas constituye un tributo a la persistente influencia de ideales liberales el hecho de que la literatura de inspiración marxista en el siglo XX repita mucho de lo que constituye esta visión.

El período que va desde colapso del liberalismo morazánico a la revolución de 1871, en particular el largo régimen de Carrera, es a menudo visto como poco más que un interludio cargado de obstáculos en el camino hacia el triunfo liberal. Éste es el caso aun cuando el autor persista en ser muy crítico del impacto social regresivo de este movimiento liberal de segunda generación. Para tal punto de vista, casi cualquier conflicto en la arena política entre 1840 y 1870 forma parte de una lucha de clases que sólo se habría de resolver con las revoluciones liberales de 1871 en adelante. La lucha de clases puede ser vista como un fenómeno intraclasista («facciones» progresistas frente a «facciones» reaccionarias de la clase dominante) o, más raramente, como un fenómeno interclasista (una pequeña burguesía emergente del lado liberal frente a la reaccionaria clase dominante), dependiendo de cada autor en particular. Las masas rurales que pudieron haber apoyado a Carrera o a otros conservadores de mitad de siglo son vistas como fuerzas desorientadas en cuanto a su rechazo del temprano radicalismo liberal: es decir, como meros instrumentos utilizados para respaldar a los más reaccionarios elementos del orden colonial.

Además de estrechar sustancialmente cualquier definición marxista de «lucha de clases», esta visión falsea seriamente la naturaleza tanto de la política conservadora como del desafío liberal hacia ella. No hace falta abrazar la reciente exaltación «populista» de Carrera y del supuesto proteccionismo conservador del campesinado en relación con las políticas expropiadoras de los liberales, para reconocer que las alternativas y las facciones políticas de mediados de siglo no aparecían tan claramente delimitadas. Efectivamente, las críticas marxistas de las ulteriores políticas liberales han enfatizado siempre en lo que podría llamarse continuidad «oligárquica». ¿De dónde, pues, la gran dificultad para reconocer las formas mediante las cuales el interludio conservador, lejos de conducir por caminos opuestos, llevó hacia muchas de las metas de las políticas liberales? ¿Es que los historiadores han aceptado quizá demasiado literalmente las proclamas revolucionarias de los liberales, ya sea para alabarlas o para condenarlas?

En lo que sigue sugiero que el conflicto liberal-conservador antes de la revolución cafetalera de mitad de siglo puede ser visto de manera más adecuada como una lucha intraclasista entre las elites existentes y las elites opositoras en ascenso. Sólo en Guatemala, quizás, pueden detectarse elementos de división interclasista en bandos antagónicos, y no conflicto intraclasista entre «ciudades-estados» dominadas por similares elites bajo una bandera partidista u otra. El modelo ofrecido por Safford para las divisiones políticas hispanoamericanas del inicio del Período Independiente, pareciera tener particular relevancia para Centroamérica, con todos quienes se hallaban cerca de los centros coloniales de privilegio defendiendo la causa conservadora, y quienes se situaban en la periferia del poder, del lado liberal [2].

En Centroamérica, tal esquema situaría a Ciudad de Guatemala y a San Salvador en un abrazo antagónico, con cada una de las ciudades rivales en Honduras, Nicaragua y Costa Rica encontrando así expresión partidista para sus rivalidades, continuas cuando muchas veces triviales. Dentro de la sociedad guatemalteca, el conflicto pudo haber tenido serios elementos interclasistas, pero pocos aceptarían la idea de que los liberales de San Salvador representaban otra cosa que una muy homogénea elite local, o que profundas diferencias estructurales o clasistas dividían a los patriarcas de las ciudades-estados de Comayagua-Tegucigalpa, Granada-León o Cartago-San José. En tanto que más de un autor partidista, así como historiadores posteriores, vieron en aquel sangriento conflicto en las provincias una estructura clasista de oposición, del «prejuicio feudal» frente al «espíritu de empresa», poca evidencia sobre ello que vaya más allá de la grandilocuente retórica de los participantes elitistas, puede encontrarse antes del desarrollo del café en cada ámbito nacional.

Cuadro 4.1

Principales gobernantes centroamericanos, 1838-1887

PAÍSES				
GUATEMALA	EL SALVADOR	HONDURAS	NICARAGUA	COSTA RICA
Mariano Gálvez 1831-38	Timoteo Menéndez	Francisco Ferrera 1833-34 1841-45	José Núñez 1838-41	Braulio Carrillo 1835-42
	Francisco Morazán			
Mariano Rivera Paz 1839-44	Antonio José Cañas 1839-41	1847	Pablo Buitrago 1841-43	Francisco Morazán 1842
	Juan Lindo 1841-42	Manuel Pérez 1843-44		José María Alfaro 1842-44 1846-47
Rafael Carrera 1844-48	Juan José Guzmán 1842-44	Coronado Chávez 1845-47	Silvestre Silva 1844-45	
	Francisco Malespín 1844-45			

PAÍSES

GUATEMALA	EL SALVADOR	HONDURAS	NICARAGUA	COSTA RICA
			José León Sandoval 1845-47	José María Castro 1847-49
Mariano Paredes 1849-55	Joaquín E. Guzmán 1846			
	Eugenio Aguilar 1846-48	Juan Lindo 1847-51	José Guerrero 1847-49	Juan Rafael Mora 1849-59
	Doroteo Vasconcelos 1848-51		Toribio Terán 1849	
			Norberto Ramírez 1849-51	
	Francisco Dueñas 1851-54	José Trinidad Cabañas 1852-55	Laureano Pineda 1851-53	
	José María San Martín 1854-56			
Rafael Carrera 1851-65	Rafael Campo 1856-58	Santos Guardiola 1856-62	Fruto Chamorro 1853-55 Patricio Rivas José María Estrada (William Walker) 1855-57	José María Montealegre 1859-63
	Gerardo Barrios 1859-63	José María Medina 1863-71		Jesús Jiménez 1863-66
	Francisco Dueñas 1863-71	Celeo Arias 1872-74		
Vicente Cerna 1865-71	Santiago González 1871-76	Ponciano Leiva 1873-76	Tomás Martínez 1857-67	José María Castro 1866-68
Miguel García Granados 1871-73	Rafael Zaldívar 1876-85	Marco Aurelio Soto 1876-83	Fernando Guzmán 1867-71	Bruno Carranza 1870
Justo Rufino Barrios 1873-85			Vicente Cuadra 1871-75	Tomás Guardia 1871-82
			Pedro Joaquín Chamorro 1875-79	

Claro está que hubo conflictos sociales interclasistas fuera de o además de las luchas intraclasistas de liberales y conservadores. Desde la rebelión de Totonicapán en Guatemala cuando la Independencia estaba siendo declarada, al alzamiento de Anastasio Aquino en El Salvador en 1833, a lo largo del régimen de Carrera y su movimiento de finales de los años treinta, hasta la rebelión de Oriente y de los «Lucíos» contra Carrera (1846-55), y el levantamiento de los «Remincheros» otra vez ahí, 1871-73, Guatemala y El Salvador fueron sacudidos por resistencias de base campesina, frente a regímenes alternativamente mandados por elites liberales o conservadores. De manera similar, en Nicaragua una corriente subterránea de conflicto social entre campesinos y elites se expresaba en términos de «desnudos» frente a «mechudos», y rebeliones, como aquella dirigida por Bernabé Somoza en 1848-49, y más tarde en 1881 con la Guerra de las Comunidades, se desataron con regularidad.

Sin embargo, en todos estos casos la norma era que las elites pelearan entre sí sin cuartel, pero que cerraran filas cuando se trataba de suprimir todo tipo de movimientos de clases subalternas que amenazaran echar abajo esta contienda política predominantemente intraclasista o intraoligárquica de liberales frente a conservadores. A este respecto, el éxito de Carrera constituye la excepción que confirma la regla. Su entrada triunfal en la ciudad de Guatemala fue vista con aún mayor horror por los mismos conservadores, quienes, luego de temer una guerra clasista y racial, se allegaron a colaborar con el caudillo popular. En forma similar, aun el movimiento de base popular de los Lucíos contra Carrera (a partir de 1846), esta vez con apoyo liberal no conservador, fue todo menos un simple levantamiento de clases subalternas. Este brote de violencia fue encabezado por los hermanos Cruz, Serapio y Vicente. Éste había sido vicepresidente de la República en el momento de estallar la rebelión y le molestó la elección de otro para ascender a la presidencia, mientras que aquél fue descrito por Tobar en los siguientes términos:

> Ejercía como Tato Lapo un patriarcado sobre su numeroso clan, abarcando la peonada de la hacienda y al vecindario, como todo un señor feudal. No obstante, don Serapio en política se consideraba un liberal de cuerpo y de alma [3].

El liberalismo centroamericano anterior a 1870 fue tan irónico como trágico. Mientras que sus tragedias son bien conocidas, desde el fusilamiento de Morazán hasta el fiasco de Walker, sus giros irónicos son mucho menos conocidos. Entre las ironías a las que nos referimos están las siguientes:

1. Tendencias sociales más radicales aparecieron en Guatemala y Costa Rica, a pesar de la mayor fuerza liberal militar y electoral en las otras naciones-provincias del centro.

2. Reformas igualitarias se postularon para los menos favorecidos dentro de las sociedad hispana o ladina, mientras el liberalismo esquivó todo planteamiento directo acerca de la «cuestión indígena».

3. El liberalismo fue incapaz de articular un programa creíble para construir la nacionalidad y una identidad nacional, a pesar de su identificación con una Independencia justificada por una mezcla cosmopolita de ideas que favorecían la libertad de pensamiento y acción en una sociedad reformada.

4. La tendencia, ocasionalmente escandalosa, de los dirigentes individuales a cambiar de bando, no sólo en gobiernos de coalición sino dentro de sus propias afiliaciones partidistas.

5. La capacidad de destacados dirigentes conservadores, especialmente después de mediados de siglo, de aceptar y beneficiarse de muchas de las políticas propuestas hace años por los liberales, particularmente en lo que se refiere a la privatización de la tierra y a políticas de promoción de las exportaciones.

Los bastiones del partidismo liberal de la época —El Salvador y Nicaragua (con mayor exactitud: San Salvador y León)— fueron capaces de resistir el centralismo guatemalteco desde los días de la Federación en adelante. Esto fue particularmente cierto durante los años cuarenta, con el Pacto de Chinandega firmado también por Honduras. Durante esta época, la posición abiertamente intervencionista de Chattfield y los británicos dio a los liberales elementos para sus posiciones y argumentaciones. Pero esta norma de soberanía local *de facto* había sido sólo un poco menos sólida durante la dictadura de Carrera también. Raras veces hubo incondicionales como Malespín (en El Salvador) o Guardiola (en Honduras) directamente impuestos o mantenidos por mucho tiempo por parte de Carrera.

Sin embargo, la capacidad del partidismo liberal para retener a elementos de poder en las provincias centrales no puede ocultar el hecho de su limitado impacto. Allí el liberalismo tuvo un significado menos claro: eran países divididos por guerras civiles que carecían de una industria de exportación en expansión y que estaban gobernados por oligarquías políticas extremadamente localistas. Por el contrario, el liberalismo tuvo una mucho más clara significación social precisamente en las áreas formalmente —y se podría decir también «tácticamente»— identificadas con el conservadurismo: Guatemala y Costa Rica. Irónicamente, en Guatemala los liberales se adhirieron a los remanentes del mismo centralismo despreciado por sus correligionarios de provincia, en tanto que en Costa Rica, las bases económicas del éxito liberal aparecieron primero.

En Costa Rica, donde todas las facciones políticas eran básicamente liberales en términos económicos, los dirigentes locales favorecieron cualquier política que debilitara la autoridad central. Por ello, aun los más liberales en materia de economía política —Carrillo en los años treinta y Mora en los cincuenta— estaban identificados con fuerzas conservadoras en el ámbito regional, esperando poder derrotar tanto a la autoridad central como a las pretensiones de las vecinas fuerzas liberales en Nicaragua y El Salvador, más altamente identificadas con el proyecto de la Federación. Incluso buscaron una relación de neoprotectorado con los británicos a mediados de siglo, mucho antes de las duras pruebas de la crisis filibustera y su desenlace.

En Guatemala, la facción liberal, la cual incluía a un número sustancial de hispanos de más modestos orígenes, era decididamente hostil con los antiguos mercaderes y terratenientes acaudalados. Aquí, la reforma liberal del tipo que impulsaron los llamados «fiebres» o liberales radicales —más claramente personificados quizá por los Barrundia en el período de la Federación— pudo haber alterado, quizás significativamente, la distribución de la riqueza y el poder. A este respecto ellos fueron tal vez únicos en la región, parecidos sólo a los llamados liberales «puros» del México de inicios de la Independencia. Con raras excepciones, esto era muy distinto de las batallas interoligárquicas protagonizadas por los liberales en las provincias del centro.

Pero al igual que en las provincias, y como hubiera predicho Safford, los liberales guatemaltecos contaban entre sus filas con gran parte de la elite terrateniente proveniente de áreas periféricas, menos favorecidas políticamente, de la nación-provincia misma, particularmente de Los Altos hacia el noroeste. Estas elites políticamente «periféricas» pero socialmente privilegiadas, habrían de jugar papeles clave, primero oponiéndose al derrumbe del liberalismo a principios de los años cuarenta, y aún más claramente después, en su resurrección con García Granados y Barrios en los años setenta.

Los residentes y opositores políticos de los liberales de Los Altos se dieron plena cuenta de las pretensiones políticas de éstos. Había sido literalmente descuartizado el jefe liberal Cirilo Flores por una enfurecida muchedumbre indígena en Quezaltenango durante el primer intento separatista liberal en 1840. Tras un segundo intento en 1848, los liberales fueron denunciados por sus enemigos conservadores en los siguientes términos:

> Mientras que los ladinos de Quezaltenango, seducidos por unos pocos aspirantes de allí mismo, hacían cuanto les era posible por constituirse, los indígenas, entendidos de lo que estaba pasando, comenzaron a rebelarse y protestaban contra todas las novedades que se intentaban establecer... A esto se agrega la influencia constante de los enemigos

de Guatemala que desde San Salvador han fomentado y fomentan sin
cesar esas ideas desorganizadoras..., a jentes que por sus escasas luces
no pueden (entender) ni los riesgos en que ponen su propia existencia
que se vería amenazada, como ha sucedido en Yucatán, el día mismo
en que faltara el prestigio y respetabilidad, que, desde la capital, mantiene en orden a los numerosos pueblos de indíjenas, que componen
más de las cuatro quintas partes de la población de aquellos departamentos [4].

El papel jugado por el grupo terrateniente y acaudalado dentro de
Guatemala apuntaba a otra de las grandes ironías del liberalismo en
la región. No sólo buscaban los liberales el poder político sin cambios
sociales o económicos radicales, tal como ocurría con las elites provin-
cianas de México en la época, sino que lo hicieron desde una posición
profundamente antiliberal e implícitamente racista. Para muchos liberales de mediados de siglo, su desprecio por sus oponentes conservadores, los «serviles», como solían llamarlos, era solamente igualado por
el que profesaban hacia sus siervos indios, los verdaderos serviles en
términos sociales. En realidad los indios no eran tan despreciados como
ignorados; simplemente no existían políticamente en las mentes de tales liberales, salvo como piezas en un juego con otros contendientes al
poder.

En ninguna parte se halla esta ironía mejor expresada que en la
autobiografía de uno de los principales ideólogos liberales y políticos,
Lorenzo Montúfar. En los inicios de su carrera, Montúfar fue electo a
la Asamblea. Él cuenta que en una campaña acalorada y dura en 1848,
se le unió en la papeleta liberal, sorpresivamente, un cura de Sacatepéquez: su victoria fue asegurada por otro sacerdote liberal, Iturrios
de Chinautla, al «traer a sus indios» a votar por ellos [5]. Una unión muy
conveniente en apoyo al progreso liberal: los pilares gemelos de la odia-
da sociedad «servil»: la autoridad clerical y las masas indígenas
analfabetas.

La extendida e irreflexiva naturaleza del racismo hispano en esta
sociedad se sugiere a lo largo de toda la autobiografía de Montúfar. Y
sin embargo, éste era un hombre que no perdía ocasión de denunciar
el esnobismo social de los conservadores. Incluso alababa lo que él
interpretaba como una mayor igualdad social, refiriéndose a lo que
veía en las capitales europeas que visitaba. Pero no mostraba el menor
signo de incomodidad respecto de llevar en manadas al ficticio electo-
rado liberal a las urnas. Igual de reveladores son los comentarios de
Montúfar sobre quiénes apoyaban al liberalismo en sus frecuentes sitios de refugio político: San Salvador y Los Altos. Eran hijos de las
«mejores familias», ganados a la causa liberal por medio de la fuerza
de argumentos filosóficos (y, podría agregarse, altamente abstractos) a

los cuales estaban expuestos en las mismas aulas con sus oponentes conservadores. En liberales como éstos recaería la tarea de revivir un fallido programa después de 1840, y muchos de ellos llegarían a conclusiones sólo ligeramente diferentes de las admitidas amargamente por los liberales derrotados de Los Altos en 1839:

> ...si los libres (liberales) erraron en igualarlos (a los indígenas) en derechos y en reconocerlos por hombres, nunca esto pueder ser un error de la ambición y de la tiranía, nunca un cálculo del interés privado (al contrario de los conservadores) [6].

Efectivamente, para muchos liberales de la segunda generación, todo había sido un simple error que no habría de repetirse otra vez.

Si los ideales liberales de nacionalidad e identidad nacional naufragaron en el golfo separando a la sufragante minoría hispana de las políticamente mudas masas indígenas, quizás la mayor ironía del liberalismo de mediados de siglo fue su incapacidad de consolidar estos ideales, aun entre su intencionadamente minoritaria audiencia. Parte del problema de los liberales tenía que ver con un localismo profundamente enraizado, que los rumbos económicos después de la Independencia contribuyeron muy poco a superar. Pero aun como ideología de la minoría hispana, el liberalismo fue sencillamente incapaz de reconciliar sus muchos mensajes contradictorios.

Los liberales abogaron por la adopción de instituciones europeas e incluso anglosajonas. La controversia sobre la imposición de los Códigos de Livingston, que llevó a la revuelta de Carrera, fue sólo el caso más obvio de este conflicto subyacente. Mas, ocurría que los liberales más radicales despreciaban a los ingleses, al menos en la persona de Frederick Chattfield, y no ocultaban el hecho. Ellos no reconocían esta evidente inconsistencia, aun cuando sus resultados podían ser políticamente desastrosos. Walker, y el comportamiento del gobierno estadounidense hacia él, curarían a los liberales locales de una vez por todas de cualquier ilusión relativa a las intenciones anglosajonas. En realidad, la conducta inglesa en relación tanto a los esquemas de la colonización en Guatemala como a los reclamos en la costa de la Mosquitia, habían dejado en claro la existencia de este talón de Aquiles del temprano liberalismo.

Igualmente problemática para los liberales era la «cuestión social». A pesar de que los argumentos del radicalismo liberal eran bienvenidos por parte de hispanos modestos de las áreas urbanas a lo largo de la región —y formaron las bases de movimientos sociales hasta bien entrado el siglo XX—, su significado en la práctica fue muy limitado. El liberalismo guatemalteco tomó el liderazgo en este respecto, pero aun allí la combinación entre liberales acaudalados de la capital y de Los

Altos generalmente diluyó cualquier tendencia artesanal y «niveladora» que pudiera existir.

No hace falta insistir en que los bastiones liberales de Léon y San Salvador ofrecían aún menos espacio para que se desarrollara un liberalismo socialmente radical. La existencia de demasiado pocos artesanos y notarios y de un grupo demasiado poderoso de oligarcas liberales significó que las reivindicaciones altisonantes de los ideólogos del partido estimularon un apetito que no podían satisfacer aunque ésa hubiera sido, en realidad, su intención. Como lo expresó el historiador nicaragüense José Coronel Urtecho:

> Los leoneses y demás occidentales..., eran, sin duda alguna, conservadores más integrales que los granadinos... A ello se debe primordialmente, y no sólo a la influencia del clero como suponen los historiadores liberales, el hecho de que las simpatías del pueblo occidental... hayan estado con toda claridad de parte de los propietarios... En León al parecer..., no existían causas internas suficientes para perturbar la paz social... Los propietarios rurales eran así la clase social predominante en León, sin que su influencia sobre las clases populares fuera hasta entonces disputada por nadie. En ninguno de los movimientos políticos..., se trató de levantar a las llamadas masas contra los propietarios leoneses... [7].

Las demandas intelectuales más fuertes del liberalismo sobre sus seguidores y sobre la sociedad en general —libertad individual de pensamiento y acción, e igualdad social— llevaron a menudo a la frustración y al desencanto. Se estrellaron contra una estructura social muy resistente, en la que no sólo los odiados conservadores deseaban que el poder permaneciera concentrado en pocas manos. En efecto, recayó en las manos de los enemigos del liberalismo, de los conservadores y de la Iglesia la tarea de articular una muy rudimentaria conciencia nacional, más claramente advertible quizá en Guatemala bajo el mandato de Carrera y en Costa Rica bajo el liderazgo de Mora en la Campaña Nacional contra Walker en Nicaragua. En vez de basarse en los Derechos del Hombre y la libertad de pensamiento, esta nacionalidad sería en parte xenofóbica, en parte religiosa, muy parroquial y comunal, más inclinada a los Te Deum que a la Masonería, a las presidencias vitalicias que a las elecciones. En lugar de procurarse la admisión al mundo moderno de naciones-estados seculares, que habían insistido los liberales hace mucho, los seguidores de Carrera gritaban tanto «Viva la Religión» como «Muerte a los extranjeros».

Más allá de la espinosa cuestión de la ideología, los liberales afrontaron problemas igualmente serios. Los dirigentes cambiaban de bando con una facilidad solamente explicable sobre las bases de simples cálculos de conveniencia personal. Y peor aún, los conservadores no eran inmunes a los argumentos liberales en favor de la promoción de exportaciones y la propiedad privada de la tierra. Así, los mismos conservadores que derrotaron a los liberales en los años cuarenta, después de más de un decenio de dificultades económicas, se beneficiaron directamente cuando las condiciones mejoraron después de mediados de siglo. De hecho permanecieron en el poder mucho más tiempo de lo que hubiera sido el caso si en verdad hubieran estado opuestos a las más básicas políticas económicas de los liberales.

Los ejemplos de coaliciones curiosas abundan en la Centroamérica del siglo XIX. Aunque no tan patética como la revolvente identificación partidista de un Santa Ana en México, la Federación sufrió tanto una coalición gubernamental liberal salvadoreña (Arce) y conservadora guatemalteca (Aycinena) en los años veinte, como también un virtual régimen co-igual de liberales en Guatemala (Gálvez) y Honduras (Morazán) en los años treinta, antes de que dejara de existir. Aún más dramáticos fueron los cambios de afiliación partidista de líderes como Patricio Rivas y José Trinidad Muñoz en Nicaragua. Quizás el más irónico de todos haya sido el de la carrera política de Francisco Dueñas en El Salvador. Candidato al sacerdocio a los 7 años de edad, abogado a los 26, nombrado por el ultra conservador Malespín y por el ultra liberal Vasconcelos, co-conspirador con los liberales contra Carrera en 1848 y aliado designado de éste en 1863, aliado y seguidor de Gerardo Barrios en 1857 y su verdugo en 1863, el presidente Dueñas era fiel a una única causa: su propia sobrevivencia política. Como el principal propulsor del cultivo del café y la agricultura de exportación, sin importar las etiquetas políticas, Dueñas dominó la vida política en El Salvador por dos décadas antes de 1870.

Pueden ofrecerse ejemplos más generales de la efímera naturaleza de la identificación partidista. Decenas de dirigentes menores nicaragüenses se escurrieron para unirse a las fuerzas en contra de Walker —aunque no siempre a los conservadores— luego de mediados de los años cincuenta. A la inversa, los conservadores guatemaltecos se apresuraron a pedir los favores —un talento que habían perfeccionado hacía mucho bajo la dictadura personalista de Carrera— del gobierno de Barrios después de 1871, en una forma tan abierta y exitosa que a partir de eso se desarrolló un tipo de periodismo vivamente satírico, presto a aplicar apodos o sobrenombres a quienes habían experimentado reciente conversión partidista dentro del gobierno [8].

La sangre común de clase y de origen étnico se reveló mucho más espesa que el agua de la identificación política partidista a lo largo del siglo XIX en Centroamérica. La «civilización» y el «progreso» vinieron primero, independientemente de cuán sangriento fuese el conflicto sobre cuál ideal —aristocrático o burgués— habría de guiar al común premio de la cultura criolla-ladina: el Estado. Aunque sería demasiado decir que la ideología era irrelevante, es una verdad fuera de dudas que la identificación partidista era vista mucho más como un vehículo hacia el poder que como una guía o incluso como una justificación *a posteriori* de programa.

Efectivamente, el juicio de algún modo doloroso del historiador nicaragüense Jerónimo Pérez en relación a los notorios conflictos venales y sangrientos de la era de la Federación en su patria, puede ser aplicado muy bien a gran parte del istmo a lo largo de todo este período:

> ...la tendencia que tenemos a convertir en asunto público aquello que no debiera exceder los límites de lo privado... los partidos... no proclaman sistemas, ni sostienen principios diferentes... De allí es que los nombres de los partidos no han sido más que apodos para distinguirse unos de los otros..., Ni los serviles, ni los desnudos, ni los mechudos, ni los timbucos, ni los calandracas, ni los conservadores, ni los liberales han sido lo que estas palabras significan. En Nicaragua, sin excepción, todos quieren la República; la desgracia es que la quieren exclusivamente para sí, con exclusión de los otros... [9].

Sin embargo, quizá el daño más serio que le hizo al liberalismo en toda la región esta utilitaria y efímera concepción del partidismo fue la voluntaria identificación de los liberales regionales más quintaesenciales —es decir la élite cafetalera de Costa Rica— con el bando conservador. Aunque esta posición regional o internacional tenía poca relación con el diseño local de políticas, su lógica privó al liberalismo de un importante aliado natural. Este debilitamiento del liberalismo sólo empeoró el prospecto de un movimiento ya igualmente debilitado por coaliciones impopulares con los conservadores y también por el abandono y la adhesión más o menos caprichosos al movimiento por parte de destacados caudillos.

Una vez en el poder y a salvo de los ejércitos y las represalias liberales, tanto interna como externamente, los conservadores, más frecuentemente de lo que podría pensarse, siguieron muchas de las políticas liberales en favor del crecimiento exportador y de la iniciativa privada en la agricultura. Pocos, en realidad, fueron los conservadores que encajaron en el modelo propuesto por los liberales, de «El Indio Carrera» (el vulgar epíteto más quintaesencial y revelador entre los liberales), abstraído frente a las demandas del mundo moderno. Quizás sólo Malespín en El Salvador (1844-45) pueda ser visto como un ciego y reaccionario antiliberal, y eso, debido más a su papel como designado de Carrera que a una política sistemática suya.

Muchos más eran aquellos que buscaban beneficiarse de una parte del éxito de políticas liberales, y así reclamar crédito por ello, merecido o no. El mismo Carrera nunca se cansó de reclamar crédito por el crecimiento de las exportaciones durante los años cincuenta. Su sucesor, Vicente Cerna, estuvo aún más abierto hacia las exportaciones y hacia las políticas diseñadas para incrementarlas. Asimismo, los conservadores nicaragüenses que gobernaron durante treinta años después de la derrota de Walker, echaron las bases de la agricultura de exportación en lo referido al café y al azúcar, mientras construían ferrocarriles también.

Aunque Gerardo Barrios es visto generalmente como el precursor del triunfo liberal en El Salvador, es digno de señalarse que los dirigentes conservadores como Dueñas y Gallardo fueron más directamente responsables del despegue cafetalero. Aun en Costa Rica, donde las etiquetas partidistas contaban muy poco, el derrocamiento del así llamado conservador Mora en 1859 sobrevino después de diez años de dictadura por parte de intereses cafetaleros exportadores, a manos de su mismo cuñado, Montealegre, otro destacado exportador de café.

Con antecedentes como éstos, uno no puede ya argumentar seriamente que el café y el liberalismo fueron sinónimos en Centroamérica. El café permitió una segunda llegada del liberalismo, eso es cierto, pero las políticas en favor de la exportación eran todo menos un monopolio liberal. Ciertamente, si es que el café revolucionó Centroamérica, entonces las reformas liberales fueron más una culminación que un comienzo en el proceso. La era del «Gold Rush», descrita en detalle por Lindo Fuentes en el capítulo anterior, fue más aliada de los liberales que su propia previsión o cualquier «oscurantismo» de parte de los conservadores. Uno de los aspectos más importantes de esta síntesis conservadora de iniciativas liberales en materia de políticas tiene que ver con la tenencia de la tierra. Es a este tema que tendremos que volver con algún detalle a continuación.

Del maíz y el ganado al café: políticas de tenencia de la tierra

Donde alguna vez se hayan visto las reformas liberales de los años setenta como una política draconiana diseñada para privatizar la propiedad sobre la tierra y transformar la agricultura en cuestión de meses, ahora resulta claro que el proceso fue, en la práctica, mucho más complejo. Esta complejidad puede ser evaluada en tres aspectos diferentes: la diversidad de sistemas de tenencia de la tierra heredados del período colonial y los repetidos «pasos en falso» de la política liberal durante la era de la Federación; el proceso por medio del cual, durante el período que va de 1840 a 1870, la privatización de la producción y la exportación agrícolas se incrementaron tanto por parte de liberales como de conservadores; y, finalmente, la extraordinaria diversidad de resultados, tanto políticos como socioeconómicos, una vez consolidada la reforma liberal.

Aunque este último aspecto será tratado en detalle en el siguiente tomo de esta serie, podemos señalar que tales resultados iban desde la privatización general y la colonización en Costa Rica, pasando por la propiedad privada combinada con el trabajo asalariado en El Salvador, una miríada de soluciones en Guatemala —de las cuales la mejor conocida tiene que ver con la migración estacional de mano de obra indígena hacia la Costa Cuca en el suroeste—, hasta la fundamental precariedad, si no insignificancia, de la privatización de la tenencia de la tierra en gran parte de Honduras y Nicaragua. Efectivamente, mucha de la agenda del liberalismo clásico en Centroamérica en cuanto a la tenencia de la tierra, sería emprendida sólo hasta los años noventa con Zelaya en Nicaragua y aún más tarde en Honduras. Hasta mediados del siglo XX, predominó un sistema de tierras comunales en la producción cafetalera hondureña: una yuxtaposición de formas cuya ironía es quizá clara solamente para los estudiosos de la cultura cafetalera de otras partes del istmo.

Aunque hubo indudables diferencias entre los liberales de los años veinte y treinta, y los de los años setenta, todos tendían a asumir que la propiedad comunal de la tierra era, hasta cierto punto, un obstáculo para la producción del mercado y las exportaciones. Para ellos, el maíz y la ganadería, las bases de la mayor parte de la agricultura colonial, eran actividades adaptadas a un ciclo anual de cultivo y un pastoreo sin cercas, poco apropiadas para cubrir las necesidades de las inversiones de largo plazo y el mejoramiento de la tierra a fin de que admitiera cultivos de exportación. El café, cultivo perenne con una necesidad de tres a cinco años de inversión previa a cualquier recompensa, por poco representaba la perfecta antítesis del maíz y la ganadería. Era un cultivo cuyas mismas condiciones técnicas de producción impulsaron el proceso de privatización abogado por los liberales mucho más allá que los más tempranos productos de exportación, el añil y la cochinilla.

Sin embargo, la primera generación de liberales pareció creer que la propiedad privada de la tierra podía impulsarse, aparte de todas esas complejas categorías heredadas del pasado colonial. Claramente reconocieron que la tierra en sí casi nunca fue el factor escaso. Recayó sobre sus sucesores, medio siglo después, la tarea clave de resolver las necesidades más apremiantes de mano de obra y capital junto a la muy debatida cuestión de la tierra. Los más tempranos decretos liberales de la Federación, que favorecían la privatización de la tierra, particularmente uno de 1825 (el número 27.119-1825, sección 21), hace notar específicamente que tales concesiones no debían entrar en conflicto con las «tierras para los usos comunes de los mismos pueblos, así como para sus sementeras y labranzas estacionales, como para el pasto de toda clase de ganados» [10].

Durante la controversia sobre las concesiones para los proyectos de colonización extranjera en la década de los treinta, el que pronto sería presidente de Guatemala, Mariano Rivera Paz, preguntó retóricamente a sus opositores:

> El contrato cede los baldíos para poblarlos permitiendo el uso de los montes, bosques, ríos, ¿Qué se entiende por uso? ¿Acaso porque la Compañía tenga el uso priva a los demás habitantes del mismo uso? [11]

La respuesta a tal pregunta la darían los sucesos posteriores a 1850, y no sería aquella sugerida por Rivera Paz.

Es claro que los legisladores asumían la existencia de una cantidad de tierra virtualmente ilimitada, la cual era asequible a tan discutibles «propietarios». Pero, al obligar a tales propietarios a respetar no sólo las «sementeras» comunales, sino también las «labranzas estacionales y toda clase de pastos», era poco probable que se diera una gran transformación de la tenencia de la tierra o precipitados movimientos hacia el campo para reclamar derechos tan dudosos como aquéllos. Efectivamente, los observadores extranjeros comentaban repetidas veces la escasa población en gran parte de la región y de esta práctica, para ellos «pintoresca», así como sobre el supuesto, de parte incluso de los liberales, respecto de la compatibilidad de las categorías coloniales de tenencia de la tierra y su privatización total. Dunlop fue categórico en sus observaciones en 1847:

> ...ni siquiera una centésima parte de la tierra está cultivada... el valor de la tierra es casi nominal y, por lo general, no tiene ningún valor de mercado, excepto cuando esté en las cercanías de algún pueblo grande [12].

Luego hizo notar, sin embargo, que la tierra circundante a las capitales, para la cochinilla en Guatemala o para el café en Costa Rica, valía entre sesenta y noventa libras esterlinas el acre.

Y si las iniciales visiones liberales eran vistas por algunos como pintorescas en su impracticabilidad, sus acciones eran a menudo desastrosamente torpes también. Frecuentemente se oían llamados a la propiedad privada sobre la tierra, al unísono con ataques a la propiedad de la Iglesia. En este caso, por más que se les ridiculizaran por «oscurantismo» y superstición, no convencerían a los aldeanos que estaban mejor sin animales ni potreros, los cuales se tenían colectivamente bajo la sanción de la Iglesia. O, para ponerlo en otras palabras, los liberales parecían creer que, lejos de constituir un reto político de carácter estratégico para ellos, era de alguna manera un deber de las masas el separar sus intereses de aquellos de la «moribunda» jerarquía eclesiástica. Una y otra vez se demostró que lo cierto era lo contrario.

Una identificación aún más dañina de política liberal a favor de la propiedad privada de la tierra con el favoritismo político surgió en los años treinta. La sostenida oposición de Chiquimula al gobierno de Gálvez y a sus concesiones a los esquemas colonizadores ingleses y belgas es sólo el mejor conocido de estos conflictos municipales. Docenas de casos de titulación de tierras en menor escala, que pasaban de ser propiedad de las aldeas a manos de figuras políticas liberales, o la asignación de contratos monopolistas, representan algunos de los rasgos menos atractivos del temprano liberalismo «iluminado» en Centroamérica. El manejo que hizo Morazán de las concesiones para la tala de árboles en la costa hondureña durante los años treinta, sin la autorización de la Federación que él mismo repetidamente salvó de la extinción, es un ejemplo particularmente aleccionador. Este episodio en particular contribuyó poco para convencer a los escépticos de la honestidad de los liberales y de su respeto por la autoridad central de la Federación. Efectivamente, como lo plantea Wortman, la administración de Morazán en Honduras evidenció todos los signos de la autonomía localista que él mismo atacó en otras partes en nombre de la unidad y la Federación. Desafortunadamente, en todas las repúblicas desde Guatemala, bajo el mandato de Carrera y luego bajo el de Barrios, hasta Costa Rica, bajo el mandato de Mora y luego bajo el de Montealegre, la muy común creencia de que la política liberal era sencillamente un embellecido favoritismo político pareció confirmarse por medio de la repetida confiscación de tierras de opositores y de su traslado al portafolio de los vencedores.

Más allá de los malentendidos liberales y de sus errores programáticos, hubo situaciones ampliamente divergentes en el istmo en relación con la tenencia de la tierra. En las áreas ganaderas de Honduras, Nicaragua y Costa Rica, la propiedad privada de la tierra significaba un porcentaje relativamente pequeño, con gran parte del campesinado utilizando los campos cubiertos de bosques para sembrar esporádicamente en «abras», además de los ejidos o tierras medidas para la siembra de las aldeas. Aquí, la tierra como tal no era con frecuencia el problema clave, sino lo era más bien el acceso a los factores escasos de capital y mano de obra. Es más, con la excepción de Costa Rica y su economía cafetalera posterior a los años cuarenta, se habría de tener poco éxito en la agricultura de exportación y, por lo mismo, muy poco se consiguió por parte de los liberales en relación con la tenencia de la tierra; tampoco era éste un tema conflictivo de la misma clase del que se daría en otras partes.

En las áreas más densamente pobladas de Guatemala y El Salva-

4.2. QUEMA DE JUDAS.

dor, sin embargo, la situación de tenencia de la tierra era aún más compleja. En el altiplano indígena de Guatemala, la mayoría de los conflictos de tierras involucraba a las comunidades locales entre sí, y poco hicieron los liberales, más allá de sus políticas antieclesiásticas, para cambiar esta situación antes o después de 1871. Efectivamente y tal como ha argumentado Carol Smith, el gobierno de Carrera dio auge a una economía regional única aquí, sobre la cual nos extenderemos más adelante. Su estructura regional de pueblos mercantiles de distribución y su base popular en la especialización y el intercambio artesanales eran únicas en el istmo y se han conservado hasta la fecha. De manera similar, los liberales «avanzaron despacio» en intentar cualquier transformación radical en los sistemas de tenencia de la tierra en los más críticos territorios indígenas de Guatemala después de 1871.

Sin embargo, allí donde coexistían poblaciones indígenas y ladinas en número relativamente comparable, como en El Salvador y en áreas al suroeste y al este de la ciudad de Guatemala, las iniciativas liberales tuvieron un impacto mucho mayor, el cual fue anticipado por la práctica colonial y continuado por sus oponentes conservadores, quienes en esta área eran quizás sus aliados involuntarios. Como Solórzano lo ha señalado al principio de esta obra, la situación de las comunidades indígenas variaba enormemente en estas áreas. Algunos afrontaban intensas presiones sobre sus tierras y recursos, así como para su asimilación por medio del mestizaje. En estos casos, se asemejaron a la experiencia de las pocas comunidades indígenas de la Meseta Central de Costa Rica, virtualmente erradicadas de la memoria colectiva por la revolución cafetalera de los años cuarenta. Sin embargo, muchos otros tenían abundantes tierras, en parte alquiladas a ladinos, todas ellas motivo de ambición por parte de los reformadores liberales y los ladinos por igual. Aquí no era tanto el «indio haragán» cuanto el «indio rico» convertido en haragán por la riqueza excesiva (tierras), que provocaba la envidia ladina-liberal y sus demandas de cambio.

La solución a este problema, sancionado desde finales de la colonia, había sido el alquiler virtualmente forzado de tierras «ociosas» de las aldeas indígenas a los forasteros ladinos. Esta política ganó nuevo significado e importancia bajo los programas tanto liberales como conservadores de promoción de las exportaciones. Efectivamente, a las comunidades se las obligaba a ceder, mediante el «censo enfitéutico», las tierras ociosas de las aldeas a quienes fueran a cultivar café u otros productos de exportación. El cambio de un ciclo anual de cultivo, basado en la roza y quema ambulantes, a un cultivo perenne con una fuerte inversión permanente de fuerza de trabajo en una parcela determinada de tierra tuvo profundas implicaciones evidentes para todos los involucrados. Este cultivo perenne incrementó grandemente no sólo la cantidad de tierra considerada como «ociosa» (la cual se tenía en reserva en el viejo sistema rotativo que ya no se emplearía más), sino que ocurrió así ya fuera con la autorización de los liberales que con —la más frecuente— de los conservadores tales como Carrera, Cerna o Dueñas. Aunque quizás no tan abiertamente inclinados hacia el cultivo del café como Carrillo en Costa Rica y Gerardo Barrios en El Salvador (con sus programas de tierra libre y almácigos para los cultivadores de café), las tierras dadas en arrendamientos perpetuos, desarrollados más cabalmente por los conservadores, fueron de una importancia crucial en las transiciones de los años setenta. En realidad, hasta en lo personal, Justo Rufino Barrios concedió la propiedad privada para el café más frecuentemente cuando ya se había contado con la aprobación conservadora en condiciones de arrendamientos perpetuos de las mismas tierras. El decreto número 170 del 8 de enero de 1877 finalmente eliminó esta forma de propiedad en Guatemala, y sus términos constituyen un ejemplo particularmente idóneo del pensamiento liberal sobre el tema:

> Considerando: que el contrato de censo enfitéutico (...) es una institución que no está en armonía con los principios económicos de la época, (...) que si bien la enfiteusis ha facilitado el repartimiento de la propiedad raíz... la limitación del dominio útil... y las trabas... al reconocimiento del dominio directo, producen necesariamente un obstáculo que impide la libre transmisión de la propiedad, dando por resultado el decrecimiento de su valor y la falta de estímulos para mejorarla en beneficio de la agricultura... [13].

En efecto sólo ahora se había agotado su considerable utilidad para los liberales.

Lo dilatado de este proceso de privatización, que culminó sólo con los gobiernos de los años setenta en Guatemala y El Salvador, ha sido revelado con mayor claridad en recientes trabajos por parte de Castellanos Cambranes y Lindo Fuentes [14]. Estos trabajos muestran la gran diversidad de experiencias que hubo en Guatemala y cuán extendido estaba el problema de las tierras «ociosas» y de los arrendamientos perpetuos de tierras. Esto era así no sólo en las áreas tradicionales en las que se dio el censo enfitéutico de fines de la época colonial, desde Chiquimula en el oriente hasta Escuintla en el suroeste, sino también en el oeste y suroeste, en donde la mayoría de los anteriores autores retrataron un proceso de titulación de tierras «baldías» o nacionales para los cafetaleros, para lo cual contaban con mano de obra indígena forzada reclutada en el altiplano algo distante. En varios casos la tierra en cuestión fue reclamada por comunidades vecinas del altiplano, pero la palanca que sirvió para arrebatarla fue una combinación de alquiler forzado y de intriga política.

Por su parte, Lindo Fuentes reduce sustancialmente las estimaciones anteriores de Browning y Menjívar en relación con la cantidad de tierra privatizada después de finales de los años setenta en El Salvador, entre el 25% y el 50% de tierra cultivable a la mitad, cuando mucho. Los efectos corrosivos de la era del «Gold Rush» y el consiguiente comercio y exportaciones hacia California, junto al comercio cafetalero mismo, había llevado a un proceso gradual de descomposición de las tierras comunales, tanto bajo Dueñas como antes bajo Barrios, y también bajo el mandato de quienes seguirían durante los años ochenta. En ambos casos, e independientemente del marco legal de que se trate, desde el arrendamiento perpetuo hasta la simple compra en la calidad supuesta de tierras públicas, el interludio conservador fue testigo de gran parte del progreso de privatización de la tierra, el cual se pensó durante mucho tiempo que había sido una tarea exclusiva de los revolucionarios liberales. Aunque sin duda habían sido sus autores intelectuales, los liberales sólo podían atribuirse la consolidación y el aceleramiento del triunfo de la privatización de la tierra. La oposición conservadora no fue el mayor obstáculo en este asunto. Efectivamente, ellos colaboraron más o menos voluntariamente en este punto después de mediados de siglo.

Las dificultades liberales tuvieron poco que ver con la oposición conservadora a las políticas de tenencia de la tierra. Más bien tuvieron que ver con la amplia animadversión generada por sus anteriores ataques contra la Iglesia y contra todo lo que ella representaba. Alegando oponerse a sus enemigos jurados —la Iglesia y los conservadores— los más pesados golpes liberales recayeron sobre aquélla y sobre la economía comunal de aldea que ella legitimó y contribuyó a organizar, aunque sin herir mortalmente a éstos. Aun cuando tal resultado es escasamente sorprendente, dados los orígenes comunes de clase de los dos grupos en conflicto, fue a través de las vías políticas anticlericales que los liberales lograron desencantar más consistentemente a las masas, sin derrotar a sus enemigos conservadores. Efectivamente, la combinación de políticas liberales anticlericales y anti-tierras comunales, enfurecedoras para las masas, a ninguna de las cuales los conservadores se opusieron invariablemente, contribuye a explicar la extraordinariamente larga ausencia del poder de los liberales del norte, particularmente en Guatemala. Es sobre estos intentos fallidos de creación de una identidad nacional basada en ideas seculares y generalmente anticlericales, que debemos dirigir ahora nuestra atención.

La cuestión de la Iglesia: manos muertas y fuerzas vivas

Si algún rasgo definió al liberalismo en Centroamérica antes de 1860 fue una frecuentemente violenta oposición a la Iglesia y a su papel en la sociedad y en la política. Los liberales, tanto de la primera como de la segunda generación, se opusieron a la forma eclesiática de propiedad en «manos muertas», no sólo por su impacto sobre la siempre angustiosa situación fiscal al no pagar los impuestos que sí tributaban los particulares, sino también porque impedía la libre circulación y máximo crecimiento de la riqueza pública. Conforme más se difundían las imágenes y metáforas de corte positivista después de mediados de siglo, se consolidaba la identificación de la circulación de los bienes particulares en el «cuerpo político» con su equivalente biológico; es decir, la sangre, fuente y sostén de la vida. Dentro de tal esquema ideológico, la propiedad en «manos muertas» se convirtió en una institución no sólo ineficiente o elitista, sino en la fuente misma del atraso económico y social.

La oposición liberal estaba dirigida tanto hacia el poder económico de la Iglesia, como hacia su influencia social e intelectual. Aunque la Iglesia fue incapaz de resistir el desafío liberal directamente, en especial en lo referido a su fuerza económica, la institución se reveló altamente capaz de explotar el fervor religioso y la xenofobia de las clases populares para contrarrestar los argumentos liberales en favor de un orden nacional secular. Es más, muchos sacerdotes, especialmente en las provincias, apoyaban algunas partes de la agenda liberal, especialmente cuando —como en el caso de los permanentes reclamos en El Salvador por un obispado— sus propios intereses institucionales podían ser satisfechos también. Por lo general, la influencia social de la Iglesia no fue extirpada tan fácilmente como su base económica. En el proceso, los campesinos perdieron terreno por lo menos tan a menudo como lo perdía la Iglesia institucional, y los liberales enojaron tanto a los xenófobos religiosos como a los más radicales dentro de sus propias filas, los cuales rechazaban cualquier matrimonio de conveniencia entre liberales y clérigos en las provincias.

Al atacar todas las formas de propiedad eclesiástica, los liberales sólo seguían un camino muy transitado desde finales de la colonia. Los monarcas Borbones habían ya lanzado un frontal asalto a la Iglesia con la expulsión de los jesuitas y con la toma de sus propiedades en 1767 y —más seriamente aún— con la «consolidación de vales reales» después de 1804. Las consecuencias económicas y políticas de esto último pudieron haber contribuido al crecimiento de la opinión pro independentista a lo largo y ancho de las colonias.

Gran confusión ha existido desde hace mucho alrededor del tema de la riqueza eclesiástica y del ataque liberal a la misma, tanto en Centroamérica como en el resto de América Latina. Parte de esta confusión puede rastrearse hasta las exageraciones del partidismo liberal al calor de las batallas políticas. Sin embargo, la complejidad de la riqueza eclesiástica requiere un breve comentario antes de discutir los desafíos mismos de la política liberal.

En términos generales, la Iglesia era tanto el principal (y único legal) banquero de la sociedad, como un destacado propietario, en formas diversas. Como regla general, las funciones bancarias de la Iglesia tuvieron mayor desarrollo en economías y regiones de orientación exportadora, en tanto que su condición de propietaria de fondos de «cofradía» habría de predominar en las áreas más periféricas. En muy raros casos, esencialmente en Guatemala, tenía la Iglesia vastas propiedades agrícolas; más frecuentemente su propiedad inmueble era urbana. Las propiedades azucareras de Guatemala —en donde cinco de las ocho más grandes eran propiedad de órdenes religiosas regulares y la más grande, que pertenecía a los dominicos y que es descrita por Solórzano, contaba con setecientos trabajadores esclavos—, fueron una singular excepción que no aparece en el resto de Centroamérica ni entre las ramas seculares (no las órdenes) de la Iglesia.

Aún más complejidad existió dentro de cada rama de actividad financiera eclesiástica. Sus funciones bancarias fueron esencialmente de dos tipos: las «capellanías» y los «censos». En teoría, ambos eran préstamos con garantías hipotecarias. Pero en la práctica los verdaderos préstamos comerciales estaban concentrados en la categoría de «censo» sobre una base anual, en tanto que las «capellanías» eran más a menudo una forma de préstamos perpetuos o hipotecas sobre propiedad inmueble, a menudo haciendas ganaderas cuyo valor en el mercado podía muy bien no corresponder al capital declarado en las varias capellanías que pesaban sobre ellas. El capital de las capellanías constituía, pues, una suma sobre la cual un pago anual era calculado, a cambio de misas que serían cantadas, preferentemente, por un miembro de la familia del propietario que hubiese ingresado al sacerdocio.

Lógicamente, la expropiación de la riqueza eclesiástica en censos podía movilizar fondos líquidos, en tanto que un ataque similar sobre las capellanías daría pocos resultados en el corto plazo puesto que las obligaciones hipotecarias declaradas tenían poca relación con la realidad comercial. Es más, un ataque así recaería más pesadamente sobre el endeudado propietario que sobre la Iglesia como tal. Por ello, los liberales llegaron a argumentar que todos los propietarios de tierras, liberales y conservadores por igual, debían ser liberados de esa deuda medieval, en lugar de procurar la subasta de propiedades por su valor hipotecario. Cuando los liberales llegaron a este grado de sofisticación en sus políticas, los conservadores oportunistas pudieron muy bien unirse a ellos, ya que éstos estaban ansiosos por aliviarse más de sus obligaciones comerciales que de las morales. Después de mediados de siglo, el comportamiento de destacados conservadores en este asunto constituye quizá la más clara confirmación de esa crítica de las posturas geopolíticas en el istmo a finales del siglo actual: donde comienzan los intereses materiales, terminan las ideologías.

En lo que se refiere a la propiedad inmueble, la situación era igualmente compleja. Aunque las órdenes regulares, particularmente los dominicos en Guatemala, poseían propiedades productoras de azúcar, trigo y ganado, un porcentaje relativamente pequeño de la riqueza de la Iglesia estaba ligado a la propiedad de la tierra como tal. En realidad, la propiedad inmueble urbana con fines de especulación solía ser con más frecuencia la base de las inversiones eclesiásticas. Efectivamente, la mayor propiedad inmueble controlada por la Iglesia, la de las cofradías, era en realidad administrada por la Iglesia en nombre de comunidades específicas y grupos de individuos laicos. Como señala Solórzano, sólo en la diócesis de Guatemala, en 1800, había unas 1.703 cofradías con 581.833 pesos en propiedades. Aunque carecemos de cifras completas en relación a las expropiaciones de 1829, la hacienda azucarera de San Jerónimo fue vendida a intereses extranjeros en la suma astronómica de 253.526 pesos, 4/4 reales, mientras que los dineros provenientes de la venta de todas las 22 propiedades rurales en su conjunto ascendieron a unos 378.480 pesos, frente a unos 88.065 pesos para las 27 propiedades urbanas. En contraste, las expropiaciones realizadas por Gálvez entre 1831 y 1837 en Guatemala, produjeron sólo 8.708 pesos para el gobierno de la Federación [15]. Fue el ataque sobre esta forma de propiedad lo que ofreció la mayor ganancia en el corto plazo para los liberales, y lo que generó el mayor conflicto con los campesinos, quienes veían más a los liberales como ladrones que a la Iglesia como su explotadora. Esta situación se empeoró aún más con la frecuente práctica de las liquidaciones «en baratillo» de tales propiedades, tanto a los políticos liberales como a los —ya siempre presentes— conservadores oportunistas.

El mayor ataque liberal a la propiedad de la Iglesia en Guatemala ocurrió bajo el liderazgo de Morazán en 1829. Bajo un decreto del 28 de julio de 1829, las órdenes religiosas regulares, particularmente la de los dominicos, fueron expulsadas hacia Cuba junto con el arzobispo, y sus propiedades fueron confiscadas. Unos 289 clérigos fueron exiliados en este momento de gran anticlericalismo Federal y liberal [16]. Resurgimientos intermitentes de la política anticlerical ocurrieron, especialmente en las provincias, a mediados de los años treinta y cuarenta, en Costa Rica en 1859, y en El Salvador bajo el mandato de Gerardo Barrios a principios de los años sesenta. En cada uno de estos casos, se consumió mucha de la riqueza líquida de la Iglesia, y se dieron caóticos intentos por confiscar y subastar la propiedad inmueble.

Quizás el mayor éxito de estas tempranas campañas fue la confiscación de las vastas propiedades de los dominicos por parte de Morazán en 1829. Además, las campañas liberales de mediados de los años treinta sirvieron de pretexto para la permanente exención del café del pago del diezmo en Costa Rica. Este hecho, al igual que el de la expropiación de los dominicos en Guatemala, la venta de ganados en Nicaragua y Costa Rica en los años cuarenta, o la abolición de las capellanías en El Salvador en los años sesenta, no sería revertido por gobiernos conservadores posteriores como el de Carrera en Guatemala, Dueñas en El Salvador o como los distintos gobernantes de Nicaragua y Costa Rica, quienes la mayoría de las veces alegaban ser conservadores al mismo tiempo que abolían formas de propiedad eclesiástica. Sin embargo, los cafetaleros en el norte no lograron la exención del pago del diezmo hasta las revoluciones liberales de los años setenta.

Hasta dónde encajaban estas variables económicas y eclesiásticas puede constatarse en los hechos que llevaron a la caída de Juan Rafael Mora de la presidencia de Costa Rica en 1859. Mora había intentado crear un banco estatal, junto al inversionista argentino Crisanto Medina, al mismo tiempo que expulsaba al obispo Llorente y Lafuente por sus críticas públicas al gobierno. Los opositores de Mora dentro de la oligarquía cafetalera lo depusieron en parte por temor a la competencia que implicaría aquel banco estatal, y esta acción fue apoyada por la Iglesia. En el régimen cafetalero mercantil de Costa Rica, el obispo tenía pocas razones para pensar que se pudiera restaurar el predominio eclesiástico en los préstamos. Pero sus esperanzas respecto del restablecimiento del pago del diezmo sobre la producción del café se revelaron igual de ilusorias.

Como prácticamente en todo el resto de Centroamérica, los conservadores se negaron a deshacer las iniciativas liberales, de las cuales se habían también beneficiado, especialmente cuando un nuevo y expansivo producto de exportación estaba de por medio. Aun el singular defensor de la posición de la Iglesia en Guatemala, Rafael Carrera, aceptó la «donación» de la que fue la hacienda azucarera dominicana de Palencia. Allí mismo, la supuesta explotación despiadada por parte de su consorte de la venta monopolizada de granos básicos en la región fue usada como justificación para la rebelión de los Lucíos a fin de la década de los cuarenta. Luego, Carrera devolvió la propiedad al Estado, en un vano intento por apaciguar al movimiento rebelde en su contra.

La secularización y la contraofensiva clerical

La autoridad política secular, tanto liberal como conservadora, se reveló exitosa en cuanto a despojar a la Iglesia de sus bienes mundanos. Pero los liberales se revelaron como mucho menos exitosos en sus intentos de desafiar ideológicamente a la Iglesia. Los principales intentos de secularización, particularmente a lo largo de los años treinta, fueron desastrosos. Además, las muy difundidas guerras y las epidemias de cólera de finales de los años treinta y mediados de los cincuenta, las épocas de prueba de la nacionalidad centroamericana con Carrera en lo interno y con Walker en lo externo, convirtieron la promesa liberal de progreso y bienestar según modelos institucionales europeos o anglosajones, en una caricatura.

El mayor intento de secularización tuvo lugar en 1837 bajo los mandatos de Morazán y Gálvez. Los componentes principales de esta campaña fueron las medidas relacionadas con el llamado Código de Livingston, las leyes sancionando el matrimonio civil y el divorcio, los derechos hereditarios de los hijos ilegítimos, la educación laica, y el apoyo a la inmigración protestante europea para el desarrollo económico de la región. Aunque cada una de estas iniciativas pudo ser defendida como progresista y necesaria, las mismas expusieron a los liberales a críticas no sólo de los furiosos conservadores y clérigos, sino también de grupos populares que veían en estas leyes un grado nada pequeño de irrelevancia y de hipocresía.

Las innovaciones de la era del Código de Livingston (juicio por medio de jurado, divorcio, herencia, etc.) fueron defendidas como políticas democráticas de nivelación social por sus impulsores. Sin embargo, en una sociedad tan hondamente dividida en lo étnico, lo lingüístico y lo social, propiciaban más el caos judicial que la reforma. Cómo se habría de desarrollar el juicio por jurado en una sociedad abrumadoramente analfabeta y plurilingüe, sino como un tribunal elitista y liberal ligeramente velado fue algo que se perdió de vista en el predominantemente doctrinario debate sobre su aprobación.

Al explicar la derrota del Código y de sus innovaciones, otra vez Montúfar fustiga a las masas en términos abiertamente raciales:

> El código de Livingston no fue más que un pretexto. En la revolución (de Carrera) se está viendo con toda claridad la mano del clero que un día aprovecha un eclipse, otro día un trueno, otro un terremoto, otro la erupción de un volcán y otro el código de Livingston, para volver a dominar las conciencias y establecer su imperio en absoluto como en la Edad Media... Se dirá que no era el código penal sino el procedimiento por jurados lo que conmovía a los pueblos... El jurado supone un pueblo juez, y el pueblo no puede ser juez si no está ilustrado... Pero en el Estado de Guatemala había gente culta y digna de la garantía del jurado. Ahora se puede preguntar si esta gente no debería gozar ni del jurado, ni de ninguna de las ventajas de la civilización moderna, porque masas enormes de indios bárbaros no admiten el progreso ni aspiran más que a la picota... Si los indios están fuera de la civilización, no están fuera de la naturaleza, y la naturaleza humana no se subleva cuando no experimenta un gran daño... La ausencia del Arzobispo no importaba a los indios; la mayor parte de ellos no lo conocían ni les haría falta [17].

Las leyes de divorcio y herencia, aunque quizás más defendibles socialmente respecto de sus metas, sufrieron un destino partidista aún peor. La ley que estableció el matrimonio civil también abrió la puerta al divorcio. El decreto simplemente expresó que:

> La ley sólo considera los matrimonios como un contrato civil, y en consecuencia pueden rescindirse. 2. Todo el que se declare divorciado, con las solemnidades del decreto de 20 de agosto del año próximo anterior (1836), queda hábil para contraer nuevo matrimonio [18].

Otra vez, Montúfar desestima el furor resultante en términos partidistas:

> Los indios no saben lo que es matrimonio civil, ni a ellos se les obligaba a casarse civilmente... Es imposible, por tanto, suponer que los indignaba una ley, cuyas consecuencias ellos no experimentaban... Las personas heridas en lo más vivo eran los curas..., Una mano enérgica, unos días de dictadura, habrían salvado las instituciones (contra las fuerzas de Carrera) [19].

La ley del matrimonio civil y del divorcio se llamó, popularmente, la «Ley del perro». Ésta, junto con otra definiendo los derechos de herencia de los hijos ilegítimos, pretendían defender a la mujer y a los niños, pero sus críticos las denunciaron como heréticas y criminalmente irresponsables. Afirmaban que reducirían la santidad del matrimonio al reino animal, mientras aparentaban defender los derechos de las víctimas justamente del tipo de comportamiento que se desencadenaría y hasta sería sancionado abiertamente por la ley. No existe duda de que la Iglesia y los políticos conservadores oportunistas fomentaron y se beneficiaron de una amplia reacción popular en contra de estas leyes. Explicarse por qué pudo ser éste el caso, más allá de las manipulaciones clericales, arroja alguna luz sobre los dilemas y fracasos de la inicial política de secularización liberal.

Aunque algunos dirigentes liberales constituían precisamente el tipo de hijo ilegítimo que sería beneficiario de la ley en cuestión, también eran con igual o mayor frecuencia el tipo de personas cuyo comportamiento debía ser frenado o castigado por la misma ley. Tal ley hubiera tenido sentido sólo en los pocos centros urbanos de la época, y lo difícil es juzgar qué lado era más hipócrita: la Iglesia, al defender la santidad de un matrimonio que a menudo estaba, en lo económico, más allá del alcance de las grandes mayorías (véanse más abajo los detalles sobre la composición del hogar), o los liberales, al perseguir una política encaminada más bien a exagerar el mismo comportamiento masculino irresponsable que argumentaban restringir. Y lo que es más importante, la irrelevancia de todo el debate para las masas, negadas en la práctica a los mismos derechos que tan pomposamente eran debatidos, seguramente alimentaba la ira que se evidenciaba en la oposición a la ley, liderada por la Iglesia.

Sólo cuando se reconoce la posición social de la vasta mayoría de liberales, fuera de los pocos radicales de la ciudad de Guatemala, y su no muy diferente comportamiento socio-sexual al ser comparados con sus equivalentes conservadores, podemos quizá comprender el amplio repudio popular a estas leyes. La reacción fue hábilmente manipulada por los clérigos según sus propios propósitos, pero no la crearon sólo con sus denuncias ortodoxas. Por muy defendibles que fueran las iniciativas, no era difícil ver que ni las esposas oprimidas ni los niños abandonados eran sus principales beneficiarios. Más probable era que los hombres pertenecientes a las elites tuvieran aún más libertad de acción para comportarse en las formas que crearon el problema que se estaba atacando. Aunque los conservadores contribuyeron con muy poco que fuera constructivo al respecto, las masas pudieron reconocer fácilmente por su cuenta la hipocresía y superficialidad de la solución ofrecida por los liberales.

Similares actitudes pudieron observarse en lo que respecta al principio de la educación laica frente a la educación clerical. Reaccionando a las visionarias iniciativas liberales de junio de 1830 y marzo de 1832, algunos clérigos y conservadores tomaron la casi absurda posición de oponerse a cualquier programa educativo amplio.

En verdad, no es difícil ver por qué el revolucionario liberal Ramón Rosa referiría a la ley conservadora de Educación de 1852 como «la hija desgraciada del pensamiento reaccionario de Manuel F. Pavón» [20]. Dicha ley postuló que:

> ...toda buena y sólida enseñanza consiste en el aprendizaje de la doctrina de nuestra religión, y en que a la juventud se inculquen desde los primeros años sus máximas y las del respeto que debe tener a sus padres, a sus mayores y a los funcionarios y autoridades a cuya beneficencia deben los pueblos su bienestar... Todos los días, al entrar cada niño en la escuela, se arrodillará delante del altar e invocará al Santo Patrono... Cuidará mucho el maestro de inculcar a los niños la estrecha obligación que tienen de respetar, amar, obedecer y servir a sus padres y mayores, a los sacerdotes y a las autoridades superiores, que son los Representantes de Dios en la tierra [21].

Sin embargo, en su intento de erradicar la influencia clerical de la educación, los liberales, quizá inevitablemente, pusieron en peligro el poco acceso a la educación formal que era asequible. Fueron sencillamente incapaces de ofrecer un sistema alternativo, superior aunque fuera sólo en términos numéricos, en el corto plazo. En Guatemala, para 1866, sólo unos ocho mil o nueve mil niños asistían a la escuela primaria, mientras que para 1887 lo hacían cincuenta mil [22]. Incluso en Costa Rica, donde la educación laica se desarrolló rápidamente, los mayores avances tuvieron lugar en los años ochenta y de ahí en adelante, lográndose mayor cobertura de escuelas primarias en el Valle Central, tanto para las mujeres como para los pobres, a principios del siglo XX. Una vez más, aunque en lo abstracto fuera laudable, la temprana política liberal de secularizar la educación amenazaba con erradicar una realidad sin ofrecer el sustituto adecuado.

Quizá la más confusa política liberal para las masas fue la de favorecer la inmigración protestante a fin de desarrollar la economía de la región, particularmente en sus desoladas tierras bajas del Atlántico. Como se señaló, esta política chocó con las actitudes antibritánicas de liberales más radicales y con los más o menos obvios conflictos territoriales con el gobierno británico, que habría de autorizar la venida de buena cantidad de colonos. Pero había razones aún más profundas para que este llamado liberal al progreso secular llegara a oídos sordos, mucho más allá de las odiosas campañas dogmáticas y antiextranjerizantes dirigidas por la Iglesia.

Los teóricos liberales y la gran mayoría de los inmigrantes extranjeros insinuaban, cuando no profesaban abiertamente, un desprecio racista no sólo hacia los indios y los negros sino también hacia los mestizos pobres a quienes supuestamente aquéllos habrían de mejorar con su ejemplo, si es que no a suplantar. Este hecho hizo poco para lograr el apoyo popular hacia tal política autodenigrante. Es más, al igual que en los casos de alquiler perpetuo de la tierra, los liberales tuvieron dificultades al explicar cómo la iniciativa privada y la codicia podían de repente convertise en la única ruta segura hacia la virtud pública. Las enseñanzas tomasinas sobre el *sunnum bonum* y el pecado del interés particular sin restricción, tuvieron una lógica resonancia entre un campesinado católico centenario, no tocado por la teorización liberal y sin necesidad de manipulación «reaccionaria» o clerical para hacerle reaccionar. De nuevo, la secularización apareció como mucho más fácil en términos de propiedad eclesiástica y política, y mucho más difícil en cuanto a una visión del orden social apropiado.

Si las políticas del liberalismo en Guatemala generaron más oposición que apoyo entre las masas, su matrimonio de conveniencia con la Iglesia en El Salvador hizo que se apartaran muchos de izquierda también. Desde los inicios mismos de la vida independiente, la elite de El Salvador se identificó como liberal y antiguatemalteca. Irónicamente, uno de los grandes símbolos de los salvadoreños era la recurrente demanda de un obispado propio en San Salvador, independiente del control eclesiástico de Guatemala. La petición fue finalmente satisfecha en 1842, con el nombramiento de Jorge de Viteri y Ungo como primer obispo. De entonces en adelante, bajo los mandatos de Eugenio

Aguilar (1846-48) y Gerardo Barrios (1859-63), los obispos huyeron o fueron expulsados, pero el poder económico de la Iglesia en El Salvador no fue jamás comparable ni siquiera remotamente con su equivalente guatemalteca, ni tampoco fue éste el punto central del conflicto. Las dificultades para desarrollar una identidad secular y anticlerical al tiempo que se solicitaba el nombramiento de un nuevo obispo «nacional», puso a prueba los poderes retóricos de los liberales salvadoreños, como había sido el caso de Arce y su gobierno de coalición con Aycinena en los años veinte, o los intentos permanentes por reconciliar las más radicales implicaciones sociales de su ideología con su papel como clase dominante en la sociedad local. Los problemas que tuvo Gerardo Barrios con la Iglesia no pueden esconder el hecho de que el secularismo como ideología en El Salvador, dado su compromiso histórico con el obispado nacional, era aún más elitista que en la misma Guatemala.

Para los liberales de los primeros tiempos, la incapacidad de desarrollar una serie de imágenes, una identidad, un discurso capaz de estimular el apoyo de las masas, era un problema básico. En Guatemala se hicieron serios intentos que tuvieron eco en otras partes: por ejemplo, el ataque de la era de Gálvez a los poderosos símbolos e instituciones sociales de la Iglesia. Mientras que resultaban de verdadero interés para los grupos urbanos mestizos esperanzados en que ocurrieran cambios sociales favorables para ellos, estos asuntos eran de poco interés para la gran masa de la sociedad. De hecho, ésta podía ser contrarrestada en sus impulsos por un discurso católico que aparecía como más creíble; o lo que era peor, con una revelación de las contradicciones internas de tal llamado para acatar modelos extranjeros en nombre de la nacionalidad. Con el paso del tiempo, los perfiles ideológicos liberales fueron reduciendo sus contenidos sociales. El progreso económico era cada vez más la promesa y el paradigma del juicio. En efecto, los fracasos iniciales llevaron a un virtual abandono del discurso socialmente radical y hacia una especie de determinismo económico que reemplazó al anterior llamado romántico a las armas, el cual había fracasado repetidamente en despertar el apoyo de las masas.

Además de este problema, los liberales habían tenido la mala suerte de sufrir la derrota a manos de las epidemias de cólera más que de la obra de los conservadores. En 1837-38 y en 1856-57 el programa liberal fue minado por las epidemias. La primera epidemia fue aprovechada y explotada para fines propagandísticos por parte de Carrera y los conservadores, quienes adujeron que Gálvez y los liberales habían envenenado las fuentes de agua de las aldeas con el fin de entregar las tierras a inmigrantes extranjeros. Después esta asociación de cosas fue mucho menos directa, pero la aventura de Walker había sido identificada con una versión absurda del programa liberal para Centroamérica. En términos más generales, sin embargo, la epidemia se presentó como un rechazo particularmente fuerte de las pretensiones liberales en relación con los poderes de la ciencia y el progreso. Ya bien pasada la mitad del siglo, la ciencia liberal no aportaba soluciones milagrosas a los afligidos. De hecho ésta había hecho su aparición acompañada del ángel de la muerte mismo: primero junto a ininteligibles leyes sobre el divorcio y la colonización y después con las perfectamente inteligibles fuerzas de la esclavitud y el racismo anglosajón.

Los liberales de mediados de siglo le ofrecieron a las masas virtualmente la antítesis de lo que se convertiría después en la «religión» de la ciencia y el progreso. Lejos de las maravillas del transporte y la producción mecanizados, la salud pública y el «orden y progreso» diseñados —conscientememte o no— para inculcar en las masas un pavor y un respeto «modernos» análogos al simbolismo religioso de los tiempos medievales, los primeros liberales contaban únicamente con su retórica incendiante y su declinante fuerza militar. Armas éstas que eran pobres en realidad para afrontar el cólera en el mundo material y las llamas del infierno y la condenación en el mundo simbólico.

Un buen ejemplo de la debilidad ideológica liberal y de la fuerza del imaginario católico puede observarse en el contraste que destaca Palmer entre los mensajes del presidente Mora y del obispo Llorente a las tropas que partían a hacer frente a Walker en Nicaragua. Si en algún lugar de Centroamérica las autoridades seculares enriquecidas por medio del café debieron empezar a desarrollar un imaginario de perfiles populares —y así lo hicieron— fue en Costa Rica. Y sin embargo, aun aquí el programa liberal después de mediados de siglo fue una pálida defensa de la prosperidad y la paz y no una visión de cambio igualitario y libertario. Así lo ofrece Mora:

> La paz, esa paz venturosa que, unida a vuestra labriega perseverancia, ha aumentado nuestro crédito, riqueza y felicidad, está pérfidamente amenazada. Una gavilla de advenedizos, escovio de todos los pueblos, condenados por la justicia de la unión americana... proyectan invadir a Costa Rica para buscar en nuestras esposas e hijas, en nuestras casas y haciendas, goces a sus feroces pasiones... Yo velo por vosotros, bien convencido de que... todo os reuniréis en torno mío, bajo nuestro libre pabellón nacional... a defender la patria como la santa madre de todo cuanto aman.

En contraste, el obispo Llorente nos pinta un lienzo mucho más rico de la patria y de sus tradiciones, las cuales deben defenderse de:

> Enemigos encarnizados de la religión Santa que profesamos: ¿Qué será de nuestros templos, de nuestros altares y de nuestra ley? ¿Cuál será

4.3. BAILE EN LA CASA DEL PRESIDENTE MORA.

la suerte de los ungidos del Señor? Desenfrenados en sus pasiones:
¿Qué podréis esperar para vuestras castas esposas e inocentes hijas?
Sedientos de riqueza: ¿Cómo conservaréis vuestra propiedad?... [E]l
Señor los confundirá: por tanto no les temáis. El Dios libró de las
llamas a Ananías, Azarías y Missael, el que libró a David de la boca
de los leones. Él os librará a vosotros... [A]cordaos al mismo tiempo
que el pueblo de Israel, figura del pueblo cristiano, cuando provocaba
con sus desórdenes la Justicia Divina, era afligido por sus enemigos y
que solo triunfaba de ellos cuando arrepentido imploraba el perdón
de su infidelidad... [R]enováis vuestro espíritu con el ejercicio de las
virtudes para que en caso de que nos toque morir en defensa de nuestra Religión, de nuestra Patria, de nuestra independencia, de nuestras
leyes, vidas y propiedades, hallemos propicio al Supremo Juez [23].

Aunque diferentes en cuanto al tono y a la fuerza emotiva, ambos
discursos estaban enraizados en el imaginario católico tradicional y
parroquial, más que en cualquier marco liberal inventado por los radicales guatemaltecos en los años treinta. Similares, aun en el discurso
político de este clásico barón cafetalero, eran las imágenes clave de la

paz y la madre patria frente a la violación, el pillaje y el mal traídos por los invasores protestantes e infieles. Así, aun cuando las transformaciones económicas liberales estuvieron muy avanzadas, como en Costa Rica, se hizo frente a la prueba de fuego de la nacionalidad más con un sentido divino, bíblico de la puesta a prueba, de una eterna simultaneidad de comunidades religiosa y política, que con una nacionalidad construida según lineamientos liberales seculares.

LA SOCIEDAD POR TRANSFORMAR: BASES DEMOGRÁFICAS Y ECONÓMICAS

El desafío liberal vislumbró una Centroamérica vastamente alterada en sus patrones demográficos y económicos. El futuro sería el de una mayoría criolla-mestiza y no indígena, de una economía próspera y exportadora y no una economía atrasada de autosuficiencia. Los sueños liberales pudieron llevar a cambios radicales, pero no serían aquéllos. Es más, a menudo, los teóricos liberales entendieron mal los patrones básicos de las sociedades que estuvieron decididos a transformar.

Para mediados de siglo, Centroamérica permanecía dividida étnica y regionalmente. Étnicamente, la línea divisoria se trazaba entre una densamente asentada mayoría indígena en el norte, y un equivalente mestizo en el sur subpoblado. El Salvador era esencialmente la zona de transición en tal realidad dicotómica. La vertiente atlántica no era a los ojos de los dirigentes políticos y para propósitos prácticos, parte de sus cálculos. Sin embargo, la experiencia de sus habitantes dispersamente asentados será abordada más adelante cuando la relacionemos con la cuestión de la distribución étnica y la identidad.

El norte y el sur se caracterizaban por una dicotomía expresada en términos de realidad rural-urbana (aldea-ciudad), tanto en el altiplano como en la bocacosta del Pacífico, mientras que la costa (del Pacífico) era un gigantesco potrero ganadero con pocas concentraciones urbanas. Estos patrones espaciales condicionaron profundamente los desarrollos demográficos, sociales y económicos. Si la vasta mayoría de toda la población se hallaba en el norte, lo mismo podía decirse de su población aldeana o rural para toda la región (Cuadro 4.2). Pero, mientras los aldeanos dependían principalmente de la agricultura, esta dependencia se realizaba dentro de un sistema de tierras comunales que implicaba un considerable nucleamiento y complejidad ocupacional. Curiosamente, fue en este ámbito que el apoyo liberal al crecimiento de las exportaciones tendría un gran impacto, aunque los mismos liberales ignoraron o despreciaron consistentemente la división social del trabajo y la especialización económica regional existentes.

Cuadro 4.2

Población estimada de Centroamérica, 1820-1870 (en miles)

ESTADO	1820	1830	1840	1850	1860	1870
Costa Rica	63	72	86	101	115	137
El Salvador	248	271	315	366	424	493
Guatemala	595	670	751	847	951	1.080
Honduras	135	152	178	203	230	265
Nicaragua	186	220	242	274	278	337
Centroamérica	1.227	1.385	1.572	1.791	1.998	2.312

Fuente: R. L. Woodward, «Central America» Spanish America after Independence, c. 1820-1870, Leslie Bethel (ed.), (1987) p. 178.

Durante el período borbónico se desarrolló considerablemente el comercio interregional y la especialización, alrededor del centro productor de añil en El Salvador. Los comerciantes guatemaltecos y panameños se beneficiaron del creciente comercio exportador, basado fundamentalmente en las tierras añileras de El Salvador. El altiplano guatemalteco producía textiles que eran consumidos hasta en Costa Rica, cuyos comerciantes realizaban el viaje hacia el norte, aún a principios de los años cuarenta, para adquirir su provisión. El tabaco y el ganado se desplazaban hacia el norte en calidad de pago por bienes mercantiles locales y extranjeros, y el sistema global era controlado y financiado desde Ciudad de Guatemala y Belice.

Dunlop describió este sistema en 1847, en la víspera de su desarticulación debido a las importaciones inglesas, en los siguientes términos:

> ...cerca de 100.000 dólares, principalmente en monedas de oro, se reciben anualmente de Costa Rica por concepto de venta de vestimenta de lana hecha en Los Altos, la cual generalmente es usada en Costa Rica. El dinero siempre es traído personalmente por nativos de ese Estado, quienes regresan con las manufacturas de lana, las cuales revenden a sus compatriotas [24].

Con el derrumbe de la Federación a finales de la década de 1830, y particularmente después del desarrollo de la exportación de café, cada una de las cinco repúblicas habría de desarrollar redes mercantiles individuales orientadas directamente a los mercados europeo e inglés. Las viejas rutas mercantiles y la complementariedad habrían de caer en desuso y, como Lindo y Pinto han demostrado, ningún gobierno

4.4. PROCESIÓN, COSTA RICA.

central fue capaz de gravar con impuestos tan diversificada combinación de flujos mercantiles de orientación externa. Lindo ha mostrado
también cómo cada uno de los cinco países consolidaría su aparato de
Estado alrededor de la capacidad de imponer impuestos sobre estos

nuevos productos y rutas, mecanismo que resultó ser más exitoso en Costa Rica, El Salvador y Guatemala que en Nicaragua y Honduras.

Es claro que la reorientación económica de mediados de siglo tuvo importantes consecuencias políticas. Pero también tuvo un enorme impacto sobre las estructuras ocupacionales y demográficas. En Costa Rica, sin duda la más aislada y primitiva de las cinco repúblicas, estos cambios pueden verse más clara y dramáticamente. La anterior economía de aldea, que implicaba una sustancial división social del trabajo en un sistema urbano arcaico, se transformó rápidamente. La diversidad ocupacional fue radicalmente reducida con la eliminación, en el lapso de una sola generación (1840-70), de toda una clase de vocación artesanal. Los rápidos movimientos de población hacia la periferia o frontera con la producción cafetalera llevaron a una sociedad cuya productividad laboral era sustancialmente mayor, pero que dependía más de las importaciones de Inglaterra en vez de la producción artesanal local o regional.

En el resto de Centroamérica estos cambios se operaron con más lentitud y con menos dramatismo, pero siguieron casi el mismo patrón en el largo plazo. Honduras y Nicaragua fueron los países menos exitosos en lo que respecta a esta política liberal, mientras que Guatemala —en tanto la más compleja y más grande sociedad de las cinco repúblicas— fue menos abrumada por estos nuevos patrones. El Salvador fue el país que llegó más cerca, quizás, a aproximar el modelo establecido antes por la Costa Rica cafetalera: ruralización de la vida económica, simplificación del comercio de exportación directo bajo control local, homogeneización ocupacional a expensas del artesanado colonial y la vida urbana, productividad laboral, niveles mercantiles y riqueza incrementados; se recompensaba especialmente a aquellos que controlaban tierras, capital y comercio más directamente, pero se incrementaban los niveles de riqueza por lo general y a todo nivel. Aunque los liberales pintaban a menudo el cuadro más desolador del primitivismo económico en contraste con los cantos de sirena del progreso, lo que de hecho proponían era la transformación radical de una economía colonial sustancialmente compleja. Si ésta era primitiva, lo era en cuanto a tecnología, productividad laboral y comercio exterior, pero no en cuanto a distribución ocupacional e intercambio interno.

Al perseguir una estrategia de crecimiento regida por las exportaciones, quienes apoyaban el café querían también transformar la ecuación demográfica regional. Si en los tiempos de la colonia y en los primeros años de la vida independiente las áreas ricas en artesanías del altiplano guatemalteco y de León dominaron gran parte de la vida económica de la región, su papel económico declinaría radicalmente con el colapso de ese sistema y con el auge de su sucesor, basado en el café y orientado comercialmente hacia Europa. Si Granada era el oponente acérrimo de León, San Salvador era igualmente el de Ciudad de Guatemala en este proceso de realineamiento. Más precisamente, la pérdida del mercado costarricense de consumidores debido al comercio británico directo fue el equivalente para León (y Granada) del escape de San Salvador del control guatemalteco. Y fue el intercambio de materias primas (añil y café) por artículos ingleses lo que allanó el camino en cada caso.

Los efectos de esta reorientación en el área más devastada por tales cambios, Los Altos, fueron descritos con precisión y crítica por el cura local, Bernardo Antonio Dávila, en 1846:

> ...en el año de 1833 (había) ...telares de algodón, 278; dichos de lana, 50...; Esta decadencia (para 1846) es evidente, como lo son sus causas... basta un catálogo de los artículos de manufacturas que se introducen del extrangero. Por ejemplo, en cuanto a tejidos vienen de fuera hasta las hilazas o el hilo de algodón en blanco y de todos colores; vienen cobertores o colchas; viene provisión sobreabundante de telas, las más bastas para el vestuario de la generalidad de la población. Esta suscinta partida demuestra que la industria del país, en cuanto a tejidos de algodón es nula. En cuanto a ferretería, del extrangero se introduce toda clase de clavazón, de cerrajería, de instrumentos ordinarios para la labranza y la carpintería, como azadones, machetes, hachas, sierras, azuelas, luego las herrerías en el país están reducidas a ceros... El ramo único de industria manual, en que empleaban constantamente las mugeres indígenas..., era el beneficio e hilado del algodón... por eso las mismas mugeres indígenas... decían, en su idioma tan sencillo como enérgico y expresivo, nuestra madre, nuestro padre es el algodón. La ley de franquicia en favor del extrangero para introducir sus hilazas y telas endebles de algodón arrebató esta importante industria del país, hizo a los pueblos dependientes de un poder extraño, ...y forzó al abandono y ociosidad a tales mugeres, que habitualmente eran laboriosas desde su niñez [25].

La Centroamérica que esperaba la agricultura de exportación y sus transformaciones era un mosaico de sociedades radicalmente diferentes en las costas atlántica y pacífica y en los altiplanos volcánicos. Sin embargo, en las áreas que comenzaron a desarrollar industrias de exportación para mediados de siglo —la vertiente pacífica y los niveles bajos del altiplano volcánico—, el asentamiento colonial había llevado a una básica dicotomía urbana-rural (aldea-ciudad). Para la Costa Rica de mediados de siglo, la población rural era algo más joven, más balanceada en cuanto a los sexos y, por ello, caracterizada por matrimonios más tempranos (19-21 años en el caso de las mujeres y 24-26 años para el caso de los hombres) y por tasas de crecimiento ligeramente más altas que en su equivalente urbana. En la medida en que la agricultura de exportación ruralizó a la población, así las tasas de crecimiento se incrementaron y, lo que es más importante, el mestizaje y la homogeneidad ladino-mestiza se convirtieron en un futuro más plausible para algunos.

Aunque se sabe relativamente poco sobre las tasas vitales y la geografía humana de la población centroamericana de mediados de siglo, desde inicios del período colonial había sido evidente para todos que la población de raza mixta (mestiza, mulata, zamba) crecía más rápidamente que su equivalente indígena aldeana. Sin embargo, esto fue cada vez menos el caso con el paso del tiempo, puesto que la política clerical, en parte, llevó a que precisamente la población indígena tuviera la más temprana edad y el más generalizado acceso al matrimonio.

La población del altiplano guatemalteco desarrolló un patrón altamente distintivo de pueblos o centros regionales de comercio y de intercambio de artesanías durante este período. También desarrolló un complejo patrón de asentamiento en el que los grupos consanguíneos o clanes conformaron asentamientos llamados «parcialidades», que dependían de centros administrativos indígenas más grandes. Aunque esto determinó que muchos funcionarios de la Corona y luego varios funcionarios nacionales denunciaran esa dispersión como un comportamiento indígena típicamente bárbaro, tal patrón general no dependía del supuesto carácter indígena. Los cultivadores salvadoreños de añil eran denunciados regularmente como irreligiosos en sus dispersos asentamientos. Lo que es más importante, asentamientos tan ladinos como el de Costa Rica y su sociedad aldeana, estaban profundamente atados a un sistema de tenencia de la tierra que toleraba en mucho las mismas fragmentaciones de asentamientos en el campo. Aunque no tan completamente desarrollado como las parcialidades indígenas, el extremo sur desarrolló un patrón de asentamiento —«rincón» con sus respectivos reclamos de tierra—. Cada área que rodeaba a una aldea llevaría un toponímico familiar (Rincón Álvarez, Zamora, etc.), al igual que los corrales de ganado y quizá también alguna vivienda del clan propietario.

El desarrollo de la agricultura de exportación incrementó esas tendencias de dispersión en la medida en que incorporó vastas áreas de tierras sin colonizar. Sin embargo, la sociedad aldeana no era simplemente «rural» o dispersa, ni tampoco era reducible al área residencial de la aldea. El nucleamiento residencial podría seguir como un principio general de la organización social —pero con una creciente tendencia a la fragmentación— con el establecimiento de nuevas rancherías en el proceso de colonización fronteriza con asentamientos aldeanos.

Este emergente patrón de poblamiento fue vivamente descrito, y lamentado, por Narciso Escobar, el agrimensor encargado de la nada envidiable tarea de adjudicar los reclamos por tierras en los incipientes cafetales dentro del común de Palmar y Santa María en Quezaltenango en la década de 1870. Describió al área como «salpicada» con viviendas y parcelas, incluyendo a docenas de diminutos cafetales intercalados con otros cultivos. Se desesperó buscando fácil solución, ya que aun cuando se ratificaran todos los reclamos las parcelas individuales quedarían tan fragmentadas como para no satisfacer a ninguno de los mismos propietarios beneficiados [26].

La organización del hogar dentro de la sociedad hispana ha sido objeto de cierta investigación reciente, aunque en muy pocos casos hasta ahora. Dentro del contexto urbano y también dentro del rural, los hogares complejos y multigeneracionales no eran frecuentes. En la Costa Rica de mediados de siglo, por ejemplo, las familias con jefes varones y con tres generaciones conviviendo en el hogar alcanzaban sólo el 2% ó 3% de todos los hogares, aunque se incrementaban sustancialmente en frecuencia con el desarrollo de la monocultura cafetalera y la escasez de tierra del siglo XX. Tales hogares se identificaban con áreas de altas concentraciones de riqueza, como las ciudades más grandes, pero no correspondían a un porcentaje considerable de hogares, aun cuando se tratara de San José o Cartago. Aunque el servicio doméstico estaba muy difundido y constituía una forma de protección social además de mano de obra, los hogares complejos y multigeneracionales aparecían más frecuentemente encabezados por mujeres. Sin embargo, el total de tales hogares alcanzaba sólo cerca del 25%-35% de los hogares en centros urbanos, y un 15%-25% en aldeas, frente al 25%-50% que reportaba al menos un(a) sirviente(a) doméstico(a).

El más frecuente tipo de hogar, especialmente en las aldeas, era la simple familia nuclear ya fuera encabezada por el padre y la madre o por madres solteras o viudas. En general, el tamaño del hogar era muy pequeño, por lo general con dos a cuatro niños en un momento dado. Los cabeza de hogar alcanzaban un 15%-20% en las aldeas y un 25%-30% en las ciudades, entre todos los hogares; esto ocurría más frecuentemente en áreas de alta concentración de riqueza y de población de raza mixta. Aunque más concentrados en la población pobre y urbana —especialmente la afroamericana—, las cabeza de hogar femeninas así como la maternidad en soltería eran rasgos de todos los niveles y grupos de la sociedad en una u otra medida.

Es dentro de este contexto de ilegitimidad generalizada y de concubinato en la sociedad hispana y urbana que las leyes de divorcio y herencia liberales deben ser vistas. Quizá la más reveladora ironía sea la que encontramos en la evolución liberal respecto de la cuestión de la ley de herencia. Su primer intento fue un reclamo socialmente radical de defender los derechos de los hijos ilegítimos a los bienes de sus padres biológicos. El decreto de 1837 abogó a favor de la autoridad patriarcal, por cierto, pero también argumentó que la exclusión de los hijos ilegítimos de la mortual de sus padres era un caso de falsa moralidad que intentaba «inútilmente reprimir y castigar en los hijos los desórdenes de los padres». Así, sostuvo que la libertad de testar era absoluta, en tanto que no se legaran propiedades a la Iglesia, pero que una vez legalmente reconocidos por sus padres, los hijos ilegítimos heredaban en igual condición con los legítimos [27].

Ya para los años setenta los liberales triunfantes sólo querían liberar al patriarca para que pudiera disponer de su propiedad con la menor cantidad de restricciones posible. El presidente Justo Rufino Barrios explica así este cambio de política:

> Considerando: Que la libertad de testar dentro de la familia favorece los intereses de ésta, robusteciendo la autoridad de su jefe.
> Que siendo el padre de familia el que mejor conoce las necesidades y conveniencias de ésta, justo y debido es que tenga libertad de disponer de sus bienes. (...)
> Que la intervención de la ley en materias como la presente, es impropia y perjudicial a la autoridad del padre, que es el mejor juez de los intereses de su familia y el llamado por el sentimiento natural a procurar el bien de sus descendientes a (...) premiar o castigar sus acciones. (...)
> Que las leyes vijentes sobre investigación de la paternidad ofrecen por su latitud algunos inconvenientes que es necesario evitar:
> por tanto... decreto:
> Artículo 1. Los padres y ascendientes pueden disponer libremente de sus bienes entre sus descendientes lejítimos...
> Artículo 3. La porción alimentaria de los hijos ilejítimos privados de la herencia, no podrá exceder de la parte que les habría correspondido, si el padre hubiera distribuido sus bienes con igualdad entre sus hijos.
> Artículo 4. Los alimentos de los hijos naturales no podrán exceder del quinto de los bienes, en caso de que haya descendencia lejítima [28].

Si los liberales radicales habían permitido que las metas de sus políticas, por más niveladoras que fueran en materia social, se confundieran con medidas tendentes a agravar un comportamiento patriarcal arbitrario e irresponsable, la segunda generación de liberales fingió ignorar éste mientras se arrepentió de aquéllas. En cualquier agenda reformista, por más equívoca que fuera en sus medidas, la búsqueda de la igualdad social desapareció. Los niños ilegítimos, quienes la mayoría de las veces eran de raza mixta, fueron reconfirmados en su posición centenaria como herederos y ciudadanos de segunda clase, aun cuando sus padres los reconocieran legalmente. Aun en ese caso, su capacidad para hacer reclamos de herencia estaba severamente limitada, básicamente a la provisión de alimentos, donde existían hijos legítimos.

Allí en donde los patrones coloniales requerían de provisión para todos los herederos y de la divisibilidad a menos que se fundara un mayorazgo, la segunda generación de liberales eliminó de golpe, en nombre de la tan apreciada libertad económica y patriarcal, la mayoría de las limitaciones en este ámbito de la iniciativa privada aun en el lecho de muerte. Al menos en Costa Rica resulta claro que el patrón de herencia no fue radicalmente alterado en la práctica por parte de estas nuevas libertades legales. Sin embargo, quizás no pueda hallarse un más claro ejemplo de la agenda social desvaneciente y la económica emergente del liberalismo en el período 1840-1870. Su cambio de criterio público en cuanto a esta cuestión —contrariamente a lo ocurrido en otras áreas— implicó un cambio en cuestiones privadas y no sólo públicas, de economía política.

El autoritarismo patriarcal de los liberales de segunda generación puede verse más generalmente en cuanto a sus actitudes hacia la mujer fuera de los papeles tradicionales. Los herederos del triunfo liberal, tales como el jurista Rafael Pineda Mont, sostuvieron posiciones radicalmente distintas a las de los liberales doctrinarios y románticos de la era de la Federación. Al preparar su tesis de grado como abogado en 1894, sobre el tema alguna vez conflictivo de las causas justificativas del divorcio, Pineda argumentó con vehemencia que no había causa alguna [29]. Su contemporáneo estudiantil, José Flores Flores, sostuvo que no debieran existir medios para investigar la paternidad o filiación biológica, dado que:

> La paternidad, Señores, es un hecho envuelto en la oscuridad, en el misterio; la ley no puede penetrar allí segura y firme; si se trata de decidir lo que tal vez la misma madre ignora, se expone a cometer errores de gran trascendencia, siendo por eso que ha instituido el matrimonio... Permitir los juicios sobre paternidad y filiación es hacer desaparecer un mal, sustituyéndolo con otros... [30].

Sus contemporáneos en el poder, menos preocupados por las formalidades teóricas, utilizaron al aparato policíaco y las preocupaciones de salud pública para instaurar lo que equivalía a la prostitución regulada por el Estado en la capital [31]. De nuevo, la libertad y el mercado eran bienes y metas en última instancia, pero sólo dentro de los reconfortantes parámetros del patriarcado y de la propiedad privada.

La SOCIEDAD POR REDEFINIR: MESTIZAJE E IDENTIDAD ÉTNICA

La clasificación étnica en la Centroamérica del siglo XIX, al igual que antes y después de entonces, constituía un juicio político y una categoría fiscal tanto como cualquier tipo de evaluación biológica o de parentesco. En los tiempos coloniales, los indígenas eran quienes pagaban tributos y prestaban trabajo forzoso como miembros de una reconocida comunidad indígena, independientemente de la herencia biológica. Quienes no pagaban no eran indígenas, y no mediaba en esta consideración la raza «biológica» como tal. Después de la Independencia, los indígenas eran aquellos que se identificaban como tales por medio del idioma, la vestimenta, la membresía comunitaria y la agricultura de subsistencia en aldeas o tierras comunales. En la medida en que algunos indígenas favorecieran la privatización de la tierra o cultivaran productos de exportación, algunos pensaban que estaban asistiendo a los inicios de una milagrosa transformación racial. Un observador hispano-salvadoreño de mediados de siglo planteó el asunto así:

> Puede decirse que entre nosotros, la raza india está desapareciendo. (...) Hemos visto que prácticamente cada indio que se ha convertido, por así decir, a la raza española, se ha vuelto un agricultor laborioso o un inteligente artesano. (...) Los que años atrás eran llamados indios, que tenían ocupaciones apropiadas para las bestias de carga y que sólo producían maíz y frijoles, son ahora ladinos, y se ocupan del cultivo de caña de azúcar, café, tabaco y otras cosas más importantes que el maíz y los frijoles [32].

Solamente pueden ofrecerse las impresiones más generales sobre la composición étnica de Centroamérica. En Petén, Verapaz y Los Altos, en Guatemala, más del 75%-95% de la población era considerada indígena. Sin embargo, en los alrededores de Ciudad de Guatemala y hacia el suroeste y el este, entre la mitad y dos tercios eran no-indígenas o ladinos. En las provincias, desde El Salvador hasta Nicaragua, el componente indígena de la población iba de un cuarto a la mitad, y declinaba en la medida en que se iba hacia el sur. En Costa Rica quizá el 75%-95% de la población no era indígena, aunque no tan española o europea en cuanto a sus antecedentes genéticos como tradicionalmente se ha pensado.

Fuera de la ciudad de Guatemala había muy poca población nacida en Europa y, por ello, muy poco conflicto criollo-peninsular en los niveles elitistas de la sociedad. Pero esta falta de población europea llevó a la inclusión de muchas personas de reconocida raza mixta pero de tez clara en las filas de la sociedad blanca, sobre todo en las provincias.

La clase social y la cultura compartida se revelaron como factores mucho más importantes en unir a la elite que cualquier factor divisionista, aunque puedan encontrarse muchos casos de discriminación individual en contra de enemigos. La entrada de ricos mestizos en las filas de la sociedad blanca vía matrimonio es fácilmente documentable y fue comentado por observadores locales y extranjeros a lo largo de todo el período. Los rivales políticos en la Costa Rica de mediados de siglo se ridiculizaban mutuamente llamándose «zambos» y «canacos» (o de complexión de tipo polinesio), y el visitante alemán Marr calificó al presidente Mora de «indio anémico». Más específicamente, Dionisio de Herrera —el hondureño nombrado presidente de Nicaragua por Morazán en 1829— era frecuentemente satirizado por sus opositores como medio africano o mulato, y mucha de la dificultad política en Nicaragua se atribuía, por parte de los críticos de la región, a su supuesta indisciplina y naturaleza violenta zambas o mulatas.

La naturaleza de las razas mixtas dentro de la República Hispana (las personas de origen mixto en los pueblos de indígenas eran indígenas en la práctica) era una cuestión tan política como racial. Al responder a interrogantes relacionados con esto, muchos autores modernos han pensado erróneamente que la base del asunto es biológica o

4.5.   HACIENDA SERIJIERS, GUATEMALA.

4.6. CORTADORES DE CAFÉ.

vagamente cultural. En realidad, como ocurre con cualquier clasificación étnica inherentemente ambigua, las categorías utilizadas han tenido relativamente poco que ver con la raza y sí bastante que ver con
la posición social. La raza de un individuo era fundamentalmente una
expresión de las características oposicionales, en lo político y en su
comportamiento social, de ese individuo en relación con individuos
socialmente superiores o inferiores.

Carol Smith ha argumentado que el ubicuo término «ladino» adquirió en Guatemala un significado nuevo y socialmente específico, con
el desarrollo del cultivo del café en el período posterior a 1870. Argu-
menta que los ladinos fueron «(re)inventados» como categoría social
como parte del triunfo del café y del liberalismo. De ahí en adelante
ladino habría de significar alguien presumiblemente de raza mixta,
plenamente hispano en lo cultural, que tenía derecho a escapar del
trabajo forzado de los indígenas y que potencialmente merecería compartir la explotación de éstos, como capataz, reclutador de mano de
obra, agiotista, pulpero, etc.

Este argumento no necesita exagerarse. Los ladinos existieron obviamente antes y así fueron llamados, independientemente del significado del término en épocas específicas. Mas el patrón básico, el de la cambiante base política de la terminología étnica, aparece en períodos anteriores también. Durante buena parte del período colonial, «mestizo» era un término reservado para quienes se consideraban más meritorios socialmente, como se expresa en el término compuesto «mestizo legítimo», acentuando un supuesto parentesco hispano o categoría social de mayor legitimidad. Igualmente, «mulato» era utilizado más frecuentemente para referirse a poblaciones de mezcla virtualmente idéntica a la anterior pero cuya posición era más baja en la escala social o caracterizada por la insubordinación en cuanto a sus asentamientos, las obligaciones tributarias y laborales, o la composición del hogar.

Fernández nos ha mostrado cómo a finales del período colonial y principios del período independiente, la población mixta salvadoreña de productores «poquiteros» de añil y trabajadores estacionales en las haciendas era considerada como mulata [33]. Esta gente recibió ese bautizo al tiempo que los autores elitistas también se lamentaban de sus asentamientos dispersos e ilegales en «valles y realengas», así como de la dificultad de obtener de ellos tributo laboral o piedad religiosa. Así, tres de las grandes etiquetas asignadas a los de origen mixto —ladino, mestizo y mulato— tenían claras connotaciones sociopolíticas que iban más allá de cualquier esquema hereditario racial, y estos significados iban cambiando con el tiempo. Es más, el término «zambo» (indioafricano) se usaba casi siempre para referirse a los zambo mosquitos, lo que constituía un aserto claramente político y militar sin ninguna pretension de objetiva base racial. Los peligros de exageración son igualmente peligrosos en este asunto, pero resulta en verdad sorprendente el hecho de que las personas de raza mixta fueran nominadas más a menudo como «mulatos» cuando se adoptara un tono de lamento, como en el caso de los conflictos añileros en El Salvador, con las quejas de las elites guatemaltecas al inicio del período independiente sobre la insubordinación de las clases bajas en las provincias («anarquía»), o cuando el «letargo» de los trabajadores de las haciendas ganaderas ha sido vilipendiada por observadores extranjeros o locales (de elite).

Más allá de la naturaleza política de la clasificación étnica es importante recordar que el componente africano del grupo ladino de raza mixta era mucho mayor (quizás mayor, en realidad, que el componente hispano), y que el mismo podía «desaparecer» como parte del proceso general de mestizaje, «blanqueamiento» y reclasificación típico de la crecientemente homogénea República Hispana. Lutz ha ilustrado cómo la ciudad de Santiago de Guatemala, —nada menos que la suntuosa capital colonial de la audiencia—, era de hecho más afroamericana que euroamericana. Igualmente, las vastas planicies del Pacífico de Centroamérica, luego de que fueron virtualmente vaciadas de población indígena debido a las pestes, fueron asignadas a los hatos de ganado que eran atendidos por descendientes zambos o mulatos de los vaqueros africanos que en calidad de esclavos habían sido importados para esta especializada ocupación.

Esta creciente homogeneidad de raza mixta, así como la evidente cohesión social de la República hispana, se debía a su reconocida vulnerabilidad, como barcos aislados en un mar de comunidades indígenas potencialmente hostiles, y al patrón de mestizaje promovido en todos los niveles sociales. La sociedad hispana, aunque no alentó formalmente la mezcla racial —especialmente en cuanto a los africanos—, sí la promovió por medio de poderosas fuerzas socioeconómicas, demográficas e intelectuales. En cualquier sociedad que recompensa a quienes tienen tez más clara con mejores oportunidades de vida, la elección de pareja sexual y matrimonial estará condicionada por criterios del «blanqueamiento». Éste fue el caso, sin duda, en la Centroamérica hispana. Es más, dado el desequilibrio crónico entre los sexos tanto para los euroamericanos como para los afroamericanos (predominio de los varones en el campo, y de las mujeres en las ciudades), el mestizaje resultó aún más probable. Por último, la favorecida posición económica de muchos varones afroamericanos en el campo predominantemente indígena, así como su comprensible aspiración de tener hijos nacidos libres y no esclavos, llevó al crecimiento de la población zambo mulata y a su tendencia a «blanquearse» con el tiempo.

El proceso del blanqueamiento y la supremacía blanca eran normas de suyo no cuestionadas y de hecho indiscutidas de la Centroamérica hispana. Sin embargo, en su periferia, algunas variaciones únicas en este ámbito habrían de desarrollarse. En áreas como Petén y la Mosquitia, grupos locales dominantes hacían gala de su herencia no indígena, pero tenían identidades concretas sustancialmente diferentes entre sí. En el norte (Petén) y en el sur (Talamanca) el asentamiento hispano era tan limitado y frágil que la sociedad indígena sufrió poca presión directa. Allí, los hispanos eran esencialmente los descendientes mestizos de grupos colonos aventureros cuya única o básica diferencia en relación con los nativos era la constituida por sus hatos de ganado, sus frustrados deseos de riqueza generada por las exportaciones y las pretensiones de tributo laboral. En tal aislamiento, muy poco podía obtenerse en nombre de la civilización hispana. Aquí, el mestizaje continuaba, pero sin el blanqueamiento, y la pequeña comunidad hispana tenía que contentarse con un caracter distintivo en lo cultural y económico, celosamente expresada en complejas genealogías, más que en lo racial.

En la Mosquitia, un proceso étnico de cambio aún más distintivo tomaba forma. De mediados del siglo XVII en adelante, el término zam-

4.7. REY MOSQUITO Y SU CONSEJO EJECUTIVO.

bo mosquito fue acuñado para destacar, desde el punto de vista español, la herencia africana de los pueblos costeños. Los ingleses, por el contrario, prefirieron enfatizar la supuestamente más legítima herencia indígena en apoyo de los reclamos de territorio, y coronaron a varios reyes indígenas de la Mosquitia. Pero en tanto las actividades comerciales y de tala de árboles con agentes jamaiquinos y norteamericanos se incrementaron, durante el siglo XIX, quienes hubieron de manipular a los reyes mosquitos no fueron tanto los funcionarios ingleses cuanto los llamados «creoles» de la costa. Estos mulatos de tez clara provenientes de Jamaica —personificados muy bien por los hermanos Shepherd a inicios del período independiente— llegaron a dominar la red mercantil costera y también a la realeza mosquita. En este contexto, la etnicidad expresó de nuevo relaciones de poder social y político, pero en el marco de una superioridad «creole» o mulata y de una inferioridad indígena, en lugar del familiar sistema hispano tripartito (hispano blanco-ladino-indio) del altiplano y de las planicies del Pacífico.

Igual que en el caso de la costa atlántica del siglo XX, y como sugiere Smith en el caso de la anterior sociedad cafetalera, las supuestas categorías étnicas sirven más de marcadores sociales en lugar de señalar o verificar «hechos» biológicos. Lo que un intérprete moderno de la costa atlántica centroamericana ha denominado «opresión conjugada» por medio de la clase y de la raza pareciera haber caracterizado a toda la región desde los tiempos coloniales [34]. Sin embargo, la gramática y la sintaxis precisas de esta conjugación y los términos étnicos que emplea han variado sustancialmente en el tiempo y en el espacio. De hecho la «civilización blanca» pudo estar amenazada por la insubordinación mulata en los campos de añil en El Salvador, mientras que eran sus portadores y defensores tanto en las sabanas ganaderas de Nicaragua y Costa Rica como en la costa mosquita. Aunque la lógica del «blanqueamiento» permanecía inalterada, sus defensores y víctimas aparecían en un verdadero caleidoscopio a lo largo de toda la región. Como en el resto de América Latina, lo racial era el vehículo de expresión, el idioma de la distinción envidiosa para los socialmente poderosos, y lo era mucho más que la base literal de ese poder. Esta lógica del conflicto, basada en lo social, condujo a los usos más ilógicos de la terminología étnica y racial para expresarse.

Conclusión

Las tragedias sociales y políticas que seguirían al triunfo liberal en los años setenta, en el norte de Centroamérica, podían ser ya discernidas en el período de ascendencia conservadora. Las insuficiencias liberales, lejos de ser superadas, quedaron consolidadas; los vicios se convirtieron en virtudes partidistas. Si las masas indígenas no comprendían, entonces debían ser silenciadas en nombre del progreso. Si las clases populares en general se adherían a un catolicismo comunitario y no se inmutaban ante el secularismo, entonces la educación de las masas habría de requerir de la dictadura (liberal) y no simplemente de que se les minara su forma de conservadurismo. Si los pobres apoyaban la xenofobia de los conservadores, entonces sólo la más directa colaboración con los intereses de inversión extranjeros podía resolver la ecuación política para los liberales. Si el despotismo personalizado habría de erradicarse de una vez por todas, entonces la unidad liberal se hacía necesaria por encima de todas las cosas, lo que llevaría a una nueva forma del mismo problema: el continuismo y el personalismo. Si Gálvez, el gran dirigente del temprano liberalismo podía reelegirse dos veces en procesos de dudosa legitimidad, como lo ha señalado Pinto, entonces por qué los héroes de los nuevos tiempos habrían de limitarse frente a desafíos aún mayores que los del pasado.

Quizás la tragedia más grande del liberalismo triunfante fue la distorsión de sus dos mayores contribuciones a la vida política del siglo XIX: la oposición a la dictadura y un papel más importante para nuevos grupos de menor posición social en la sociedad ladina. La incapacidad de los liberales, sin contar los de Costa Rica, de alcanzar un *modus vivendi* en compañía de sus opositores —diferente de la conocida práctica de recibir con los brazos abiertos a ex conservadores, como parte del proyecto liberal de un Estado unipartidista— llevó, ya en el siglo XX, a las dictaduras más primitivas, extrañas y sangrientas de los tiempos modernos, ya fuera que estuvieran encabezadas por figuras militares o por políticos civiles liberales convencidos de ser indispensables. El legado del liberalismo en este aspecto estuvo muy lejos de lo que podría esperarse de una doctrina basada en los Derechos del Hombre y el Ciudadano. A pesar de su enfatuada juventud de imaginerías revolucionarias francesas, el liberalismo centroamericano del siglo XIX nunca se caracterizó por una muy aguda conciencia de su naturaleza minoritaria y elitista. Efectivamente, para algunos esto se convirtió en una virtud, ya fuera que se concibieran como rebeldes iluminados destinados a destruir el fanatismo y el oscurantismo conservadores en los inicios, o como los autodenominados sacerdotes del progreso y de la religión de la ciencia, ya a finales de siglo.

En los ámbitos sociales y económicos, también, el triunfo liberal tuvo algunos resultados sorprendentes. Como ha señalado Héctor Pérez Brignoli, en gran medida los liberales centroamericanos de la segunda generación se consolidaron como clase económica al tiempo que tomaban el poder político[35]. Sin embargo, en el contexto de su débil y minoritario *status* social, la pequeña burguesía hispana o ladina de cultivadores de café y comerciantes que accedieron a una mayor cuota de poder después de los años setenta, se reveló menos capaz de crear una democracia burguesa que de lograr alianzas con su ex enemigos entre los ricos tradicionales y con los inversionistas extranjeros, ya fueran estadounidenses, británicos o alemanes.

¿Por qué estas revoluciones potencialmente pequeñoburguesas fueron tan vacías en el norte de Centroamérica? La respuesta a esta pregunta puede hallarse en la peculiar estructura social y económica de la región durante el interludio conservador de mediados del siglo XIX. Desde el principio la «masa crítica» del partidismo liberal no se hallaba en unas ascendentes capas medias o pequeño burguesas. La verdadera masa crítica era tan terrateniente y casi tan elitista como su enemigo conservador, especialmente en las provincias. El dinero y la sangre nuevos podían entrar en disputa con el viejo dinero y la cuasi-nobleza, pero el dinero y la dominación política personal siguieron siendo el patrón básico y la meta fundamental. El éxito del café aceleraría el acceso al poder de un nuevo liderazgo y un nuevo programa liberales, pero los elementos urbanos y artesanales radicales dentro del movimiento no habrían de dominarlo. De hecho, la influencia del radicalismo liberal habría de perdurar hasta inicios del siglo XX, aunque más a menudo en oposición a su forma oficial que a su favor.

Los triunfantes productores exportadores en un campo amargamente dividido tenían mucho en común con los conservadores con los que pronto adhirieron (privadamente, por supuesto). Éste no era el primer abrazo entre ambos. Los conservadores de mediados de siglo habían perdonado los «excesos» liberales y habían hallado un terreno común alrededor del tema de la promoción de las exportaciones. Fue ese primer matrimonio de conveniencia lo que contribuyó a llevar de nuevo a los liberales al poder en los años setenta para que realizaran una revolución que nunca fue tal. Frente a sus enemigos —es decir, los «bárbaros» mulatos e indios en el campo, que fueron opositores hechos a la medida de las necesidades de quienes privatizaban la tierra— implementaron políticas reaccionarias que no fueron sorprendentes. No importa cuán dramáticas y brutales hayan sido las consecuencias de las reformas liberales de los años setenta y después, sus tendencias oligárquicas sobrevendrían sin sorpresa alguna para quienes estuvieron familiarizados con el interludio conservador que las había precedido.

NOTAS

1. Cortés y Larraz, Pedro, *Descripción Geográfico-Moral de la Diócesis de Goathemala*. (Biblioteca Goathemala), vol. XX, (1958), págs. 1-4, 55.

2. Safford, Frank, «Bases for Political Alignment in Early Independent Spanish America» en Richard Graham (ed.), *New Perspectives in Latin American History* (1978).

3. Tobar Cruz, Pedro, *Los Montañeses: la facción de los Lucíos*. (Guatemala: Editorial Universitaria, 1971), pág. 26.

4. «Defensa de Guatemala y su política», número 2. (Guatemala: Imprenta de la Paz, 1849) en la Biblioteca «César Brañas» de la Universidad de San Carlos, Miscelánea n.º 3352, págs. 2-3.

5. Montúfar, Lorenzo, *Memorias Autobiográficas*. (Guatemala, 1989), págs. 22-23.

6. *El Popular* (Quezaltenango), 4 de diciembre de 1839: citado en Woodward, *Guatemalan Indians and the State: 1540 to 1988*. (Austin: University of Texas Press, 1990), pág. 10, nota 9.

7. Coronel Urtecho, José, *Reflexiones sobre la Historia de Nicaragua (de Gaínza a Somoza)*. (Managua: Imprenta Hospicio, 1962), vol. II, págs. 24-23, 233.

8. Enrique del Cid Fernández, «Humorismo, sátira y resentimiento conservadores hacia los Jefes de la Revolución de 1871, y la Nueva Sociedad» en *Anales de la Sociedad de Geografía e Historia de Guatemala*, XLIII (1970), n.º 1-4, págs. 29-49; pags. 32, 35 para listas de los Conservadores «conversos» a la causa liberal.

9. Pérez, Jerónimo, *Obras Completas*. (Managua: Banco de América, 1975), págs. 500-502.

10. Ley n.º 27 del 9 de enero de 1824, sección 2; en la Biblioteca de la Universidad de Tulane, en la Central American Political Ephemera, Colección No. 20, caja 2, Folder 10.

11. Biblioteca «Brañas», Miscelánea No. 99, pág. 47 (2 de enero de 1836).

12. Robert Dunlop, *Travels in Central América*. (London: Longman, Brown, Green and Longmans, 1847), pág. 30.

13. J. R. Barrios, en R. Pineda Mont, Recopilación de las Leyes emitidas por el Gobierno de la República de Guatemala del 3 de Junio de 1871 hasta el 30 de Junio de 1881. (Guatemala, 1881), tomo I, págs. 3-6.

14. Julio Castellanos Cambranes, *Café y campesinos en Guatemala, 1853-1897*. (Guatemala, 1985); y Héctor Lindo Fuentes, *Weak Foundations* (Berkeley, California, 1990).

15. Montúfar, tomo I: 24-45; David McCreery, *Rural Guatemala, 1760-1940* (inédito, capítulo 3, nota 40).

16. Montúfar, tomo I: 274-5.

17. Ibid. tomo II, pág. 293-4.

18. Ibid, pág. 344, citando a la ley del 10 de abril de 1837.

19. Ibid, pág. 346.

20. Ramón Rosa, «Estudios sobre Instrucción Pública» (Guatemala, 1874) en la Biblioteca «Brañas», Miscelánea n.º 3358, documento 2.

21. Ibid, págs. 2, 23-4.

22. Steven Palmer, *A Liberal discipline: inventing Nations in Guatemala and Costa Rica, 1870-1900*. Tesis doctoral. (Universidad de Columbia, 1990.)

23. Ibid, págs. 74-75.

24. Dunlop, 1847: 309.

25. Bernardo Antonio Dávila, Bosquejo del Curato de Quezaltenango por el Cura encargado de la misma Parroquia (Guatemala: Imprenta de la Paz, 1846), en la Biblioteca «Brañas», Miscelánea n.º 2.820, págs. 29-30, 34.

26. Archivo General de Centroamérica (Guatemala), Ministerio de Gobernación, Legajo n.º 28.645, Expediente n.º 654.

27. Montúfar, tomo II, pág. 347.

28. J. R. Barrios, Decreto No. 240, 28 de julio de 1879, en R. Pineda Mont, Recopilación de las Leyes... Tomo I, pág. 280-8.

29. Rafael Pineda Mont h., «Causas legítimas de divorcio; y en qué concepto podrá aceptarse el mutuo consentimiento para obtener su declaratoria». Tesis de Derecho. (Guatemala: Tipografía Sánchez y de Guise, 1894) en la Biblioteca «Brañas», Miscelánea n.º 3580, documento 6.

30. José Flores Flores, «¿Será o no conveniente permitir las indagaciones acerca de la paternidad y filiación de los hijos ilegítimos?». Tesis de Derecho. (Guatemala: Tipografía La Unión, sin fecha) en la Biblioteca «Brañas», Miscelánea No. 3580, documento 3.

31. David McCreery, «Una vida de miseria y vergüenza: prostitución femenina en la ciudad de Guatemala, 1880-1920», *Mesoamérica*, n.º 7, (1986), págs. 35-60.

32. Lindo, 1992: 972, citando a *La Gaceta*, El Salvador, 3 de agosto de 1855.

33. José Antonio Fernández, *To Color All the World Blue: The Indigo Boom and the Central American Market*. Tesis doctoral. (Universidad de Texas en Austin, 1992.)

34. Philippe Bourgois, *Ethnicity at work: divided labor on a Central American banana plantation*. (Baltimore: Johns Hopkins University Press, 1989.)

35. Héctor Pérez Brignoli, *Breve Historia de Centroamérica*. (Madrid: Alianza Editorial, 1985), pág. 104.

APÉNDICE

Héctor Pérez Brignoli

Al final del recorrido, una vez que uno ha leído y meditado sobre el pasado centroamericano en el período que va desde la Ilustración al Liberalismo, la sensación de que hubo mucha continuidad y poca ruptura se impone con facilidad. Que hubo grandes cambios, no cabe duda; pero éstos residieron sobre todo en la reorientación de los mercados internacionales, en la revolución de los transportes y en la fluidez de las relaciones entre las grandes potencias con respecto a los asuntos centroamericanos (definitiva retirada española, agresiva ofensiva británica hasta 1850, con una progresiva retirada después, ante un avance de Estados Unidos todavía indeciso). Internamente, los cambios en las sociedades centroamericanas fueron lentos y asincrónicos; hubo más adaptaciones y regresiones que verdaderas revoluciones. Nada más claro, en este sentido, que las diferencias entre liberales y conservadores. Si nos atenemos a los discursos, parece que se trata de mundos irreconciliables; si observamos en cambio los resultados prácticos, las diferencias se borran y el claroscuro reemplaza lo que parecían tonalidades bien marcadas. De hecho, hacia 1860, las coincidencias en los proyectos de transformación socioeconómica son más que evidentes. Uno estaría casi tentado de afirmar que los liberales parecen haberse vuelto conservadores, y que los antiguos «serviles» se han modernizado. El período de tanteos, experimentos y búsquedas, que se abrió con las reformas borbónicas y la Independencia, parece haber llegado a su fin.

¿Era posible otro camino? ¿Lo ocurrido fue expresión de la necesidad histórica o de un cúmulo de azares y circunstancias en que intervinieron también los errores humanos, las miopías y las intuiciones geniales? Es posible responder a estas preguntas con argumentos y simulaciones contrafactuales que podríamos llamar «fuertes» o «extremos»: ¿Qué hubiera sucedido en Centroamérica si la Federación no hubiera fracasado? ¿Una Centroamérica unida hubiera afrontado mejor los avatares del mercado mundial y los desafíos de la construcción del Estado y la identidad nacionales? ¿Qué hubiera ocurrido si la «Guerra Nacional» (1855-1857) hubiera sido ganada por William Walker y los filibusteros? ¿Cuál hubiera sido el destino de Honduras y de toda Centroamérica de haber tenido éxito el proyecto de Squier (década de 1850) para construir un ferrocarril interoceánico?

Formular las preguntas de esta manera implica, sin embargo, forzar el pasado hacia lo que no ocurrió en forma radical. Lógicamente no hay problemas en hacer esto, pero prácticamente hay que decir que no estamos en posibilidad de controlar todas las variables relevantes. Ya sea por falta de datos, o bien porque simplemente no estamos en capacidad de saber en forma completa cuáles variables son importantes y cuáles no lo son.

Podemos en cambio afrontar preguntas de este tipo en forma más modesta, y seguramente más útil, recurriendo al método comparativo. Si observamos en forma sistemática la evolución del separatismo, durante el siglo XIX, y cómo se conforman las particularidades nacionales, un ejemplo salta a la vista: el caso costarricense prueba, en forma contundente, que si la dependencia del mercado mundial era inevitable, la construcción de un Estado de bases democráticas no era algo imposible y reñido con el atraso de la región. Hay que notar, sin embargo, que la herencia colonial fue, en el caso de Costa Rica, bastante más liviana que en el resto de Centroamérica; en este sentido, la relativa homogeneidad cultural derivada de ello fue desde muy temprano una importante ventaja comparativa. Pero el hecho de tener menos ataduras con el pasado tampoco excluía a Costa Rica de compartir muchos rasgos típicamente centroamericanos. Es a partir del último cuarto del siglo XIX cuando los destinos se separan: mientras que en el resto de Centroamérica predominan las guerras civiles y los gobiernos autoritarios, en el Valle Central de Costa Rica comienza la forja de un Estado y una nación con una decidida vocación democrática y un estilo político en el que predomina el civilismo. Quizás no hay nada más importante, para nuestros conocimientos y perspectivas actuales, que una lectura cuidadosa y desideologizada de esta bifurcación de senderos. En ella reside, y habría que ser demasiado miope para negarlo, una buena parte de la tragedia vivida por las sociedades centroamericanas en la década de 1980.

No puedo terminar estas reflexiones sin llamar la atención sobre otros temas que me parecen fundamentales y que tampoco han quedado bien cubiertos por la presente obra. Lo primero es un estudio sistemático de las guerras civiles, que trascienda la dimensión de los acontecimientos y se adentre en los laberintos del poder, las instituciones y las fuerzas económicas y sociales. Lo segundo, y derivado en gran parte de la preocupación anterior, es un estudio integrado de la formación de la Nación y del Estado, anclado en un ir y venir de las dimensiones ideológicas a las institucionales, y de la política a la economía. Nada de esto alcanza su peso definitivo si no logramos penetrar en un ámbito más profundo y todavía menos conocido. Se trata de lo que Charles Tilly ha llamado los «microfundamentos» de las estructuras y de las secuencias de eventos: la familia, las mujeres, los viejos, la vida cotidiana, los amores, las formas de morir, el trabajo, los delitos... En fin, todo aquello que sólo puede indagarse con propiedad a nivel de los individuos de carne y hueso, pero que sólo adquiere plena significación cuando se lo inserta en los marcos más amplios y comprensivos de la sociedad en movimiento. Por todo esto, debo decir que la obra que concluye con estas páginas no es un trabajo definitivo o acabado. Es, y creo que por eso vale, un intento de presentar un estudio riguroso y nuevo sobre una época crucial; como historiadores, debemos reconocer siempre que nuestros productos no pueden tener la majestad permanente de una catedral gótica o la perfección apolínea y eterna de una sinfonía de Mozart. En este sentido, sólo podemos aspirar, y espero que lo hayamos alcanzado, a un soplo de sabiduría, cargado de nuevas preguntas y tensiones: después de todo, la vida continúa.

GLOSARIO

ALCABALA. Impuesto sobre el comercio, tanto interno como externo. Por lo general se cobraba el 5% del valor de los bienes comercializados, aunque en ocasiones varió.

ALCALDE MAYOR. Funcionario encargado de una jurisdicción administrativa, por lo general con alta concentración de población indígena. Estaba encargado el alcalde mayor de cobrar los tributos indígenas.

ALCALDE ORDINARIO. Integrante de los cabildos españoles en las ciudades y villas. Con jurisdicciones civiles, militares y otros. En la ciudad de Santiago de Guatemala los alcaldes «de primer y segundo voto» tuvieron gran poder sobre el corregimiento del Valle (luego dividido en las alcaldías mayores de Chimaltenango y Amatitlanes).

ALTOS, LOS. El departamento del noroeste guatemalteco, varias veces escenario de movimientos separatistas durante la crisis de la Federación Centroamericana y después. Bastión del liberalismo elitista entonces y durante la Revolución de 1871.

AUDIENCIA DE GUATEMALA. Órgano máximo de la administración colonial en Centroamérica. Abarcaba el territorio comprendido entre el istmo de Tehuantepec (límites entre Oaxaca y Chiapas) y la frontera entre Costa Rica y Panamá. Órgano político, administrativo y de justicia; estaba presidida por un presidente gobernador quien dirigía la audiencia compuesta por él y «los oidores».

BARRIO. Sección separada de habitantes de un pueblo de indios. Véase parcialidad.

BIENES COMUNALES. Conjunto de tierras pertenecientes a la llamada Caja de Comunidad de los «pueblos de indios» o comunidades indígenas.

BREA. Sustancia resinosa que se obtiene de algunos árboles de la familia de las coníferas, que mezclada con sebo, cal y aceite de pescado se empleaba para proteger la madera y jarcias de las embarcaciones.

CABILDO INDÍGENA. Gobierno local de los pueblos de indios. Las autoridades del cabildo indígena estaban exentas del pago de tributos. En contrapartida debían cobrar el tributo de los tributarios del pueblo de indios y velar por el orden interno de los pueblos.

CAJA DE LA COMUNIDAD. Conjunto de bienes comunes de un pueblo de indios. Por lo común, bajo control de autoridades civiles y religiosas.

CAJA REAL. Oficina de la Tesorería Real encargada del cobro de los impuestos.

CAMPESINO MESTIZO O BLANCO POBRE. Pequeño o mediano productor agropecuario (por lo general su producción se realizaba con sólo la mano de obra del núcleo familiar), quien producía esencialmente para el autoconsumo y sólo marginalmente (aunque de manera creciente en los años finales del período colonial) se vinculó al intercambio comercial.

CANACO. Persona de tez oscura, parecida a la polinesia. Término que entra en uso en la década de 1850 con el auge del comercio transpacífico.

CAPELLANÍA. Fondo eclesiástico que se instauraba mediante cláusula testamentaria, en la que el testador determinaba los bienes que corresponderían a la capellanía. Consistía en el pago anual de un «censo de capellanía», por lo general el 5% del valor del bien; correspondía a una hipoteca sobre inmuebles, dedicado a sufragar los gastos del capellán o clérigo que cantara misas por el alma del propietario difunto.

CENSO. Contrato protocolizado por medio del cual el «beneficiario del censo» usufructuaba de un «bien de capellanía» pagando la renta anual de un 5% del valor del bien disfrutado.

CENSO ECLESIÁSTICO. Fondos prestados por la Iglesia a particulares o instituciones con intereses y plazos anuales.

CENSO ENFITÉUTICO. Una forma colonial de alquiler cuasi-perpetuo de terrenos comunales, sobre todo indígenas, a foráneos no residentes en el pueblo. Implicaba el pago de pequeñas sumas anuales sobre un valor nominal y fue de gran importancia en la transición a la caficultura en el norte del istmo.

CLERO. 1. Regular: perteneciente a una orden religiosa. 2. Secular: dependiente del obispado y no perteneciente a la orden religiosa.

CÓDIGO DE LIVINGSTON. Códigos adoptados por Guatemala en 1834 y basados en los elaborados para Lousiana por E. Livingston y J. Bentham. Incluían los juicios por jurado.

COFRADÍA. Hermandad instaurada en honor de una advocación religiosa. Organización comunal de bienes y festividades religiosas bajo la supervisión de la Iglesia. Los integrantes de una hermandad o cofradía debían costear celebraciones religiosas y pago de otros gastos que cobraban los sacerdotes a cargo de los pueblos de indios. Propietaria de gran cantidad de tierras y ganado en todos los pueblos, tanto indígenas como ladinos, en la región.

COMUNIDAD INDÍGENA. Centro de población autóctona denominado «pueblo de indios», con sus instituciones: cabildo (órgano administrativo) y el conjunto de habitantes indígenas tributarios. Véase pueblo de indios.

CONSOLIDACIÓN DE VALES REALES. Expropiación borbónica, a partir de 1804 y hasta 1809, de las propiedades y bienes de la Iglesia.

CONSULADO DE COMERCIO. Gremio de mercaderes organizado en la ciudad de Guatemala en 1794 con el fin de tratar de incentivar el comercio con el exterior. Su establecimiento coincide con la crisis de la exportación de añil centroamericano hacia los mercados europeos.

CORREGIDOR. Autoridad colonial designada en una jurisdicción de alta concentración de población indígena. Desde finales del siglo XVII la política colonial se orientó a disolver los corregimientos o fusionarlos para conformar alcaldías mayores, con más extensión jurisdiccional que los corregimientos.

CREOLE. El mulato, sobre todo comerciante de Jamaica, emigrante a la costa mosquitia como parte de la expansión económica del siglo XIX.

CRIOLLO. Hijo de español nacido en América, aunque se le vincula más a la elite local que a los blancos empobrecidos. Posteriormente pasó a tomar parte también el ladino blanco, o tomado por blanco.

CURA. Sacerdote a cargo de una parroquia secular, es decir no perteneciente a alguna orden religosa.

DERRAMAS. Contribución que debían realizar los indígenas de un pueblo cuando recibían la visita de una autoridad eclesiástica.

DESNUDOS. Apodo dado a grupos insurgentes nicaragüenses de origen popular, en oposición a la aristocracia de «mechudos».

DOCTRINA. Circunscripción administrativo-religiosa para el control sobre varios pueblos de indios.

EJIDOS. Tierras comunales tanto de las ciudades españolas como de los pueblos de indios.

ENCOMIENDA. Conjunto de indígenas entregados a un español. Los indios quedaban sujetos al pago de tributos y a prestar servicios al español al que eran asignados.

FAMILIA NUCLEAR. La familia formada por padre y/o madre y sus hijos únicamente.

FIEBRE. Liberal de tendencia más radical en la era de la Federación, sobre todo en la ciudad capital.

FLOTA DE GALEONES. Conjunto de embarcaciones que en forma anual o bianual estaban únicamente autorizados para realizar el comercio entre España y América. Viajaban en forma de convoy.

GÉNEROS DE CASTILLA. Telas, ropa y diversas mercancías de origen español.

GÉNEROS DE CHINA. Por lo general, mercancía de lujo traída de Manila (Filipinas) hacia el puerto de Acapulco (México) y de allí distribuida al resto de Hispanoamérica.

GÉNEROS DE LA TIERRA. Tela y ropa, así como otros productos de manufactura local o mexicana. Tela y ropa de Guatemala, aperos metálicos mexicanos, etcétera.

GOBERNACIÓN. Jurisdicción territorial, política, administrativa y judicial.

GOLD RUSH. Fiebre del oro, o el gran movimiento económico de las costas del Pacífico y de los istmos de Panamá y Nicaragua en la década de 1850 como consecuencia del descubrimiento de oro en California en 1848.

GUERRA DE LAS COMUNIDADES. Rebelión de comunidades indígenas en Nicaragua en 1881.

HOGAR COMPLEJO/COMPUESTO. Hogar en donde residen más miembros que los de una familia nuclear.

HACIENDA. 1. Explotación agroganadera. 2. Conjunto de bienes inmuebles.

INDIOS TRIBUTARIOS. Todos los indios e indias mayores de dieciséis años debían pagar tributo a los españoles, especialmente a la Real Hacienda.

INTENDENCIA. Jurisdicción político-administrativa establecida en 1786, con el fin de incrementar el poder de la Corona sobre los territorios anteriormente administrados por gobernadores, alcaldes mayores y corregidores.

LADINO. Persona conocedora de la cultura e idioma hispanos. Más genéricamente, es un nombre para todos los grupos no indígenas, los ubicados fuera de la comunidad indígena y fuera de la restringida elite criolla. Constituían una variada gama de miscigenación étnica.

LEY DEL PERRO. Apodo despectivo dado por los conservadores a la ley emitida por los liberales de la Federación que establecía el matrimonio como contrato civil, y por lo tanto, la legalidad del divorcio.

LUCÍOS, LOS. Movimiento rebelde anti-Carrera del oriente guatemalteco entre 1846 y 1851. Liderado por los hermanos Vicente y Serapio Cruz, pero nombrado en honor al primer mártir del conflicto, José Lucío López.

MANOS MUERTAS. Forma de propiedad de la Iglesia; muertas en tanto que, al no morir nunca la institución, las propiedades no circulaban, ni se dividían, ni pagaban derechos de sucesión o de venta como sí pagaban los bienes laicos.

MAYORAZGO. Institución por medio de la cual la propiedad de una familia pasaba indivisiblemente al hijo varón mayor.

MECHUDOS. Apodo dado a grupos aristocráticos nicaragüenses en contra de los «desnudos» o grupos populares.

MESTIZO. Persona de ascendencia mixta indígena y europea. Por extensión se aplicaba el término a los mulatos y «zambos». Suele usarse como término para elevar o legitimar a grupos de origen mixto dentro del régimen europeizante dominante.

MISKITO O ZAMBO MOSQUITO. Términos usados genéricamente por las dos etnias que ocupaban la región de la costa del Caribe, extendida entre Trujillo (Honduras) y la desembocadura del río San Juan de Nicaragua. Los miskitos eran propiamente indígenas autóctonos, en tanto los segundos provenían del mestizaje de grupos de esclavos con indígenas de la región. Se gobernaban de manera diferente, pero ambos sirvieron a los intereses de los ingleses en Centroamérica.

MONTEPÍO DE AÑIL. Fondo establecido por el presidente de la audiencia Matías de Gálvez con el fin de financiar la producción de añil en El Salvador y quebrar así el dominio financiero de los comerciantes de Guatemala sobre los cosecheros añileros de El Salvador. Sin embargo tal proyecto fracasó.

MULATO. Persona de ascendencia mixta africana y europea. Suele usarse como término para deslegitimar a grupos de origen mixto dentro del régimen europeizante dominante debido a su asociación con el estigma de la esclavitud.

NAVÍOS o REGISTROS SUELTOS. Embarcaciones que podían navegar solas de diversos puertos de España hacia Hispanoamérica. En Centroamérica se autorizó el arribo de embarcaciones al Golfo de Honduras desde el año de 1744.

NEGROS Y MULATOS LIBRES. Nombre genérico aplicado a la población de ascendencia africana o mixta (afroblanca o afroindia) concentrados en centros urbanos y en determinadas regiones de Centroamérica (Rivas de Nicaragua, Nicoya de Costa Rica) que habían logrado la condición de libres, es decir, no sujetos a la esclavitud.

ÓRDENES REGULARES. Congregaciones religiosas que desempeñaron un papel fundamental durante los siglos XVI y XVII. A lo largo del siglo XVIII se incrementó la discrepancia de intereses entre estas órdenes y el Estado colonial. Los frailes de las órdenes religiosas tenían a su cargo gran número de doctrinas indígenas.

PACTO DE CHINANDEGA. Acuerdo de 1842 entre Honduras, Nicaragua y El Salvador para intentar una nueva unión o Federación centroamericana.

PARCIALIDAD. Expresión de uso común para referirse al patrón de formación de pequeños caseríos de clanes emparentados, dependientes de pueblos indígenas mayores, sobre todo en el altiplano guatemalteco. Conjunto de indios tributarios separados del resto de un pueblo de indios en su calidad de pertenecientes a una determinada encomienda. Por extensión se utilizó como sinónimo de barrio de un pueblo de indios.

PARROQUIA. Delimitación administrativa religiosa, podía abarcar un pueblo de indios cabecera (donde residía el cura) y varios pueblos de indios «de visita», es decir sujetos a la administración religiosa del cura de la parroquia, a la que se adscribía el pueblo. En los centros urbanos españoles coexistían diversas parroquias pertenecientes a varias órdenes religiosas o al clero secular.

PENINSULAR. Español nacido en la península Ibérica.

PEONAJE POR DEUDAS. Trabajo exigido tanto a los indígenas como a los ladinos, especialmente a estos últimos, cuando no podían pagar las deudas contraídas.

PESO. Unidad monetaria de plata, de uso corriente, aunque también empleada como moneda de cuenta. Estaba fraccionado en ocho reales.

PUEBLO DE INDIOS. Asentamiento indígena pero de origen colonial. En el siglo XVI la población autóctona superviviente de la Conquista fue concentrada en los pueblos de indios, que fueron organizados en forma de damero en torno a una plaza central. Véase comunidad indígena.

RACIÓN. Productos alimenticios con los que la población indígena tenía que aprovisionar a los curas de la doctrina a la que se encontraba adscrito el pueblo de indios.

REAL HACIENDA. Institución máxima de la fiscalidad real. A su cargo corría el cobro de tributos, y demás impuestos a la producción y el comercio. La máxima autoridad la desempeñaba el «tesorero de Su Majestad», y sus subalternos los «oficiales reales», quienes se ubicaban en los puertos y centros de menor importancia.

REGIDORES DE CABILDO. Miembros integrantes de los cabildos o ayuntamientos de las ciudades españolas. Véase alcalde ordinario.

REPARTIMIENTO DE MERCANCÍAS. Adelanto de bienes realizado por el alcalde mayor entre los tributarios de los pueblos de indios sujetos a su administración. A cambio los indígenas quedaban obligados a entregar la cosecha de sus futuras producciones agrícolas, o entregar productos artesanales. Constituyó un mecanismo de explotación impuesto a la población autóctona.

REPARTIMIENTO DE INDIOS. Distribución rotativa de indígenas en explotaciones agroganaderas o mineras de criollos. También eran repartidos indígenas para otras tareas como la carga y descarga de embarcaciones, etcétera.

REMINCHEROS. Movimiento rebelde antiliberal del oriente guatemalteco entre 1872 y 1873, contra los regímenes de García Granados y Barrios.

RINCÓN. Expresión referida a la forma de poblamiento y posesión de tierra dispersas, ampliamente difundida en el sur del istmo, especialmente en Costa Rica.

SERVICIO PERSONAL. Trabajo que era impuesto a los indígenas. Primero en beneficio de encomenderos. En el siglo XVIII este servicio lo realizaban los «indios de repartimiento».

SOCIEDAD ECONÓMICA DE AMIGOS DEL PAÍS. Institución fundada en 1796 con el fin de promover el avance de la agricultura, la mejora de los métodos de cultivo y recolección de cultivos, introducción de maquinaria y de herramientas. Debido a problemas financieros estuvo suspendida entre 1799 y 1811. Su origen es similar al de otras surgidas en Hispanoamérica. Fue una manifestación típica de la Ilustración en Hispanoamérica.

SERVILES. Apodo despectivo dado a los conservadores del período de la Federación por sus opositores liberales, en referencia a su supuesto servilismo frente al dogma de la Iglesia católica.

TIERRAS COMUNALES. Tierras entregadas a los pueblos de indios para su uso colectivo. También se entregaron a principios de la colonización a los centros urbanos españoles. Véase ejidos.

ZAMBO. Persona de ascendencia mixta indígena y africana. En Centroamérica es usado muy poco fuera de la expresión «Zambo Mosquito», para referirse a la población costanera que no fue sometida al dominio español. Véanse miskito y zambo mosquito, así como negros y mulatos libres.

ZAMBO MOSQUITO. Véase miskito.

BIBLIOGRAFÍA

ACUÑA, Víctor Hugo. «Capital comercial y comercio exterior en América Central durante el siglo XVIII: una contribución» en *Estudios Sociales Centroamericanos*. San José, Costa Rica, n.º 9 (mayo-agosto 1980).

—: *Le Commerce Exterieur du Royaume du Guatemala au XVIIIè siècle (1700-1821)*. Tesis de Doctorado, inédita. (Paris: École des Hautes Etudes en Sciencies Sociales, 1978.)

ALMANZAR, Alcedo F. y STICKNEY, Brian R. *The Coins and Paper Money of El Salvador*. (San Antonio, Texas: Almanzar's Coins of the World, 1973.)

ARLACH, H. de T. d'. *Souvenirs de l'Amerique Centrale*. (Paris: Charpentier, 1850.)

BAILY, John. *Central America*. (London: Trelawney Saunders, 1850.)

BANCROFT, Hubert Howe. *History of Central America*. Vol. III (1801-1887). (San Francisco: The History Company, 1887.)

BARÓN CASTRO, Rodolfo. *La Población de El Salvador*. (Madrid: Consejo Superior de Investigaciones Científicas, 1942.)

BELLY, Felix. *A travers L'Amérique Centrale*. (Paris: Librarie de La Suisse Romande, 1867.)

BOURGOIS, Philippe. *Ethnicity at work: divided labor on a Central American banana plantation*. (Baltimore: Johns Hopkins University Press, 1989.)

BRAÑAS, César. *Antonio Larrazábal, un guatemalteco en la historia*. Tomos I y II. (Guatemala: Editorial Universitaria, 1969.)

BROWNING, David. *El Salvador, la tierra y el hombre*. (San Salvador: Dirección de Publicaciones, 1975.)

BURNS, E. Bradford. «The Intellectual Infrastructure of Modernization in El Salvador, 1870-1900» en *The Americas*. No. 41 (January 1985). Traducción al castellano en Luis René Cáceres, compilador. *Lecturas de Historia de Centroamérica*. (San José, Costa Rica: BCIE-EDUCA, 1989.)

—: «The Modernization of Underdevelopment: El Salvador, 1858-1931» en *The Journal of Developing Areas*. No. 18 (April 1984). Traducción al castellano en Luis René Cáceres, compilador. *Lecturas de Historia de Centroamérica*. (Costa Rica: BCIE-EDUCA, 1989.)

—: *Eadward Muybridge in Guatemala, 1875.* (Berkeley: University of California Press, 1986.)

—: *Patriarch and Folk: The Emergence of Nicaragua 1798-1858.* (Cambridge: Harvard University Press, 1991.)

CÁCERES, Luis René, compilador. *Lecturas de Historia de Centroamérica.* (San José, Costa Rica: BCIE-EDUCA, 1989.)

CARAVAGLIA, Juan C. «La organización económica de las comunidades guaranizadas durante los siglos XVII-XVIII en la formación regional altoperuana-rioplatense» en *Modos de producción en América latina.* (México: Cuadernos de pasado y presente, 1982.)

CARDOSO, Ciro. «La formación de hacienda cafetalera costarricense en el siglo XIX» en Enrique Florescano, compilador. *Haciendas, latifundios y plantaciones en América Latina.* (México: Siglo XXI Editores, 1978.)

—: «Historia económica del café en Centroamérica (siglo XIX): estudio comparativo» en *Estudios Sociales Centroamericanos.* San José, Costa Rica, n.º 4, (enero-abril 1975).

CARDOSO, Ciro y PÉREZ BRIGNOLI, Héctor. *Centroamerica y la economía occidental (1520-1930).* (San José, Costa Rica: Editorial Universidad de Costa Rica, 1977.)

CARRERA, Rafael. *Memorias, 1837 a 1840.* (Guatemala: Serviprensa Centroamericana, 1979.)

CASTELLANOS CAMBRANES, Julio. *Café y campesinos en Guatemala, 1583-1897.* (Guatemala; Editorial Universitaria, 1987). Versión inglesa en *Coffee and peasants in Guatemala.* (Stockholm: Institute of Latin American Studies, 1985.)

CHAMORRO, Pedro Joaquín. *Historia de la Federación de la América Central, 1823-1840.* (Madrid: Ediciones Cultura Hispánica, 1951.)

CLEGERN, Wayne. «Change and Development in Central America» en *Caribbean Studies.* N.º 5 (enero 1966).

COBOS BATRES, Manuel. «Carrera» en *Revista Conservadora del Pensamiento Centroamericano.* Managua, Nicaragua, vol. 12, n.º 63. (1965).

CORTÉS Y LARRAZ, Pedro. *Descripción geográfico-moral de la Diócesis de Goathemala hecha por su Arzobispo en el tiempo que la visitó (1769-1770).* Vol. 20, tomo I. (Guatemala: Biblioteca Goathemala.)

DEL CID FERNÁNDEZ, Enrique. «Humorismo, sátira y resentimiento conservadores hacia los Jefes de la Revolución de 1871, y la Nueva Sociedad» en *Anales de la Sociedad de Geografía e Historia de Guatemala.* Vo. XLIII, n.º 1-4, (1970).

DÍAZ CASTILLO, Roberto, compilador. *Legislación económica de Guatemala.* (Guatemala: Editorial Universitaria, 1973.)

—: *Documentos históricos y estadísticos de la República de El Salvador.* (San Salvador: Imprenta Nacional, 1926.)

DOSAL, Paul Jaime. *Dependency, Revolution and Industrial Development in Guatemala, 1821-1986.* Tesis de Doctorado, (Tulane University, 1987).

DUNLOP, Robert Glasgow. *Travels in Central America.* (London: Longman, Brown, Green and Longmans, 1847.)

DUNN, Henry. *Guatemala or the United Provinces of Central America, in 1827-8.* (New York: G. & C. Carvill, 1828.)

DURON, Rómulo E. *La Provincia de Tegucigalpa bajo el Gobierno de Mallol (1817-1821).* (Tegucigalpa: Tipografía Nacional, 1904.)

FACIO B., Rodrigo «Estudio histórico-social sobre el origen y disolución de la Federación Centroamericana» en *Revista Conservadora del Pensamiento Centroamericano.* Managua, Nicaragua, n.° 95, (1968).

FERNÁNDEZ GUARDIA, Ricardo, compilador. *Costa Rica en el siglo XIX.* (San José, Costa Rica: EDUCA, 1970.)

FERNÁNDEZ, José Antonio. «La formación de una hacienda cafetalera en 1845. Un intento de transmisión de tecnología agrícola» en *Revista de Historia.* Heredia, Costa Rica, n.° 14, (1987).

—: *All the World in Blue: the Indigo Boom and the Central American Market.* Tesis de Doctorado, inédita (Austin: Universidad de Texas, 1991.)

FIEHRER, Thomas Marc. *The Baron de Carondelet as Agent of Bourbon Reform.* Tesis de Doctorado. (Tulane University, 1977.)

FINNEY, Kenneth V. *Precious Metal Mining and the Modernization of Honduras: In Quest of El Dorado (1880-1900).* Tesis de Doctorado. (Tulane University, 1973.)

FLOYD, Troy S. «The Guatemalan Merchants, the Government and the Provincianos, 1750-1800» en *Hispanic American Historical Review.* n.° 41 (febrero 1961). Traducción al castellano en Luis René Cáceres, compilador. *Lecturas de Historia de Centroamérica.* (San José, Costa Rica: BCIE-EDUCA, 1989.)

—: *The Anglo-Spanish Struggle for Mosquitia.* (Alburquerque: University of New Mexico Press, 1967.)

—: «The Indigo Merchant: Promoter of Central American Economic Development 1700-1808» en *Business History Review.* N.° 39 (Winter 1965). Traducción al castellano en Luis René Cáceres, compilador. *Lecturas de Historia de Centroamérica.* (San José, Costa Rica: BCIE-EDUCA, 1989.)

FOOTE, Mrs. Henry Grant. *Recollections of Central America and the West Coast of Africa.* (London: T. C. Newby, 1869.)

FROEBEL, Carl. *Seven Years' Travel in Central America, Northern Mexico, and the Far West of the United States.* (London: Richard Bentley, 1859.)

GARCÍA, Miguel Ángel. *Diccionario histórico-enciclopédico de la República de El Salvador,* varias fechas y editoriales.

GARCÍA GRANADOS, M. *Memorias del General Miguel García Granados.* Tomos I-IV. (Guatemala: Editorial del Ministerio de Educación Pública, 1952.)

GUTIÉRREZ Y ULLOA, A. *Estado General de la Provincia de San Salvador, Reyno de Guatemala (año de 1807).* (San Salvador: Ministerio de Educación, 1962.)

GUDMUNDSUN, Lowell. *Costa Rica Before Coffee: Society and Economy on the Eve of the Export Boom.* (Baton Rouge: Louisiana State University Press, 1986.) (San José, Costa Rica: Editorial Costa Rica, 1991.)

GUEVARA-ESCUDERO, José. *Nineteenth-Century Honduras: A Regional Approach to the Economic History of Central America, 1839-1914.* Tesis de Doctorado. (New York University, 1983.)

GUTIÉRREZ Y ULLOA, Antonio. *Estado general de la Provincia de San Salvador; Reino de Guatemala (año de 1807)*. (San Salvador: Dirección de Publicaciones, 1962.)

Hall, Carolyn. *Cóncavas. Formación de una hacienda cafetalera, 1889-1911*. (San José, Costa Rica: Editorial Universitaria, 1978.)

—: *El Café y el desarrollo histórico-geográfico de Costa Rica*. (San José, Costa Rica: Editorial Costa Rica, 1976.)

—: *Costa Rica: A Geographical Interpretation in Historical Perspective*. (Boulder, Colorado: Westview Press, 1985.)

HALPERIN DONGHI, Tulio. *Historia contemporánea de América Latina*. (Madrid: Alianza Editorial, 1977.)

HAMNETT, Brian R. *Revolución y contrarrevolución en México y el Perú; Liberalismo, realeza y separatismo (1800-1824)*. (México: Fondo de Cultura Económica, 1978.)

HODAILLE, J. «Negros franceses en América Central a fines del siglo XVIII» en *Revista de Antropología e Historia de Guatemala*. Vol. VI, n.º 1 (enero).

—: *Formación de una hacienda cafetalera, 1889-1911*. (San José: Editorial Universidad de Costa Rica, 1978.)

HALSEY, Frederick M. *The Railways of Central and South America*. (New York, 1914.)

HERRICK, Thomas R. *Desarrollo económico y político de Guatemala durante el período de Justo Rufino Barrios (1871-1885)*. (Guatemala: Editorial Universitaria, 1974.)

JUARROS, Domingo. *Compendio de la Historia del Reino de Guatemala 1500-1800*. (Guatemala: Editorial Piedra Santa, 1981.)

KERR, Derek Noel. *The Role of the Coffee Industry in the History of El Salvador, 1840-1906*, Tesis de Maestría. (University of Calgary, 1977.)

—: «La edad de oro del café en El Salvador, 1863-1885» en *Mesoamérica*. Antigua, Guatemala, n.º 3 (1982).

LAFERRIÈRE, Joseph. *De Paris à Guatémala*. (Paris: Garnier Frères, 1877.)

LANNING, John Tate. *The Eighteenth-Century Enlightenment in the University of San Carlos de Guatemala*. (Ithaca, New York: Cornell University Press, 1956.)

LANUZA, Alberto; VÁSQUEZ, Juan Luis; BARAHONA, Amaru y CHAMORRO, Amalia. *Economía y sociedad en la construcción del estado en Nicaragua*. (San José, Costa Rica: ICAP, 1983.)

LARRAZÁBAL, A. «Discurso que el Sr. Diputado en Cortes (de Cádiz) por la provincia de Guatemala Don Antonio Larrazábal dijo en la sesión del día 29 de marzo de 1813, abogando por la libertad de comercio en las colonias de España» en *Anales de la Sociedad de Geografía e Historia Guatemalteca*, Guatemala, n.º 27, (1954).

LARREINAGA, M. *Prontuario de todas las Reales Cédulas, Cartas acordadas y órdenes comunicadas a la Audiencia del Antiguo Reino de Guatemala, desde el año de 1600 hasta 1818*. (Guatemala: Museo guatemalteco, 1857.)

LÉVY, Pablo. *Notas geográficas y económicas sobre la República de Nicaragua*. (París: Librería Española de E. Denné Schmitz, 1873.)

LINDO FUENTES, Héctor. *Weak Foundations: The Economy of El Salvador in the Nineteenth Century*. (Berkeley: University of California Press, 1990.)

LÓPEZ, Lorenzo. *Estadística general de la república de El Salvador.* (San Salvador: Dirección de Publicaciones, 1974.) (Primera edición, 1858.)

LUNA, David Alejandro. *Manual de historia económica de El Salvador.* (San Salvador: Editorial Universitaria, 1971.)

MARROQUÍN, Alejandro. *Apreciación Sociológica de la Independencia Salvadoreña.* (El Salvador: Instituto de Investigaciones Económicas de la Facultad de CC. Económicas de la Universidad de El Salvador, 1964.)

MARTÍNEZ PELÁEZ, Severo. *La Patria del Criollo; Ensayo de interpretación de la realidad colonial guatemalteca.* 2.ª ed. (San José, Costa Rica: EDUCA, 1973.)

MARURE, Alejandro. *Bosquejo Histórico de las Revoluciones de Centroamérica desde 1811 hasta 1834.* Tomos I y II. (Guatemala: Editorial del Ministerio de Educación Pública José de Pineda Ibarra, 1960.)

McCREERY, David. «State Power, Indigenous Communities, and Land in Nineteenth-Century Guatemala, 1820-1920» en Carol A. Smith, compilador. *Guatemalan Indians and the State: 1540 to 1988.* (Austin: University of Texas Press, 1990.)

—: *Development and the State in Reforma Guatemala, 1871-1885.* (Athens, Ohio: Ohio University Center for International Studies, 1983.)

—: *Rural Guatemala, 1760-1940* (inédito).

—: «Una vida de miseria y vergüenza: prostitución femenina en la ciudad de Guatemala, 1880-1920» en *Mesoamérica*, n.º 7, (1986).

MELÉNDEZ, Carlos, compilador. *Textos fundamentales de la Independencia de Centroamérica.* (San José, Costa Rica: EDUCA, 1971.)

—: *La Ilustración en el Antiguo Reino de Guatemala.* (San José, Costa Rica: EDUCA, 1974.)

MENERAY, Wilbur Eugene. *The Kingdom of Guatemala During the Reign of Charles III, 1759-1788.* Tesis de Doctorado. (University of North Carolina at Chapel Hill, 1975.)

MENJÍVAR, Rafael y GUIDOS VÉJAR, Rafael, compiladores. *El Salvador de 1840 a 1935.* (San Salvador: UCA Editores, 1978.)

MENJÍVAR, Rafael. *Acumulación originaria y desarrollo del capitalismo en El Salvador.* (San José, Costa Rica: EDUCA, 1980.)

MOLINA, Iván. *La alborada del capitalismo agrario en Costa Rica.* (San José, Costa Rica: Editorial de la Universidad de Costa Rica, 1988.)

MONTÚFAR Y CORONADO, Manuel. *Memorias para la Historia de la Revolución de Centroamérica (Memorias de Jalapa), recuerdos y anécdotas.* Tomos I y II (Guatemala: Biblioteca Guatemalteca de Cultura Popular, Ministerio de Educación Pública, 1963.)

MONTGOMERY, George Washington. *Narrative of a Journey to Guatemala, in Central America, in 1838.* (New York: Wiley & Putnam, 1839.)

MONTÚFAR, Lorenzo. *Memorias autobiográficas.* (Guatemala, 1898.)

—: *Reseña Histórica de Centroamérica.* 7 tomos. (Guatemala, 1878-1888.)

NAYLOR, Robert. *British Commercial Relations with Central America 1821-1851.* Tesis de Doctorado. (Tulane University, 1959.)

NEWSON, Linda. «La minería de la plata en la Honduras colonial» en *Lecturas de Historia de Centroamérica.* (San José, Costa Rica: EDUCA-BCIE, 1989.)

—: «La población indígena de Honduras bajo el régimen colonial» en *Mesoamérica*. Antigua Guatemala, n.° 9, (junio 1985).

OTIS, Fesenden Nott. *Illustrated History of the Panama Railroad*. (New York: Harper and Brothers, 1861.)

PALMA MURGA, Gustavo. «Núcleos de poder local y relaciones familiares en la ciudad de Guatemala a finales del siglo XVIII» en *Mesoamérica*. Antigua Guatemala, n.° 7 (diciembre 1986).

PALMER, Steven. *A Liberal discipline: inventing Nations in Guatemala and Costa Rica, 1870-1900*. Tesis de Doctorado, inédita. (Columbia University, 1990.)

PARKER, Franklin D. *Travels in Central America 1821-1840*. (Gainesville: University of Florida Press, 1970.)

PEINADO, J. M. *Instrucciones para la Constitución Fundamental de la Monarquía Española y su Gobierno*. (Guatemala: Editorial del Ministerio de Educación Pública, 1953.)

PÉREZ, Jerónimo. *Obras Completas*. (Managua, Nicaragua: Banco Central de Nicaragua, 1975.)

PÉREZ BRIGNOLI, Héctor. *Breve Historia de Centroamérica*. (Madrid: Alianza Editorial, 1985.)

—: «Economía y sociedad en Honduras durante el siglo XIX» en *Estudios Sociales Centroamericanos*. San José, Costa Rica, n.° 2 (1973).

PÉREZ BRIGNOLI, Héctor et al., compiladores. *De la sociedad colonial a la crisis de los años treinta*. (Tegucigalpa: Editorial Nuevo Continente, 1973.)

PINTO SORIA, Julio C. *Raíces históricas del Estado en Centroamérica*. 2.ª ed., corregida y aumentada. (Guatemala: Editorial Universitaria, 1963.)

PORRAS, B. «Discurso del Presidente del Congreso Federal Diputado... Pronunciado al cerrar sus sesiones ordinarias aquel cuerpo el 20 de julio de 1838» en *Boletín del Archivo General del Gobierno*. Guatemala, n.° 3 (1938).

RADELL, David Richard. *An Historical Geography of Western Nicaragua: the Spheres of Influence of Leon, Granada, and Managua, 1519-1965*. Tesis de Doctorado. (University of California, Berkeley, 1969.)

Reflexiones sobre la Historia de Nicaragua (de Gaínza a Somoza). Vol. II. (Managua, Nicaragua: Imprenta Hospicio, 1962.)

RICO ALDAVE, Jesús. *La Renta de Tabaco en Costa Rica y su influencia en el desarrollo del campesinado del Valle Central Occidental (1766-1825)*. Tesis de Maestría, inédita. (Universidad de Costa Rica, 1988.)

RIPPY, Fred. «British Investments in Central America, the Dominican Republic and Cuba: A Story of Meager Returns» en *Inter-American Economic Affairs Quarterly*. (Autumn 1952.)

ROBERTS, Orlando W. *Narrative of Voyages and Excursions on the East Coast and in the Interior of Central America*. (Edinburgh, 1827.)

RODRÍGUEZ, Mario. *A Palmerstonian Diplomat in Central America*. (Tucson: University of Arizona Press, 1964.)

—: *El experimento de Cádiz en Centroamérica, 1808-1826*. (México: Fondo de Cultura Económica, 1984.)

ROMERO VARGAS, Germán J. *Las estructuras sociales de Nicaragua en el siglo XVIII*. (Managua, Nicaragua: Editorial Vanguardia, 1988.)

ROSS, Delmer G. *The Construction of the Railroads of Central America*. Tesis de Doctorado. (University of California, Santa Barbara, 1970.)

RUBIO SÁNCHEZ, Manuel. «Historia del comercio del café en Guatemala, Siglos XVIII y XIX» en *Anales de la Sociedad de Geografía e Historia de Guatemala*. Guatemala, núms. 50-55.

—: *Historia del añil o xiquilite en Centroamérica*. (San Salvador: Ministerio de Educación, 1976.)

SAFFORD, Frank «Bases for Political Alignment in Early Independent Spanish America» en Richard Graham, ed., *New Perspectives in Latin American History* (1978).

SALAZAR, Ramón A. *Historia de Veintiún Años; la Independencia de Guatemala*. Tomos I y II, 2.ª ed. (Guatemala: Ministerio de Educación Pública, 1956.)

SAMPER, Mario. *Generations of Settlers*. (Boulder: Westview Press, 1990.)

SANCHO-RIBA, Eugenio. *Merchant-Planters and Modernization: An Early Liberal Experiment in Costa Rica, 1849-1870*. Tesis de Doctorado. (University of California, San Diego, 1982.)

SCHERZER, Carl. *Travels in the Free States of Central America: Nicaragua, Honduras and San Salvador*. (London: Longman, Brown, Green, Longmans & Roberts, 1857.)

SCHOONOVER, Thomas. «Central American Commerce and Maritime Activity in the Nineteenth Century: Sources for a Quantitative Approach» en *Latin American Research Review*. N.º 13, (1978).

SMITH, Carol A., compilador. *Guatemalan Indians and the State: 1540 to 1988*. (Austin: University of Texas Press, 1990.)

SMITH, Robert S. «Financing the Central American Federation» en *Hispanic American Historical Review*. N.º 43, (noviembre 1963).

—: «Forced Labor in Guatemalan Indigo Works» en *Hispanic American Historical Review*. N.º 36 (agosto 1956).

—: «Indigo Promotion and Trade in Colonial Guatemala» en *Hispanic American Historical Review*. N.º 39 (mayo 1959). Traducción al castellano en Luis René Cáceres, comp., *Lecturas de Historia de Centroamérica*. (San José, Costa Rica: BCIE-EDUCA, 1989.)

—: «Origins of the Consulado of Guatemala» en *Hispanic American Historical Review*. N.º 26 (mayo 1946). Traducción al castellano en Luis René Cáceres, compilador. *Lecturas de Historia de Centroamérica*. (San José, Costa Rica: BCIE-EDUCA, 1989.)

SOLÓRZANO FERNÁNDEZ, Valentín. *Evolución económica de Guatemala*. 4.ª ed. (Guatemala: Editorial José de Pineda Ibarra, 1977.)

SOLÓRZANO FONSECA, Juan C. «De la sociedad prehispánica al régimen colonial en Centroamérica» en *Revista Occidental*. Vol. XII, n.º 2, (1987).

—: «Haciendas, ladinos y explotación colonial: Guatemala, El Salvador y Chiapas en el siglo XVIII» en *Anuario de Estudios Centroamericanos*. San José, Costa Rica, vol. X, (1984).

SQUIER, Ephraim George. *Nicaragua, sus gentes y paisajes*. (San José: EDUCA, 1970.) (Primera edición en inglés, New York, 1852.)

—: *Notes on Central America*. (New York: Harper & Brothers, 1855.)

STEPHENS, John Lloyd. *Incidents of Travel in Central America, Chiapas and Yucatan*. (New York, 1841.) Traducción en castellano en *Incidentes de viaje en Centroamérica, Chiapas y Yucatán*. Tomos I y II. (San José, Costa Rica: EDUCA, 1982.)

STEIN, St. J. y STEIN, B. H. *La herencia colonial de América Latina*. (México: Siglo XXI Editores, 1979.)

STONE, Samuel. «Los cafetaleros: Un estudio de los cafetaleros de Costa Rica» en *Revista Conservadora del Pensamiento Centroamericano*. Managua, Nicaragua, n.º 26 (marzo 1971).

TEMPSKY, Gustav Ferdinand von. Mitla. *A Narrative of Incidents and Personal Adventures on a Journey in Mexico, Guatemala, and San Salvador in the Years 1853 to 1855*. (London: Longman, Brown, Green, Longmans and Roberts, 1858.)

THIEL, Bernardo Augusto. «Monografía de la población de la República de Costa Rica en el siglo XIX» en *Revista de Costa Rica en el siglo XIX*. Tomo I. (San José, Costa Rica: Tipografía Nacional, 1902.)

THOMPSON, George Alexander. *Narración de una visita oficial a Guatemala viniendo de México en 1825*. (San Salvador: Ministerio de Educación, 1972.) (Primera edición en inglés, Londres, 1829.)

TOBAR CRUZ, Pedro. *Los Montañeses: la facción de los Lucíos*. (Guatemala: Editorial Universitaria, 1971.)

TOWNSEND EZCURRA, Andrés. *Las Provincias Unidas de Centroamérica: Fundación de la República*. (San José, Costa Rica: EDUCA, 1973.)

TROLLOPE, Anthony. *The West Indies and the Spanish Main*. (London: Alan Sutton, 1985.) (Primera edición, 1859.)

VALENZUELA, Gilberto. *Bibliografía Guatemalteca*. Tomo III. (Guatemala: Editorial José de Pineda Ibarra. 1961.)

VALLE, José Cecilio del. «Discursos pronunciados en el Congreso Federal de Centroamérica (año de 1826)» en *Anales de la Sociedad de Geografía e Historia de Guatemala*. Guatemala, n.º 2 (1925).

VALLE, Rafael Heliodoro. *La anexión de Centro América a México (Documentos y escritos de 1821-1822)*. Tomo II. (México: Secretaría de Relaciones Exteriores, 1928.)

VAN OSS, Adrian C. «El régimen autosuficiente de España en Centro América» en *Mesoamérica*. Antigua Guatemala, n.º 3, (junio 1982).

VELA (Tesorero). «Informe del Ministerio Tesorero de las Reales Cajas de Guatemala sobre el estado deficiente del Erario antes y después del 15 de septiembre de 1821. Madrid, 11 de marzo de 1824» en *Anales de la Sociedad de Geografía e Historia de Guatemala*. Guatemala, n.º 12, (1935).

VELA, David. *Barrundia ante el espejo de su tiempo*. Tomos I y II. (Guatemala: Editorial Universitaria, 1956/1957.)

VIVES A., Pedro. «Intendencias y poder en Centroamérica: la Reforma Incautada» en *Anuario de Estudios Centroamericanos*. San José, Costa Rica, vol. 13, fasc. 2, (1987).

WELLS, William Vincent. *Exploraciones y aventuras en Honduras*. (San José, Costa Rica: EDUCA, 1982.) (Primera edición en inglés 1857.)

WHEELOCK, Jaime. *Imperialismo y dictadura: Crisis de una formación social*. (México: Siglo XXI Editores, 1975.)

WOODWARD, Ralph Lee, Jr. «Guatemalan Cotton and the American Civil War» en *Inter-American Economic Affairs*. N.º 18 (Winter 1964).

—: «Central America» en Leslie Bethell, compilador. *Spanish American After Independence c. 1820-c. 1870*. (Cambridge: Cambridge University Press, 1987.)

—: *Privilegio de clase y desarrollo económico*. (San José, Costa Rica: EDUCA, 1981.)

—: «Economic and Social Origins of the Guatemalan Political Parties (1773-1823)» en *Hispanic American Historical Review*. No. 45 (noviembre 1965.) Traducción al castellano en Luis René Cáceres, compilador. *Lecturas de Historia de Centroamérica*. (San José, Costa Rica: BCIE-EDUCA, 1989.)

—: «The Economy of Central America at the Close of the Colonial Period,» en Duncan Kinkead, compilador. *Estudios del Reino de Guatemala*. (Sevilla: Escuela de Estudios Hispanoamericanos, 1985.)

WORTMAN, Miles. «Bourbon Reforms in Central America, 1750-1786» en *The Americas*. N.º 32 (octubre 1975).

—: «Government Revenue and Economic Trends in Central America, 1787-1819» en *Hispanic American Historical Review*. N.º 55 (mayo 1975). Traducción al castellano en Luis René Cáceres, compilador. *Lecturas de Historia de Centroamérica*. (San José, Costa Rica: BCIE-EDUCA, 1989.)

—: «Guatemala» en Diana Balmori et al., compiladores. *Notable Family Networks in Latin America*. (Chicago: University of Chicago Press, 1984.)

—: *Government and Society in Central America, 1680-1840*. (New York: Columbia University Press, 1982). Traducción al castellano en *Gobierno y Sociedad en América Central, 1680-1840*. (San José, Costa Rica: BCIE-EDUCA, 1991.)

—: «Legitimidad política y regionalismo: el Imperio mexicano y centroamericano» en *Historia Mexicana*. México, vol. XXVI, n.º 2, (1976).

YOUNG, John Parke. *Central American Currency and Finance*. (Princeton: Princeton University Press, 1925.)

DOCUMENTOS

Breve idea del ramo de Hacienda presentada por el Secretario del Despacho Mariano Gálvez a la Asamblea del Estado al continuar las sesiones interrumpidas en 1826. Mariano Gálvez. Guatemala: Imprenta de la Unión, sin fecha.

Constitución de la República Federal de Centro América, dada por la Asamblea Nacional Constituyente, en 22 de noviembre de 1824. Guatemala: J. J. de Arévalo, 1824.

CÓRDOVA, J. F. Voto del ciudadano José Francisco Córdova, Diputado por Santa Ana y Metapam, dado en la sesión de la A.N.C. del 7 de julio de 1824, sobre el proyecto de Constitución presentado por la comisión respectiva, y comenzado a discutir en 5 del mismo mes. Guatemala por Beteta, año de 1824.

DÁVILA, Bernardo Antonio. Bosquejo del Curato de Quetzaltenango por el cura encargado de la misma Parroquia. Guatemala: Imprenta de la Paz, 1846.

Defensa de Guatemala y su política, Número 2. Guatemala: Imprenta de la Paz, 1849.

Dictamen de una comisión de la Asamblea [de Guatemala] sobre no admitir el decreto del Congreso en que convocó a una Asamblea Constituyente. Boletín Oficial n.º 39. Guatemala, 15 de julio de 1833.

Exposición presentada al Congreso Federal al comenzar la sesión ordinaria del año de 1826, por el Secretario de Estado y del Despacho de relaciones exteriores e interiores, justicia y negocios eclesiásticos, Juan Francisco de Sosa. Guatemala, 3 de marzo de 1826. Guatemala Imprenta Mayor.

Exposición que al comenzar la actual Legislatura ordinaria hizo al Congreso Federal de esta República, el Secretario de Estado y del Despacho de Hacienda, sobre los negocios de su respectivo cargo: leída por partes en las sesiones de los días 20 y 23 de abril y 4 de mayo del corriente año de 1830, Mariano Gálvez. Guatemala, Imprenta Nueva.

Exposición presentada al Gobierno por algunos propietarios. Guatemala 25 de febrero de 1838.

FLORES Y FLORES, José. «¿Será o no conveniente permitir las indagaciones acerca de la paternidad y filiación de los hijos ilegítimos?» Tesis de Derecho. (Guatemala: Tipografía La Unión, s.f.)

Informe dado a la Asamblea Constituyente por el Presidente del Estado de Guatemala sobre los sucesos ocurridos desde que la misma Asamblea suspendió sus sesiones, y sobre el estado en que se halla la administración pública. Leído en sesión pública del día 14 de julio de 1840, Mariano Rivera Paz, Imprenta de la Antigua Academia de Estudios.

Memoria presentada por el Secretario de Estado y del Despacho de relaciones interiores y exteriores, justicia y negocios eclesiásticos, a la Legislatura del año de 1832, Pedro Molina. Guatemala, 26 de marzo de 1832.

Memoria presentada al Congreso Federal de Centro América al comenzar sus sesiones ordinarias del año de 1832 por el Secretario provisional de Estado y del Despacho de guerra y marina, Pedro José Valenzuela. Guatemala, 15 de mayo de 1832.

Memoria que leyó en la Cámara del Senado el Señor Secretario del Despacho del Despacho de Hacienda Licenciado Francisco Castellón. Managua, 13 de mayo de 1847.

Memoria que presentó al Congreso federal de Centro América el Secretario de Estado y del Despacho de hacienda del Supremo gobierno de la República el 26 de marzo de 1831 en la Legislatura ordinaria del mismo año. Pedro José Valenzuela. Guatemala, Imprenta Nueva.

Memoria que el Secretario General del Despacho presenta a la novena Legislatura del Estado, leída el 12 de febrero de 1836. Carlos Salazar. Guatemala, Imprenta de la Nueva Academia de Ciencias.

Memoria que presentó a la Asamblea Constituyente, en su primera sesión, el Consejero Jefe del Estado de Guatemala, por medio del secretario del Despacho de relaciones, Mariano Rivera Paz. Guatemala, 31 de mayo de 1839. Imprenta del Gobierno del Estado a cargo de Anselmo España.

Mensaje presentado al Congreso Federal al abrir las sesiones ordinarias el 12 de abril del año de 1830 por el Senador Presidente de la República, José Barrundia. Guatemala, Imprenta Nueva.

Mensaje del Presidente de la República, leído en la apertura de la misma sesión, Francisco Morazán. San Salvador, 21 de marzo de 1836. Imprenta Mayor.

Mensaje del vicepresidente de la República leído en la apertura de las sesiones ordinarias del Congreso de este año. Gaceta del Gobierno Federal. San Salvador, 8 de mayo de 1835.

Mensaje presentado al Congreso Federal al abrir sus sesiones ordinarias el 12 de abril de 1830 por el Senador Presidente de la República, José Barrundia. Guatemala, 12 de abril de 1830. Imprenta Nueva.

Mensaje del vicepresidente de la República leído en la apertura de las sesiones ordinarias del Congreso de este año, José Gregorio Salazar. San Salvador, 8 de mayo de 1835. Gaceta del Gobierno Federal.

Minuta de las peticiones que la comisión [de propietarios] presentó al Gobierno. Guatemala, 25 de febrero de 1838.

Para que los reos detenidos en San Francisco sean juzgados fuera de Guatemala, exposición de la Asamblea guatemalteca al Congreso Federal. Boletín Oficial, año de 1832.

PINEDA MONT H., Rafael. «Causas legítimas de divorcio; y en qué concepto podrá aceptarse el mutuo consentimiento para obtener su declaratoria». Tesis de Derecho. (Guatemala: Tipografía Sánchez y de Guise, 1894.)

RAMÓN ROSA. Estudios sobre Instrucción Pública, Guatemala, 1874.

COLABORADORES DEL TOMO III

LOWELL GUDMUNDSUN

Norteamericano, Ph.D. en Historia Latinoamericana, Universidad de Minnesota. Fue profesor de la Universidad de Oklahoma y de la Universidad Nacional, Heredia, Costa Rica. Actualmente es profesor de Estudios Latinoamericanos en Mount Holyoke College, Massachussets. Especializado en historia centroamericana y costarricense. Actualmente enmarca sus investigaciones en relación con la historia agraria de la región. Autor de numerosos artículos sobre temas de historia social, relaciones étnicas e historia agraria de Costa Rica. Últimamente ha publicado el libro *Costa Rica before coffe* (Lousiana, 1986). (Ha sido traducido al español y publicada por la Editorial Costa Rica, 1991.)

HÉCTOR LINDO FUENTES

Salvadoreño, Ph.D. en Historia Económica, Universidad de Chicago. Ha sido profesor de Historia en la Universidad de California y en la Universidad Centroamericana José Simeón Cañas de El Salvador. Especialista en historia económica, ha dedicado especial atención al estudio de la economía salvadoreña en el siglo XIX. Actualmente se encuentra impartiendo cursos en Fordham University, New York. Autor de varios artículos, recientemente publicó su trabajo *Weak Foundations. The economy of El Salvador in the Nineteenth Century* (California, 1990).

JULIO CÉSAR PINTO SORIA

Guatemalteco, Ph.D. en Filosofía, especializado en Historia de América Latina en la Universidad Karl Marx de Leipzig. Es investigador del Instituto de Investigaciones Políticas y Sociales de la Escuela de Ciencia Política de la Universidad de San Carlos de Guatemala; además, en la misma Universidad, está encargado del Área de Historia Territorial del Centro de Estudios Urbanos y Regionales, Institución de la que fue Coordinador entre 1987 y 1989. Ha publicado varios libros y artículos sobre historia de Guatemala y Centroamérica, entre ellos, *Problemas en la formación del Estado Nacional en Centro América* (Costa Rica, 1983), *Raíces históricas del Estado en Centro América* (Guatemala, 1980) y *El Valle Central de Guatemala, (1524-1821)* (Guatemala, 1988).

HÉCTOR PÉREZ BRIGNOLI

Costarricense, Ph.D. en Historia en la Universidad de París I. Profesor de Historia en la Universidad de Costa Rica y en la Universidad Nacional, Heredia, Costa Rica. Tiene vasta experiencia académica y de investigación. Actualmente es miembro del Centro de Investigaciones Históricas y del Instituto de Investigaciones Sociales en la mencionada universidad. Ha sido editor del *Anuario de Estudios Centroamericanos*. Ha publicado diversos libros y artículos sobre metodología histórica, así como de historia de Centroamérica y América Latina. Junto a Ciro Cardoso ha publicado *Centroamérica y la economía occidental, 1520-1930* (Costa Rica, 1986) e *Historia Económica de América Latina* (Barcelona, 1979), su última obra es *Breve historia de Centroamérica* (Madrid, 1985, traducida al inglés e italiano).

JUAN CARLOS SOLÓRZANO FONSECA

Costarricense. Ph.D. en Historia de la École des Hautes Etudes en Sciencies Sociales, París. Profesor en la Escuela de Historia e Investigador del Centro de Investigaciones Históricas de la Universidad de Costa Rica. Ha realizado varios estudios de historia económica y social sobre Costa Rica y Centroamérica. Recientemente llevó a cabo una investigación en fuentes documentales sobre historia colonial de Costa Rica. Tiene numerosas publicaciones especializadas en historia colonial de la región centroamericana; sus principales trabajos se encuentran en el *Anuario de Estudios Centroamericanos* (Costa Rica) y en la serie *Avances del Centro de Investigaciones Históricas* (Costa Rica).

LISTADO DE FIGURAS

Capítulo 3

Figura 3.1. Hacienda de añil. (*Harper's Monthly Magazine*, década de 1850.)

Figura 3.2. Vista de León, Nicaragua. (Grabado alemán de la primera mitad del siglo XIX.)

Figura 3.3. Vista del mercado de Granada, Nicaragua. (Grabado alemán de la primera mitad del siglo XIX.)

Figura 3.4. Camino, hacia 1839. (J. L. Stephens. *Incidents of Travel in Central America, Chiapas and Yucatán*. New York, 1841.)

Figura 3.5. Contrato de canalización entre el gobierno de Nicaragua y ciudadanos norteamericanos, 1849. (León: Imprenta La Paz, 1849.)

Figura 3.6. Carretas transportando café, Costa Rica. (Harper's Monthly Magazine, década de 1850.)

Figura 3.7. Trapiche de azúcar. (Harper's Monthly Magazine, década de 1850.)

Figura 3.8. Molino de plata hondureña. (Harper's Monthly Magazine, década de 1850.)

Figura 3.9. Belice, 1877. (J. Laferriére. *De Paris a Guatémala. Notes de voyage au Centre-Amérique, 1866-1875*. París: Garnier Fréres, Libraires-Editeurs, 1877).

Capítulo 4

Figura 4.1. Proclama de la presidencia vitalicia de Rafael Carrera.

Figura 4.2. Quema de Judas. Lo secular y lo sagrado en tiempos del presidente Mora en Costa Rica. (R. Fernández Guardia. Costa Rica en el siglo XIX. Costa Rica: EDUCA, 1970.)

Figura 4.3. Baile en la casa del presidente Mora. (R. Fernández Guardia. Costa Rica en el siglo XIX. Costa Rica: EDUCA, 1970.)

Figura 4.4. Procesión. Lo secular y lo sagrado en tiempos del presidente Mora en Costa Rica, Costa Rica. (R. Fernández Guardia. Costa Rica en el siglo XIX, Costa Rica: EDUCA, 1970.)

Figura 4.5. Hacienda Serijiers, Guatemala. (E. Bradfords Burns. Eadward Muybridge in Guatemala, 1875. University of California Press, 1986.)

Figura 4.6. Cortadores de café en San Isidro, Guatemala. (E. Bradfords Burns. Eadward Muybridge in Guatemala, 1875. University of California Press, 1986.)

Figura 4.7. Rey mosquito Robert Henry Clarence (al centro) y su consejo ejecutivo, 1894. (Craig L. Dozier. *Nicaraguan Mosquito Shore: The Years of British and American Presence*. University of Alabama Press, 1985, pág. 144.)

ÍNDICE ONOMÁSTICO Y TOPONÍMICO

ÍNDICE

292